吉林财经大学资助出版图书

项目编号：08231118

吉林省教育厅科学研究项目资助图书

项目编号：JJKH20240206SK

于 莹 著

客户经营风险
对供应商绩效的
影响研究

RESEARCH ON THE IMPACT OF CUSTOMER OPERATIONAL RISK
ON SUPPLIER PERFORMANCE

社会科学文献出版社
SOCIAL SCIENCES ACADEMIC PRESS (CHINA)

摘　要

随着中国经济进入新常态，为了提升企业竞争力与推动产业转型升级，促进经济高质量发展，2017 年 10 月国务院办公厅首次将供应链发展上升为国家战略方向。而中美贸易摩擦、新冠疫情等黑天鹅事件的发生，加剧了经济运行的不确定性。面对经济形势的不断变化，只有增强产业链供应链自主可控能力，才能增强企业应对危机的能力。2020 年 4 月和 7 月的中共中央政治局会议，以及 2021 年 3 月的全国两会，均提出了提高产业链供应链稳定性和竞争力的重要指示。增强产业链供应链自主可控能力的关键因素不仅在于全链条的产业协同创新和整体升级，而且在于及时地识别与防范供应链风险。基于此，如何识别与防范供应链中各个环节存在的风险，是当前的重要议题。

在供应链情境下，链上企业之间形成明显的关联关系，单方企业的绩效表现势必受到其他企业经济活动的影响。供应链风险表现出传染效应，即企业不仅面临自身在经营活动与管理活动中的风险，而且将受到与企业关联的链上其他主体的风险传染。聚焦于客户－供应商关系，供应链中的风险决定着供需关系，影响着供应链的运行效率与成本。客户作为供应商的主要绩效来源，其在财务状况、未来发展前景以及资本市场表现等方面的风险将在供应链上呈现风险传染效应，通过交易、债务、资本以及信用关系对企业产生影响。此外，企业风险相关信息能够有效反映企业经营风险、预示未来发展的不确定性，是企业利益相关者的重要决策依据。以供应商为代表的各方利益相关者接收客户经营风险信号并据此做出决策。本书重点研究供应链中供应商绩效的影响因素，运用供应商与客户上下游企业关系的独特场景，深入考察不同维度客户经营风险因素对供应商绩效的影响，为供应链管理研究提供了新的思维范式。

本书针对不同维度的客户经营风险，基于上市公司财务状况、未来发展前景以及资本市场表现，分别提取了客户的财务困境、管理层负面语调以及股价波动性因素，考察了客户经营风险对供应商绩效的影响，具体而言，主要研究以下问题：①客户财务困境对供应商绩效的影响，以及供应商不同产权性质、议价能力和生命周期情况下二者关系的差异性；②客户管理层负面语调对供应商绩效的影响，以及在供应商不同议价能力、客户不同融资融券程度和客户媒体不同负面报道程度下二者关系的差异性；③客户股价波动性对供应商绩效的影响，以及在供应商不同议价能力、是否发生内部人减持行为和不同信息环境下二者关系的差异性。本书以 2009 ~ 2019 年沪深 A 股上市公司为研究样本，对上述三个方面的问题展开实证分析。本书的主要研究内容和基本结论如下。

第一，客户财务困境对供应商绩效的影响。上游供应商与下游客户基于供销关系进行业务往来，客户成为供应商的主要绩效来源，因此，供应商绩效在很大程度上取决于客户的财务状况。本书考察了客户在财务状况方面的风险能否减少供应商现金流并通过风险传染机制加剧供应商财务困境，实证检验客户财务困境对供应商绩效的影响。研究发现，客户财务困境对供应商绩效存在负向影响。同时，本书验证了应收账款坏账在其中产生部分中介效应。进一步研究结果表明，对于非国有性质、议价能力低以及处于成长期的供应商，客户财务困境对供应商绩效的负向影响更为显著。

第二，客户管理层负面语调对供应商绩效的影响。客户管理层负面语调传递着管理层对企业经营现状与发展前景的悲观预期，预示着客户需求下降、经营风险上升，甚至行业整体下滑，相应地，供应商投资机会将减少、投资效率将降低，并且客户管理层负面语调在供应链上具有传染效应，外溢至供应商在资本市场的表现，导致供应商股价剧烈波动，融资成本不断上升。本书从理论分析到实证检验，探讨了客户管理层负面语调对供应商绩效的影响。研究发现，客户管理层负面语调传递出的悲观预期对供应商绩效存在显著的负向影响。同时，本书验证了供应商投资水平在其中产生部分中介效应。进一步研究发现，在议价能力低、客户融资融券程度高以及客户媒体负面报道程度高的供应商中，客户管理层负面语调对供应商绩效的负向影响表现得更为明显。

第三，客户股价波动性对供应商绩效的影响。客户股价波动性将通过供应链传染给供应商，二者股价呈现同向变动规律，供应商股价剧烈波动，致使供应商投资效率下降、现金流受限并面临多重风险。本书从理论上探讨了客户股价波动性对供应商绩效的影响。同时，本书验证了供应商投资者情绪在其中产生完全中介效应，进一步地，从供应商议价能力、内部人减持行为和信息环境三个角度考察了客户股价波动性对供应商绩效影响的差异性。研究发现，客户股价波动性对供应商绩效存在显著的负向影响，这种负向影响在议价能力低、发生内部人减持行为和信息环境差的供应商中表现得更为明显。

在已有研究的基础上，本书的创新点主要体现在以下三个方面。第一，以往研究多从企业自身条件考察企业绩效的影响因素，即使存在对外部条件的研究，也鲜有从供应链这一纵向链条上考察客户的财务状况或非财务信息对供应商绩效产生的影响。本书以跨企业关系为出发点，分析了在联系日益紧密的供应链关系中，客户的财务困境、管理层负面语调以及股价波动性对供应商绩效的影响，丰富了企业绩效影响因素研究的相关文献，进而针对不同风险因素为规范供应链管理提供了依据。第二，现有文献大多考察企业财务困境与股价波动性的形成机理与影响因素，或者考察年报信息的披露动机，鲜有文献进一步考察客户的财务困境、管理层负面语调和股价波动性对其他企业产生的经济影响，本书考察上述三个因素对供应商绩效的影响，解释了跨企业的风险传染机制，为客户经营风险对供应商绩效的影响研究提供了经验证据，为供应链风险管理研究提供了新的思维范式。第三，本书不仅丰富了现有的研究内容，而且在一定程度上为客户与供应商关系的优化以及企业治理效率的提高提供了理论依据与数据支持，为该领域的研究提供了进一步的经验证据。

Abstract

With China's development entering a new normal, in order to enhance the competitiveness of enterprises, promote industrial transformation and upgrading, and promote high-quality economic development, the General Office of the State Council raised the development of industrial chain and supply chain to the national strategic direction for the first time in October 2017. However, the occurrence of black swan events such as Sino-US trade conflicts and COVID-19 pandemic aggravated the uncertainty of economic operation. Facing the ever-changing economic situation, only by strengthening the independent control of supply chain and identifying supply chain risks timely and accurately, can we stabilize domestic production and supply at a critical moment and realize economic self-circulation under extreme conditions. At the meetings of the Political Bureau of the CPC Central Committee in April and July 2020, and at the National Two Sessions in March 2021, important instructions were put forward to improve the stability and international competitiveness of the industrial chain and supply chain. The key factor to improve the independent controllability of industrial chain and supply chain lies not only in the collaborative innovation and overall upgrading of the whole chain, but also in the timely identification and prevention of supply chain risks. Based on this, how to identify and prevent the risks in each link of the supply chain is an important topic of the current research.

In the context of supply chain, the performance of a unilateral enterprise is bound to be affected by the economic activities of other enterprises because of the close relationship between them. Risks in the supply chain present contagion effect, that is, enterprises not only face risks in their own business activities and managerial activities, but also risk contagion from other entities which are associated with them in the same supply chain. In the customer-supplier relationship, risks in the supply chain determine the relationship between supply and demand, and affect the operational efficiency and cost of the supply chain. The risks of customers in terms of financial status, future development prospects and capital market performance will present contagion effect in the supply chain, and affect suppliers through transactional, debt, capital, and credit relations because customer is the source of supplier performance. In addition, corporate risk-related information can effectively reflect corporate operational risks and predict the uncertainty of future development, which is an important decision-making basis for corporate stakeholders. Various stakeholders, represented by suppliers, receive customer risk signals and make decisions accordingly. This paper focuses on the influencing factors of supplier performance in supply chain and makes an in-depth study on the influence of different customer operational risk factors on the performance of supplier enterprises by using the unique scene of the relationship between upstream and downstream enterprises, which provides a new thinking paradigm for the study of supply chain management.

In this paper, according to the risk factors of customer enterprises, based on the financial and non-financial information disclosed by listed companies and the stock price information transmitted by capital market, this paper respectively extracts the operational risk factors of customers' financial distress, negative tone of management and stock price collapse, and investigates the influence of customer operational risks on supplier performance. Specifically, this paper studies the following problems: ① The influence of customer financial distress on the performance of supplier enterprises, and the difference of the two influences under different property rights, bargaining power and life cycle of supplier enterprises; ②The influence of the negative intonation of customer management on the performance of supplier enterprises, and the difference of the relationship between them under different bargaining power, customer margin financing and securities lending degree and customer media negative coverage degree; ③The impact of the risk of customer stock price collapse on the performance of supplier enterprises, and the differences of their relationship under different bargaining power, insider reduction and information environment. To solve these problems, this paper takes A-share listed companies in Shanghai and Shenzhen from 2009 to 2019 as research samples, and makes an empirical analysis of the above three aspects. The main research contents and basic conclusions of this paper are as follows:

Firstly, the impact of customer financial distress on supplier performance. Upstream suppliers and downstream customers conduct business transactions based on supplying and buying relation, and customers become the main source of supplier performance. Therefore, supplier performance largely depends on the financial status of customers. This paper examines whether customer risk in financial status can reduce supplier cash flow and exacerbate supplier financial distress through risk contagion mechanism, and empirically examine the impact of customer financial distress on supplier performance. The study found that customer financial distress has a negative impact on supplier performance. At the same time, this paper verifies that bad debts of accounts receivable have a partial intermediary effect. The heterogeneity test further shows that for non-state-owned, low bargaining power and growing suppliers, the negative impact of customer financial distress on supplier performance is more significant.

Secondly, the impact of customer management's negative intonation on supplier performance. The negative intonation of customer management conveys management's pessimistic expectations on the current situation and development prospects of the company, indicating that customer demand will decline, operating risks will rise, and even the industry will decline as a whole. Correspondingly, supplier investment opportunities and investment efficiency will be reduced. Besides, the negative intonation of customer management has a contagious effect on the supply chain, spilling over to the performance of suppliers in the capital market, resulting in violent fluctuations in the supplier's stock price and rising financing costs. From theoretical analysis to empirical testing, this paper explores the impact of customer management's negative intonation on supplier performance. The study finds that the pessimistic expectations conveyed by customer management's negative intonation has a significant negative effect on supplier performance. At the same time, it is verified that supplier investment has a partial mediation effect. Furthermore, among the suppliers with low bargaining power, high level of customer margin financing and securities lending, and high degree of negative media coverage of customers, the negative impact of customer management's negative intonation on supplier performance is more obvious.

Thirdly, the impact of customer stock price crash risk on supplier performance. The risk of customer stock price crash will be transmitted to suppliers through the supply chain. The stock prices of the two will fluctuate in the same direction, and the stock price of suppliers will also fluctuate violently, resulting in reduced investment efficiency, limited cash flow, and multiple risks for suppliers. This paper theoretically explores the impact of customer stock price crash risk on supplier performance. At the same time, it verifies the mediating effect of supplier investor sentiment, and further examines the difference of the impact of customer stock price crash risk on the performance of supplier enterprises from three angles: bargaining power of supplier enterprises, insider reduction behavior and information environment. It is found that the risk of customer stock price collapse has a significant negative effect on the performance of supplier enterprises. Supplier investor sentiment is a complete intermediary factor, and this negative effect is more obvious in supplier enterprises with low bargaining power, insider reduction and poor information environment. This study provides theoretical basis and data support for the performance improvement of Chinese enterprises from the perspective of cross-enterprise relationship.

On the base of the existing research, the innovations of this paper are mainly reflected in the following aspects: First, the previous research mostly examined the influencing factors of enterprise performance from their own conditions. Even if there was research on external conditions, there was little research on the impact of customers' financial conditions or non-financial information on supplier enterprises from the vertical chain of supply chain. Based on the cross-enterprise relationship, this paper analyzes the impact of customers' financial difficulties, management's negative intonation and the risk of stock price crash on suppliers' corporate performance in the increasingly close supply chain relationship, which enriches the relevant literature on the factors affecting corporate performance, and then provides a basis for standardizing supply chain management according to different risk factors. Second, most of the existing literatures examine the formation mechanism and influencing factors of corporate financial distress and stock price crash risk, or examine the disclosure motivation of annual report information. Few literatures further examine the economic impact of financial distress, negative management intonation and stock price crash risk on other enterprises. This paper examines the impact of the above three factors on supplier enterprises, explains the cross-enterprise risk contagion mechanism, provides empirical evidence for the research on the impact of customer operational risk on supplier performance, and provides a new thinking paradigm for supply chain risk management research. Third, this paper not only enriches the existing research content, but also provides theoretical basis and data support for the optimization of the relationship between customer enterprises and supplier enterprises and the improvement of corporate governance efficiency to a certain extent, and further empirical evidence for the research in this field.

目　录

图目录

表目录

第1章　绪论

供应链安全是保证国民经济循环畅通，促进经济高质量发展的重要基础。全球经济不确定性日益突出，只有增强供应链的安全与稳定，才能保证中国经济行稳致远。基于供应链的纵向链条视角，本书深入分析了客户的财务困境、管理层负面语调以及股价波动性对供应商绩效的影响，有助于进一步规范供应链管理，为政策制定者、资本市场投资者以及公司其他利益相关者的科学决策提供了理论依据与数据支撑。本章将围绕研究背景、研究问题与研究意义、研究思路与研究方法、研究内容与框架结构以及研究创新点五个部分展开。

1.1　研究背景

1.1.1　现实背景

随着技术与经济的飞速发展，经济一体化的进程不断加快，企业之间的竞争程度进一步加剧，市场的竞争也逐步跨越企业边界，成为企业所属供应链之间的竞争。经济全球化和现代信息的发展使得企业可以突破个体成长的限制，供应链之间的有效合作成了企业不断成长的关键因素（Dutta and Hora，2017），供应链上各个组成部分需要建立协作配合机制，达到互利互惠、信息互通，从而保障供应链上利益相关者的权益，供应链管理应运而生。世界 500 强企业中已经有超过 80% 的企业制定了供应链管理战略（冯华、魏娇娇，2019），加强供应链关系管理已经成为企业核心竞争战略之一（Chang et al.，2016）。供应链管理在国际化与动态化趋势下日益复杂，也愈发受到学者的研究重视。在供应链管理过程中，供应商可以通过与合作伙伴的配合，获取企业业务所需的战略性资源。同时，供应商可以

1

通过分析客户经营情况的溢出效应，调整自身战略，调节供应链关系，防范客户经营风险对自身绩效的不利影响，从而积极应对外部环境变化，保持企业竞争力（Ataseven and Nair，2017）。因此，本书针对现代企业风险的供应链溢出效应，基于不同维度的客户经营风险，探讨供应商绩效的影响因素，有助于供应商应对客户经营风险，保持供应链集中度，降低经营不确定性，保证企业稳定发展。

伴随着供应链管理的兴起与推广，供应链能否保持安全与稳定，获取有利的战略资源，已经成为衡量企业乃至一国在全球产业链中竞争力的重要指标。从宏观层面来看，中国已成为全球供应链的核心，权威调查机构马基特公司在 2017 年公布的《全球采购调查趋势》中指出，中国不再是廉价外包业务的输入国，而已经成为全球供应链的核心。无论是在基础建设方面，抑或是在工艺创新上，中国与其他国家相比都具有一定的比较优势，中国企业已经嵌套在全球供应链体系中，发挥着"亚洲工厂"的作用。在经济新常态背景下，为了进一步提升中国企业的国际竞争力，推动产业转型升级，保障中国经济高质量发展，2017 年 10 月国务院办公厅发布《关于积极推进供应链创新与应用的指导意见》，更是首次将供应链的管理与发展上升为国家重要战略方向。2020 年 4 月和 7 月召开的中共中央政治局会议，分别提出了保障产业链供应链稳定、提高产业链供应链稳定性和竞争力的目标。2021 年 3 月召开的全国两会中，继续将"增强产业链供应链自主可控能力，实施好产业基础再造工程，发挥大企业引领支撑和中小微企业协作配套作用"作为《政府工作报告》的重要内容。这对于微观企业乃至宏观供应链来说具有重要意义。通过建立良好的供应链关系，促进资源整合与供应链流程优化，及时应对供应链中存在的客户经营风险，促进供需关系精准匹配，提高企业竞争力，这对于提高企业绩效具有积极作用。

在供应链环节中，客户对供应商而言十分重要。这是因为客户处于供应链的下游，在供应链环节中更加接近市场消费者。所以当市场发生变化时，需求变化首先会影响客户，再传导至供应商。客户的订单信息以及客户的公开信息均会对供应商产生显著影响。客户披露的财务信息或者股价风险信息在一定程度上影响了供应商的股价表现（彭旋、王雄元，2018），进而对公司绩效产生影响。此外，分析师或者投资者在对供应商进行绩预测时，也会更加关注供应商的客户信息（Madsen，2017）。由于供应商与客户之间的联系日益紧密，客户经营风险不可避免地将会对供应商产生传染效应。当客户面临严重的财务风险或者经营不确定性时，供应商也将遭到波及，无法独善其身。供应商在发展过程中，必须关注客户可能存在的风险，分析这些风险可能存在的溢出效应，制定相应决策以规避未来较高的不确定性风险。因此，本书基于不同维度的客户经营风险，重点分析供应商绩效的影响因素，剖析客户的财务困境、管理层负面语调以及股价波动性对供应商绩效的影响效应与作用机制，有助于进一步规范与发展供应链管理，为政策制定者、资本市场投资者以及公司其他利益相关者的科学决策提供理论依据与数据支撑。

1.1.2　理论背景

从整体上来看，当前中国企业转型升级正处于艰难时期，企业的发展绩效呈现出结构性下滑状态，企业转型升级势在必行。部分企业积极适应转型升级的趋势，与产业链供应链中的核心企业展开合作，实现优势互补，并呈现出相对稳定的增长势头。但是在供应链的协作过程中，供应链内部与外部的风险因素威胁着企业的健康发展。如何在新发展格局下针对自身发展特点，识别内外部环境中的不确定性因素，化解供应链风险，是实务界与理论界亟须解决的问题。

由于战略管理的核心是提升组织绩效，因此该领域对企业绩效的影响因素进行了系统的研究与回答，大体上形成内部因素视角和外部因素视角（Venkatraman and Ramanujam，1986）。梳理现有文献发现，内部影响因素主要包括公司治理、资源与能力以及企业战略等；关注外部影响因素的学者则认为企业绩效表现除了受自身因素的影响，还在很大程度上取决于诸如制度环境、产业政策等环境要素。然而，随着市场分工不断细化、竞争日益激烈，企业为追求利益最大化，往往联合多家公司共同参与其中，上游供应商与下游客户基于供销关系频繁地进行资金和业务往来，企业之间的交往日益紧密。由此，企业并非独立的个体，而是嵌入供应链网络中，形成相互牵制、相互影响的利益共同体。如果供应商可以积极进行供应链管理，积极利用供应链融资，系统地管理库存，降低供应链风险，就可能降低库存成本，缓解融资约束，提高公司经营业绩，促进企业发展。

近年来，针对供应链中企业绩效提升的相关议题日渐成为供应链管理领域的热点问题。供应链管理重点关注供应链中客户以及供应商的整体运营情况，业务的情况主要依靠企业的真实贸易背景和交易信息，供应链中业务对接面对的是链中的众多企业而不是传统意义上的单一企业。因此，对于供应商而言，首要任务是选择自身的核心合作伙伴，通过对供应链节点中企业伙伴特性的评估，与客户建立长期的合作关系。在与核心客户关系价值创造的过程中，一方面，供应商要求客户具有互补的资源和能力，同时要求它们在社会制度和经营目标上具有一定的相似特征；另一方面，供应商也应当注意供应链中可能存在的风险，以抵御不确定条件下的黑天鹅事件冲击。而且，在中国独特的关系型供应链情境下，个人或企业通过社会网络所享有的关系资源对于企业的发展是不可忽视的。在供应链中获取稀缺资源、与核心企业建立稳定的合作关系对其未来发展至关重要。Dwyer 等（1987）的研究为由买卖双方合作关系向供应链关系的进一步演变提供了基础框架。在随后的 30 年中，大量学者研究了二元、三元和供应链网络之间合作关系的形成，并从不同的理论角度解释了供应链管理与发展的重要性。Dyer 和 Singh（1998）基于资源依赖理论指出，技术、信息和资源的共享可以通过企业之间建立合作关系来实现，而经营性动机理论指出，供应商凭借自身较强的市场地位与产品竞争优势，可以获取较多的商业信用。相应地，供应商出于为产品质量提供保证的目的，试图以向客户提供商业信用的方式与其建立良好的供应链关系，获取自身所需资金，提升企业绩效，促进自身成长（Fisman and Love，2003）。

从现实情况来看，我国中小企业面临着较为严重的融资约束。在实际经营过程中，从替代性融资的角度来看，中小企业亟待向供应链上的其他合作企业寻求帮助，从而缓解资金压力。这些供应链之间的关联在一定程度上促进了企业共同成长，但也存在着一定的增量风险，一旦客户在经营过程中形成风险，将对供应商造成较大影响。需要指出的是，供应商和客户具有共同的合作伙伴特征可以使企业彼此更加熟悉，同时减少牛鞭效应造成的库存积压，有利于供应链整体应对市场波动能力的提升。目前，关于供应链中客户经营风险对供应商绩效影响的研究成果较为零散，对于供应链中客户各种细分维度风险对供应商绩效的影响机制仍缺乏深入挖掘和全面探讨，这也导致在研究供应链风险管理时，往往只关注供应链外部宏观环境的影响，而忽略了对细分维度的进一步探讨。

供应商充分发挥与客户的合作优势，可以通过供应链积累丰富的关系资本，但在供应链的配合中还应着重强调客户经营风险的负向影响。目前，供应链风险传染的影响效应和作用机制研究已成为理论界和实务界的研究热点。然而，现有的研究内容还比较单一。在探讨客户经营风险与供应商绩效的关系时，并未细分客户经营风险，将其纳入统一的研究框架以拓展供应商绩效影响因素的相关研究。基于此，从客户不同维度经营风险出发，探索企业财务情况、未来发展信息以及资本市场表现中可能存在的风险，对于补充相关研究具有一定的理论意义。

在客户自身经营方面，可能存在的风险在于公司由于经营不善而陷入财务困境。财务困境具体表现为流动性不足、权益不足、资金不足以及债务拖欠四种形式（Carmichael，1972），但并不意味着经营中断。基于利益相关者理论，供应商和客户间存在紧密的经济关联，客户依赖供应商也同时对供应商产生影响，因而当客户面临困境时，这种风险也将通过传染效应波及供应商。在财务困境方面，客户陷入财务困境将不可避免地影响供应商的经营绩效（魏明海等，2018）。从保护自身利益需求的角度而言，供应商会对财务困境企业的融资能力和投资潜力提出质疑，为规避财务困境企业的信用风险，供应商将提高其供货价格（廖冠民、陈燕，2007）。

供应链的高质量发展与上游企业（供应商）为下游企业（客户）提供不同程度的商业信用密不可分，而当客户陷入财务困境时，供应商为保护自身利益，通常将收紧信用政策，与客户的交易意愿下降，甚至将主动终止交易往来、停止为其供货（章之旺，2008）。客观来说，客户财务困境将通过供应链的风险关联性对供应商绩效产生影响。客户面临财务困境时，关于供应商授予的商业信用的偿还能力将下降，应付账款将逾期支付，甚至产生坏账无法支付，增加供应商陷入财务困境的概率，从而使客户财务风险向供应商转移（徐晓燕、孙燕红，2008）。不仅如此，外部投资者也是风险传染的重要推动者，他们会将客户的财务困境成本向供应商转移，表现为供应商的股价大幅下跌（殷枫、贾竞岳，2017）。供应商不仅承担了客户财务困境所转移的一部分财务风险，还将承担客户财务困境的成本。在稳定的客户－供应商关系中，供应商往往愿意投入更多的专用性资产，以满足长期稳定的客户需求（张先敏，2013）。客户陷入财务困境时，由于专用性资产具有特殊性，脱离供应商与客户关系将导致这些专用性资产价值大大缩水，这将为供应商带来一定的沉没成本与转换成本。

客户公布的非财务信息能够呈现出管理层对于企业未来发展的预期，相关风险因素将对供应商绩效产生影响。这具体体现为，语言表达方式在管理层信息披露的过程中起到独特的作用，相较于量化的财务数字信息，语言表达能够更有弹性地传达出管理层的评价和预期。管理层在选择语言表达方式的过程中具有较灵活的选择权，这为管理层提供了披露文本信息解释未来业绩和私有信息的额外动机（Davis and Tama-Sweet，2012）。管理层讨论与分析（MD&A）是上市公司定期披露的财务报告中重要的组成部分之一，主要包括管理层对过去经营情况的阐述以及对企业未来业绩和风险的讨论。MD&A 具有一定的信息解释作用和前瞻性，为利益相关者提供增量信息，能够预测企业未来业绩、存货变动、破产风险和股价等（Bryan，1997；Cole and Jones，2004；Sun，2010；Mayew et al.，2015；蒋艳辉、冯楚建，2014）。

利益相关者理论指出，客户是供应商重要的利益相关者，它们对供应商的战略与经营具有决定性影响，客户的未来业绩信息提供了供应商未来经营的重要信息。在供应商与客户关系日益紧密以及供应链快速发展的经济新常态下，客户信息将通过供应链关系传递，对供应商产生影响。客户盈余公告和破产公告也会对供应商产生重要影响（王雄元、高曦，2017）。客户的订单数量是直接影响供应商绩效的重要因素，一旦管理层讨论与分析呈现出消极语调与消极预期，则表明客户的管理层对企业未来的绩效并不乐观，预示着企业绩效下降的客观事实。同时，客户运营不良意味着未来产品对原材料的需求将下降，这将直接影响供应商未来的绩效。此外，供应商与客户之间的专用性资产增加了供应商的客户转换成本，短期内客户绩效的下跌将不可避免地对供应商绩效产生负面影响。

另外，当获知客户管理层负面语调传递出的业绩信息，面临客户业绩下滑带来的需求减少、账款拖欠、坏账以及溢出的经营风险等可能性情况时，供应商会相应地提高现金持有水平加以应对（底璐璐等，2020）。现金持有水平上升将导致企业错过合适的投资机会，使得投资效率下降，最终给企业绩效带来负面影响。综上所述，客户管理层语调具有的增量信息价值在于对客户未来发展的准确预测，客户的消极语调传达出对企业发展前景的悲观预期。作为供应链中的利益共同体，供应商将受此影响，无论是产品需求的直接下降、溢出风险造成的资本市场表现不佳与实体发展受阻，还是供应商针对该信息做出的现金流策略调整，客户管理层负面语调都会对供应商绩效产生负向影响。

在客户的资本市场表现方面，由于资本市场的波动剧烈，由股价波动性引发的风险也将对供应商绩效产生显著影响。股价剧烈波动往往形成于企业的负面信息超过其承载能力上限后短期内的集中释放，体现为股价大幅下跌。作为"一荣俱荣，一损俱损"的利益共同体，供应商的股价也会受客户股价波动的影响。已有研究指出，供应商股价与客户股价的市场反应存在同向变动规律（王雄元、高曦，2017），从而供应商的股价波动性也将上升，客户股价波动对供应商具有传染效应（彭旋、王雄元，2018）。即使供应商选择中断合作以应对客户股价剧烈波动的冲击，客户转换与否需要供应商在客户转换成本和维系关系的收益之间进行权衡，客户转换成本体现在时间成本、沉没成本和搜寻成本上，这意味着供应商可能选择承担股价波动性传染效应的冲击，也有可能花费转换成本寻找新的客户，最大化降低客户股价波动性带来的负面影响，但是这种风险依然会对公司未来一段时间的绩效产生显著的影响。

从资本市场的角度而言，股价剧烈下跌意味着股票的流动性大幅下降，企业的融资能力下降，这将直接限制供应商的融资与投资行为，降低资本配置效率（熊家财、叶颖玫，2016）。同时，就股价波动性的本质而言，股价暴跌反映了企业隐瞒有关公司未来业绩的负面消息，而且在短时间内一同对外公布。供应商股价波动性在一定程度上来源于客户股价波动性的传染效应，但实质上客户隐瞒了负面的业绩信息意味着客户治理能力较差。在供应链中，供应商与客户有着密切的业务联系，而客户的经营状况会对供应商绩效产生重大影响。客户绩效的下降意味着对供应商的需求减少，这将直接降低供应商绩效。

此外，从规避风险的角度而言，继续维系关系将使供应商通过供应链的传染效应承担一定的股价波动性，负面影响企业绩效；终止合作关系规避风险也将使供应商面临转换成本。也就是说，无论供应商是否主动选择规避客户的股价波动性冲击，供应商未来一定时间内的绩效均将受到负面影响，区别只是不同的决策给供应商绩效带来的负面影响程度有所差异。这一系列可能存在的影响都促使本书结合供应链风险管理的题材，基于供应链中客户与供应商间的风险溢出效应展开更加细致的研究。在供应链复杂性情境下，本书针对客户不同维度的经营风险因素，对供应商绩效影响效应和作用机制展开研究，可以扩充供应链管理的相关研究。

1.2　研究问题与研究意义

1.2.1　研究问题

在供应链高速发展的背景下，链上企业间的有效协同合作成为企业发展的驱动因素，从供应链视角探讨企业绩效的外部影响因素尤为必要。对于供应商来说，客户至关重要，这是因为供应商与客户间形成了紧密的经济关联，客户成为供应商绩效的主要来源。对于上市供应商来说，与主要客户的交易在很大程度上构成了供应商的销售收入与现金流，决定着供应商绩效。聚焦于客户－供应商关系，客户依赖供应商的同时也作用于供应商，客户的经济活动与供应商息息相关，客户的经营风险也不可避免地波及供应商，产生传染效应。换言之，对于供应商来说，客户相关风险作为重要的外部影响因素，对供应商的绩效表现具有一定影响。

在竞争激烈、复杂多变的市场环境中，企业在生产经营活动中面临着财务风险、经营风险、投资风险、生产风险、市场风险等诸多风险。现代企业风险评估实践广泛地采用财务信息与非财务信息作为风险评估依据。首先，财务信息反映着企业财务状况的特征与变化，财务指标运行较差意味着企业在流动性、偿付能力与盈利能力方面表现较差，可能存在贷款违约、资不抵债甚至破产的风险。其次，非财务信息也是识别与衡量企业风险的关键依据，非财务指标被众多经典的企业失败预测模型所采纳，裁员降薪、竞争对手创新、行业衰退等不利信息预示着企业发展阻力增大、在生产经营中面临的风险提高。不仅这些文本信息具有风险预测作用，其披露语调也能增量性地预示企业风险，负面语调传递出管理层对企业运营现状与发展前景的悲观预期，预示着企业潜在的绩效下滑、存货变动、股价波动、破产等风险。此外，对上市公司而言，公开发行股票是企业筹资的重要方式，能够确保企业在更大范围内筹措大量资本。当企业在资本市场表现出高风险时，往往表现为个股股价剧烈波动，最终导致股价急剧下跌，这将直接减弱企业的融资能力、降低资本结构调整速度、减少投资机会、增加其权益资本成本。总而言之，企业在自身财务状况、非财务状况以及资本市场表现等方面存在的风险均将阻碍其经济发展，并基于供应链传染效应传导至供应商，影响供应商绩效。基于此，本书在客户财务状况、非财务状况以及资本市场表现三方面分别选取客户的财务困境、管理层负面语调以及股价波动性作为客户经营风险替代指标，探究不同维度客户经营风险与供应商绩效的关系。本书的研究问题具体如下。

第一，客户财务困境如何影响供应商绩效。对于供应商而言，出于保护自身利益的角度，当客户陷入财务困境时，供应商将主动减少与财务困境企业的交易份额，甚至终止交易。首先，由于客户关系搭建存在时滞性，所以在短期内供应商销售收入将呈下降趋势，对供应商绩效产生负向冲击。其次，客户为缓解财务困境难题，将有意压缩成本，这意味着供应商面临着供货需求降低甚至更换供应商的被动局面，由此将导致供应商未来的销售收入下降，负向影响供应商绩效。最后，客户财务困境将直接影响供应商的信用款项的收回水平和期限，直接影响供应商的资金周转速度，进而引发供应商的现金流风险，拖累企业绩效。本书拟探究客户财务困境对供应商绩效的影响，在不同产权性质、议价能力以及生命周期的特征下这种影响又将存在怎样的差异。

第二，客户管理层负面语调如何影响供应商绩效。管理层负面语调传达着有关客户运营状况与发展前景的负面信息，面对客户业绩下滑带来的需求减少、账款拖欠甚至坏账以及溢出的经营风险等一系列情况，供应商会提高现金持有水平加以应对。现金持有水平上升将导致企业错失投资机会，降低投资效率，最终负面影响企业绩效。客户管理层语调具有的信息增量价值，是对客户未来发展情况的准确预测。客户管理层负面语调传达了企业发展前景的悲观预期，作为供应链上的利益共同体，供应商将受此波及，无论是直接的产品需求下降、外溢风险导致的资本市场表现不佳，还是供应商针对该信息主动做出的现金流战略调整，结果都是客户管理层负面语调将对供应商绩效产生负面影响。本书拟考察客户管理层负面语调与供应商绩效的关系，以及供应商议价能力、客户融资融券程度和客户媒体负面报道程度对二者关系是否具有差异性影响。

第三，客户股价波动性如何影响供应商绩效。从资本市场的角度而言，股价剧烈下跌意味着股票流动性大幅下降，进而降低供应商的融资能力与融资水平，限制其投资行为，降低其资本配置效率。就股价波动性的本质而言，股价剧烈下跌是客户隐瞒的有关公司绩效的负面消息在短时间内集中释放的结果。在供应链中，供应商与客户存在紧密的业务往来，客户的经营状况会对供应商产生重大影响。客户绩效下滑意味着对供应商的需求减少，这将直接降低供应商绩效。从规避风险的角度而言，继续维系关系将使供应商通过供应链的传染效应承担一定的股价波动性，从而负面影响企业绩效。而终止合作关系规避风险也将使供应商面临转换成本，供应商未来一定时间内的绩效也将受到负面影响。本书拟考察客户股价波动性对供应商绩效的影响，以及供应商议价能力、内部人减持行为和信息环境的不同将对二者关系产生怎样的差异性影响。

1.2.2　研究意义

本书在梳理客户财务困境、管理层负面语调、股价波动性的经济后果，客户－供应商关系以及供应链溢出效应和企业绩效影响因素相关研究成果的基础上，以利益相关者理论、风险传染理论、信号传递理论以及有限理性理论为指导，从客户的财务困境、管理层负面语调和股价波动性三个维度考察客户经营风险对供应商绩效的影响效应与作用机制。最后，本书针对研究结论提出相应的政策建议。本书是对客户不同维度经营风险对供应商绩效影响因素领域的深入探索，具有重要的理论意义和现实意义。

（1）理论意义

第一，丰富了企业绩效影响因素的相关研究。以往针对企业绩效影响因素的研究多集中于企业自身因素，探讨管理者、董事会结构、股权集中度、大股东性质、机构持股等内部因素对企业绩效的影响（Buck et al.，2008；Wang et al.，2013；Kao et al.，2019；窦瑜彤，2019）。此外，也有部分研究认识到外部因素的影响，围绕制度环境、市场结构与产业政策等主题展开研究（Hansen and Wernerfelt，1989；张天舒等，2015）。从现有研究内容来看，这些研究忽视了供应链关联企业对企业绩效的影响，缺乏从供应链纵向视角对企业绩效影响因素进行探讨和解析。在供应链企业交往日益紧密的背景下，上下游企业成为密切的利益相关者，企业间形成交易、债务、资本以及信用等关系，这些网络关系构成了资金、产品、服务、信息与技术等资源流动的通道，是企业实现合作互惠、资源共享的重要途径（Ojha et al.，2018；史先诚，2002）。近年来，有学者指出供应链企业的利益相依性将导致风险相关性，一方企业的风险将对其关联企业产生影响（夏喆等，2007；Samvedi et al.，2013；Ojha et al.，2018）。在这部分文献基础上，本书基于利益相关者理论、风险传染理论、信号传递理论以及有限理性理论，以跨企业关系为出发点，探索了在联系日益紧密的供应链关系中，客户的财务困境、管理层负面语调以及股价波动性对供应商绩效的影响，从而丰富并深化了企业绩效影响因素的相关文献。

第二，拓展了企业非财务信息语言特征的经济后果研究。现有研究普遍认同公司披露的非财务信息传递着超出财务数据的额外信息，能够有效缓解公司与外部投资者间的信息不对称问题（Healy and Palepu，2001；Li，2010；Chen et al.，2019）。但这些研究偏重于强调文本信息的内容价值，对于其语言特征的研究仍相对缺乏，仅有的研究也集中于揭示文本信息的表达特征对公司自身决策与绩效的影响，缺乏对其跨企业经济后果的进一步探析。管理层披露的语调传达着有关企业经营状况与发展前景的信息，能够起到信号作用，是企业各方利益相关者的重要决策依据（Davis and Tama-Sweet，2012）。因此，供应商作为关联企业在进行决策时将接收并整合客户披露的语调特征，对客户运营现状与发展前景形成全面、准确、系统的判断，进而指导企业规划与决策。本书立足于跨企业关系情境，考察客户管理层文本语调特征对于上游供应商绩效的影响，揭示了非财务信息语言特征的传染效应以及跨企业经济后果，为企业绩效的影响因素研究提供了一个崭新的研究视角。

第三，揭示了股价波动性跨企业的经济后果。关于股价波动性的现有研究集中于形成机理的推演，大量研究表明公司特征、股权激励、公司治理等是股价波动性的重要影响因素（Hutton et al.，2009；Harper et al.，2020）。近年来，有学者开始关注股价波动性的经济后果，但这部分研究集中于对企业自身影响的简单探讨，缺乏对股价波动性的跨企业传染机制的深入挖掘（Habib et al.，2018）。由于企业的不良事件往往对关联企业产生影响，而股价波动性恰恰是源于被隐藏、累积的负面信息，因此，客户股价波动性将呈现风险传染效应，破坏供应链的稳定运营，对供应商绩效起着决定性作用。本书考察客户股价波动性对供应商绩效的影响，证实股价波动性在供应链上具有传染效应，为股价波动性的跨企业经济后果提供了经验证据，具有一定的理论意义。

（2）现实意义

第一，本书从客户的财务困境、管理层负面语调以及股价波动性三个方面证实了不同维度客户经营风险对供应商绩效的影响，有助于强化公司管理者对供应链风险的理解，指导市场监管者对供应链风险管理的规范。供应链的高速发展加之外部环境的高度不确定性使得供应链具有"脆弱性"，链上企业面临着各种风险的影响，这些风险因素将降低供应链运行效率、增加供应链管理成本，甚至导致供应链断裂。因此，风险管理成为供应链管理的核心内容，实现对风险因素的早期识别与防范已经成为现代企业管理的重要实践。本书的系统性阐释有助于供应链企业意识到企业不仅应控制与管理内部风险因素，还应加强对关联企业风险的监控与应对。对于供应商来说，客户的风险信息充当着"预警信号"，这些信号指导着供应商进行科学决策，供应商及早意识到供应链风险对企业绩效的潜在破坏性，或是阻断客户经营风险的传染效应或是采取策略将风险影响尽量降低，有助于企业健康、稳步运营。本书同样能够为市场监管者提供重要参考，促使其制定合理的信息披露规范以鼓励供应链企业披露客户与供应商信息，有助于企业实现对风险因素的早期识别与预防，有利于供应链安全性与稳定性的提升。

第二，本书明确了不同维度客户经营风险与供应商绩效关系的具体作用路径，为企业管理者有针对性地提高供应链风险管理效率提供经验参考。

除了进行风险识别与评估，风险控制同样是企业供应链管理的重要流程。这就要求企业管理者正确认识风险的作用路径与影响机制，进而采取及时的、适当的风险控制措施加以应对。在不同维度客户经营风险的影响下，供应商现金流、投资水平与投资者情绪等方面将受到影响进而拖累供应商绩效表现。因此，采取针对性措施以有效控制不同风险的侵扰是供应商企业管理者的重要任务，合理的应对措施能够缓冲客户经营风险的不利影响，控制风险在供应链上的传播范围与传播强度，进而推动供应链有效地协作运营。

第三，本书考察了在产权性质、议价能力、生命周期特征、行业竞争水平与投资者保护程度等因素的影响下，客户经营风险对供应商绩效影响的差异性，为企业构建系统化的风险管理体系提供科学的指导，为上下游企业实现一体化的供应链管理提供风险解决方案。探索客户经营风险对供应商绩效差异性影响的条件对于企业正确识别与处理风险因素至关重要，有助于企业管理者意识到尽管客户经营风险存在溢出效应，但影响的大小不仅取决于客户经营风险的冲击力，还取决于供应商的风险抵御能力。本书有助于指导企业搭建综合的风险管理系统，并且研究可知具备较高的议价能力、优质的内外部信息环境以及科学的供应链关系管理实践有益于企业提高风险抵御能力，进而实现稳健的、可持续的发展。

1.3 研究思路与研究方法

1.3.1 研究思路

本书围绕以下逻辑和思路展开研究。

首先，本书基于客户的财务状况、未来发展前景以及资本市场表现，选取了供应链中客户可能存在的风险：当客户陷入财务困境时，将会影响供应链金融稳定，由此导致供应商存在现金流风险；客户管理层负面语调传递出对企业发展前景的悲观预期，作为供应链上的利益共同体，供应商将受此波及，阻碍供应商的实体发展；股价急剧波动主要源自企业对于负面信息的隐藏和达到阈值后的集中释放，将对市场的资源配置效率产生影响，供应商作为利益共同体，也将承受客户股价波动性上升的后果。

其次，通过回顾客户的财务困境、管理层负面语调、股价波动性以及客户与供应商关系、供应链溢出效应、企业绩效影响因素的已有研究，以利益相关者理论、风险传染理论、信号传递理论以及有限理性理论为指导，结合既有法律制度下上市公司披露客户信息的背景，分析了客户经营风险对供应商绩效的影响。本书区分三个维度分析并提取了客户经营风险：第一，基于上市公司年报财务信息计算了财务困境风险因素；第二，基于上市公司年报的文本信息，通过文本分析方法标准化处理文本以及借鉴台湾大学编制的《中文情感极性词典》，高度抽象出客户管理层负面语调的文本特征；第三，通过上市公司股票市场表现获取了股价波动性的风险因素。在获取客户的风险因素变量之后，确定不同风险因素对供应商绩效的影响与内在逻辑。

再次，在基准回归结果的基础上，从供应商应收账款坏账、企业投资和投资者情绪等方面考察其中的作用机制。同时考察产权性质、议价能力、生命周期特征、客户融资融券程度、客户媒体负面报道程度、内部人减持和信息环境等不同条件下客户经营风险对供应商绩效影响存在的差异性，以此全面考察不同维度客户经营风险下，供应商绩效的影响因素，深入分析影响效应背后的作用机制，以丰富相关研究领域成果。

最后，根据上文的研究工作，本书系统阐述已得到的主要研究结论，并据此提出政策建议。

1.3.2　研究方法

为了更全面地描述和分析研究对象，更科学地剖析和解决研究问题，更客观地检验得到的结论，本书在系统回顾和总结前人研究的基础上，运用了经济学、社会学等领域的研究方法，具体如下。

（1）文献研究法

文献研究法是指对文献进行检索、收集、整理、分析与研究，利用所掌握的文献资料从而形成对事实的科学认识的方法。它是根据研究目的，通过查阅文献来获取资料，从而系统全面地认识研究问题的一种方法。该方法往往应用于科学研究的准备阶段，其作用是加强对相关问题的历史与现状的了解，帮助确定研究课题；形成关于研究对象的一般印象，便于观察与访问；获得现实资料的对比资料，有利于掌握事物的全貌。本书的问题提出与文献综述过程采用了文献研究法，针对企业风险、供应链管理以及企业绩效的相关研究展开系统化梳理回顾，具体梳理了客户的财务困境、管理层负面语调与股价波动性的经济后果，并对客户与供应商关系、供应链溢出效应以及企业绩效影响因素的相关研究进行回顾。运用文献研究法对相关文献进行全面的梳理与评述，有助于本书发现已有研究的不足，为后续研究假设的提出奠定基础，为计量模型的构建提供重要支撑。

（2）规范分析法

规范分析法是指以一定的价值观念为依据，提出分析和处理问题的准则，从而依据这些准则对事物运行状态做出主观价值判断的方法。规范分析法是经济学中的常用方法，该方法以已有的事物现象为对象，按照公认的价值标准来阐述和解释经济运行中应该具备的规律和结果，也就是通用化后应该如何研究和处理这些问题。如果说实证分析是对经济现象进行客观分析，力求回答"是什么"的问题，那么规范分析便是对经济现象进行主观判断，力求回答"事物的本质应该是什么"这一问题。具体来说，规范分析法涉及归纳与演绎的综合应用，前者是由个别事例归纳出共性，进而推理出一般性规律，后者则是根据一般性规律得出个别结论。就其关系而言，两者相互对立，又相辅相成。归纳得到的一般性规律为演绎提供先验假设，而演绎是归纳的前导，没有演绎就没有归纳。本书在理论分析与研究假设部分采用了规范分析法，对利益相关者理论、风险传染理论、信号传递理论以及有限理性理论相关研究进行归纳总结，进而演绎出本书的逻辑关系，对不同维度客户经营风险与供应商绩效的关系进行规范分析。

（3）文本分析法

在管理层负面语调的获取方面，本书借鉴 Pennebaker 等（2003）和边海容等（2013）的做法采用情感词汇库的匹配方法。具体利用 Python 软件在巨潮资讯网上爬取客户发布的年报 PDF 文本，并将其转化成 TXT 文本格式，然后利用 Python 的 jieba 分词开源工具，对文本内的管理层语调进行分析。分词依据综合借鉴了根据特定语境和汉语表达习惯人工筛选的台湾大学编制的《中文情感极性词典》、Hownet 情感词典以及 Loughran 和 McDonald（2011）的单词列表，以上参考中详尽记录了尽可能多的正面语调和负面语调词汇。根据分词结果得到客户年报中的正面语调词汇数量和负面语调词汇数量，用于计算客户管理层负面语调。

（4）实证研究法

实证研究法在狭义上特指统计分析法，即运用特定的数理统计技术对经济活动中的数据信息进行分析，以探索事务的特性、发展规律、内在联系及其影响方式的研究方法。该方法具有描述与推理两种功能，描述是对数据进行分析进而得出能够反映客观数量特征的过程；推理是利用已知的样本数据来推理未知的总体数量特征，并以概率为表述形式的过程，其目的是由数据延伸出推理性结论。本书实证的关键在于提取客户的风险因素，基于上市公司年报财务信息提取了财务困境风险因素，利用文本分析法提取了管理层负面语调风险因素，通过上市公司股票市场表现提取了股价波动性风险因素。本书对样本数据进行描述性统计以初步确认变量维度的合理性，对客户多维度风险因素与供应商绩效的关系进行回归分析以检验假设是否成立。此外，本书利用工具变量的两阶段最小二乘法、Heckman 两阶段法、替换被解释变量法、替换解释变量法、控制必要变量法、剔除行业因素偏误法六种方法进行稳健性检验以保证实证结果的科学性与稳健性。在进一步研究中，本书采用中介效应分析法检验客户各类风险因素影响供应商绩效的中介因素，采用差异性分析法检验供应商在不同条件下，客户的财务困境、管理层负面语调以及股价波动性对供应商绩效影响的差异。

1.4　研究内容与框架结构

本书按照理论分析与文献综述、理论框架构建、实证检验的研究范式，共分为七章，研究内容和具体结构安排如下。

第 1 章为绪论。首先阐明了本书的研究背景，引出本书研究的主要问题，阐述了本书研究的理论意义和现实意义、研究思路与研究方法、研究内容与框架结构，最后给出了本书的研究创新点。

第 2 章为客户经营风险与供应商绩效研究文献综述。文献综述主要围绕已有关于客户经营风险与供应商绩效的研究脉络展开，主要从客户的财务困境、管理层负面语调以及股价波动性的经济后果，客户与供应商关系和供应链溢出效应以及企业绩效的影响因素展开综述，最后对已有文献进行评述，指出现有研究文献可能存在的不足，提出本书的切入点和思路。

第 3 章为制度背景与理论基础。制度背景主要介绍了上市公司客户信息披露的制度，以及当前上市公司客户信息披露的现状。理论基础围绕本书使用的利益相关者理论、风险传染理论、信号传递理论以及有限理性理论，为本书的研究方向与研究内容提供理论基础。

第 4 章为客户财务困境与供应商绩效。该章考察了跨企业关系情形下，客户财务困境对供应商绩效的影响及机制。同时，考虑到供应商的产权性质、议价能力以及生命周期特征，使客户财务困境对供应商绩效的作用过程有所不同，该章进一步考察了上述因素对于客户财务困境与供应商绩效关系的差异影响。研究发现，客户财务困境对供应商绩效存在显著的负向影响。应收账款坏账在其中产生部分中介效应，另外这种负向影响在非国有性质、议价能力低以及处于成长期的供应商中表现得更为明显。

第 5 章为客户管理层负面语调与供应商绩效。该章采用情感词汇库的匹配方法与分词方法，对文本内的管理层语调进行分析。根据分词结果得到客户年报中的正面语调词汇数量和负面语调词汇数量，据此计算客户管理层负面语调，进而考察客户管理层负面语调对供应商绩效的影响及机制。进一步地，分别考察在供应商议价能力、客户融资融券程度和客户媒体负面报道程度不同的三种情况下，客户管理层负面语调与供应商绩效关系是否存在差异，以及差异如何。研究发现，客户管理层负面语调传递出的悲观预期对供应商绩效存在显著的负向影响。供应商投资水平在其中产生部分中介效应，另外这种负向影响在议价能力低、客户融资融券程度高以及客户媒体负面报道程度高的供应商中表现得更为明显。

第 6 章为客户股价波动性与供应商绩效。该章将客户股价波动性作为影响因素，分析了股价波动性在供应链中的跨企业影响机制，考察了客户股价波动性对供应商绩效的影响及机制。客户股价波动性存在传染效应，该章进一步考察供应商投资者情绪在客户股价波动性对供应商绩效的影响中的作用机制。同时，考虑到供应商议价能力、内部人减持行为和信息环境使得客户股价波动性在对供应商绩效的影响过程中有所不同，该章进一步考察上述因素对客户股价波动性与供应商绩效关系的差异性影响。研究发现，客户股价波动性对供应商绩效存在显著的负向影响。供应商投资者情绪在其中产生完全中介效应，另外这种负向影响在议价能力低、发生内部人减持行为和信息环境差的供应商中表现得更为明显。

第 7 章为结论与政策建议。该章基于前述研究工作，对全书主要结论进行系统阐述与总结，陈列本书的基准检验结果与进一步研究结果，并根据本书的研究结论提出有针对性的政策建议。

综合研究思路，本书的研究架构如图 1.1 所示。

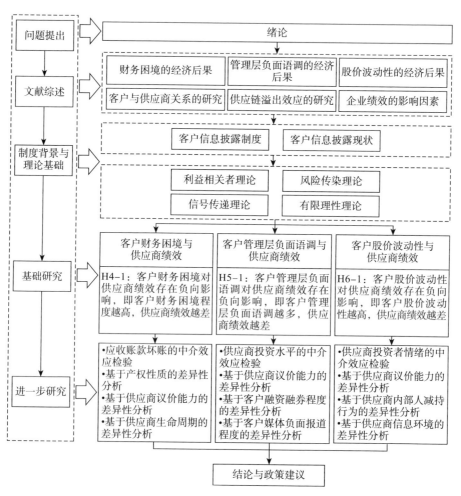

图 1.1　研究架构

1.5　研究创新点

本书丰富了供应链管理的研究。以往研究较少关注供应链这一中观要素对于企业经营绩效的影响，并且供应链的现有研究也多关注供应链企业间的监督作用，静态地考察其对企业的影响，而对于客户经营活动产生的存量风险和增量风险对供应商绩效产生的影响则较少关注。与现有研究不同，本书基于客户经营风险的角度考察其通过供应链对供应商绩效产生何种影响、具体作用机制以及在不同供应商性质下这种影响存在的差异性。为保证研究的代表性和全局性，本书从客户的财务状况、非财务状况以及资本市场表现三个角度，分别选取客户的财务困境、管理层负面语调和股价波动性作为研究对象，全方位地对不同维度客户经营风险影响供应商绩效的作用机制进行了深入的研究，有助于从风险的角度有针对性地提高供应链管理效率。具体而言，本书创新点体现在以下方面。

第一，在市场分工愈发精细化、产业链上各公司交往日益紧密的背景下，公司的经营和财务状况等并非仅受自身作为孤立个体的微观因素和宏观政策周期的影响，公司所处的供应商网络也将影响公司的绩效。而以往研究多从自身条件考察企业绩效的影响因素，即使存在对外部条件的研究，也鲜有从供应链这一纵向链条上考察客户的财务状况对供应商绩效产生的影响。本书基于财务风险的传染效应，以跨企业关系为出发点，考察在联系日益紧密的供应链关系中，客户财务困境对供应商绩效的影响，解释了供应链上下游企业间的财务风险传染机制，为进一步理解财务困境的经济后果提供了重要的经验证据。此外，从客户财务困境的视角丰富了供应商绩效的影响因素。以往关于供应商绩效影响因素的研究大多将客户集中度作为重要的经济变量，但鲜有从客户资产负债表状况的视角考察对供应商绩效的影响。本书以客户财务困境为研究切入点，考察了客户财务风险对供应商绩效的影响，补充了供应商绩效影响因素的研究成果，为进一步理解财务困境的经济后果提供了重要的经验证据，也为基于客户财务困境的风险管理角度提供了供应链效率管理的具体路径。

第二，以往研究多仅将客户－供应商关系作为重要的经济变量考察对企业的影响，而较少关注在供应链的纵向链条上，客户公开披露的信息对供应商产生的影响。现有研究更多关注公开的、量化的财务信息产生的影响，鲜有关注非财务信息尤其是语言特征方面的经济后果。本书考察客户管理层文本语调特征对上游供应商绩效的影响，基于前瞻性风险的传染效应，拓展了管理层负面语调经济后果的研究范围。同时，当前关于管理层语调经济后果的研究，主要基于资本市场反应的视角展开，鲜有研究关注负面语调的溢出效应。而本书考察客户管理层负面语调对供应商绩效的影响，揭示了非财务信息语言特征的传染效应，以及对其他企业经营绩效的影响。为进一步理解企业公开的非财务信息语言特征的经济后果研究提供了重要的经验证据，也从非财务信息的角度为供应链效率提升提供了新的方向，补充了供应商绩效影响因素的研究成果。

第三，以往研究较少关注供应链这一中观要素对企业经营绩效的影响，而关于供应链的研究多从供应链企业间的监督作用，静态地考察其对企业的影响，对于客户资本市场表现方面的风险传染效应却鲜有涉及。关于股价波动性的研究多集中于客户 – 供应商关系这一外部治理的角度考察缓解股价波动性的因素，而较少关注客户股价波动性作为外部风险因素在供应链上的传染效应，尤其是对供应商绩效的影响。本书基于资本市场风险的传染效应，拓展了股价波动性经济后果的研究范围，考察了客户股价波动性对上游供应商绩效的影响。同时，现有关于股价波动性的研究多从形成机理和影响因素出发进行探索，鲜有研究考察股价波动性跨企业的经济后果。本书考察客户股价波动性对供应商绩效的影响，揭示了股价波动性的供应链传染特征，以及对利益相关企业的影响。此外，以往关于供应商绩效影响因素的研究大多将客户集中度作为重要的经济变量，但鲜有从客户股票价格的市场反应视角考察对供应商绩效的影响。本章以客户股价波动性为研究切入点，考察了客户资本市场风险对供应商绩效的影响，补充了供应商绩效影响因素的研究成果，为进一步理解客户股价波动性的经济后果研究提供了重要的经验证据，也从供应链的角度明确了资本市场在服务实体经济过程中的有效定位。

第 2 章 客户经营风险与供应商绩效研究文献综述

本书的研究主题在于分析客户经营风险如何影响供应商绩效，基于此，本章主要从财务困境、管理层语调和股价波动性的经济后果，客户与供应商关系，供应链溢出效应以及企业绩效的影响因素展开综述，为本书的研究方向与研究内容提供学术研究基础。

2.1 财务困境的经济后果

企业经营过程中，面临的财务困境又被称为财务危机，不同主体在评定企业财务困境时采用的标准不同，因而关于财务困境的定义也不尽相同。总体而言，企业的财务困境主要是指企业不能及时地还本付息、资不抵债或者企业在清算后仍然无法支付债务，面临破产等现实困境。国外学者针对财务困境给出了如下定义。Beaver（1966）分析了 79 家存在拖欠优先股股利、不及时还本付息与破产的公司，总结了以上公司的特性后将公司财务困境特征定义为破产、拖欠债务以及拖欠优先股股利等。Altman（1968）定义陷入财务困境的公司为提出破产申请的公司，包括法律意义上的破产、重整以及接管。同时，Carmichael（1972）指出由于企业权益或者流动性不足，现金流不足以偿付到期债务，不能及时按照相关规定履行自身义务，企业陷入财务困境即技术破产。而国内学者的研究方面，谷祺和刘淑莲（1999）认为公司陷入财务困境的主要原因在于公司丧失了相应的支付能力，并由于资金缺乏和信用崩溃，公司陷入了财务破产边缘。刘红霞和张心林（2004）指出企业由于经营业务受阻而陷入财务困境，这些经营业务受阻的现象包括：第一，企业虽然在资产负债中总资产大于总负债，但是由于固定资产占比较高，企业变现能力与流动性较低，在偿付负债的时候出现流动性危机，陷入财务困境；第二，陷入财务困境的公司表现为最近一个会计年度股东权益低于注册资本抑或最近连续两个会计年度净利润为负，这些现象反映了企业陷入财务困境；第三，企业的资产公允价值低于企业的负债总额，在经过调整之后企业的经营活动进入了充足状态。

在陷入财务困境的条件下，企业经营活动都会受到显著的影响。国内外学者分别针对财务困境的经济后果展开研究，主要从企业陷入财务困境对公司的经营活动、审计活动、会计信息质量以及公司风险和系统风险方面展开研究。

在经营活动方面，Beneish 和 Press（1993）的研究指出经历债务违约而陷入财务困境的企业，其经营活动会受到更大的限制。债权人出于合理维护自身利益的目的，将要求陷入财务困境的企业更加全面地进行信息披露，企业的投融资条件会更加严苛，一些合理的投融资活动会因为企业陷入财务困境而受到限制。Defond 和 Jiambalvo（1994）的研究指出，公司在面临债务违约的过程中会尽量选择使公司利润表现为正的会计政策。Dyreng（2009）量化了企业在面临财务困境时为了避免私有债务违约而愿意支付的经济成本，研究发现当公司可能出现债务违约而陷入财务困境时，公司更可能进行盈余管理，调控它们的收入，甚至增加它们的纳税负担。游家兴等（2010）分析了陷入财务困境的公司在高管变更后的治理效率的变化，通过 1998～2008 年的 388 家上市公司高管变更数据分析得到，当上市公司由于经营不善而陷入财务困境时，高管具有的政治关联属性会加剧政府对公司经营活动的干预，不利于陷入财务困境的公司提高治理效率。厉国威等（2010）将股权分置改革前陷入财务困境的上市公司作为研究样本，实证分析了陷入财务困境对于公司盈余价值的影响，研究结果表明，陷入财务困境会使投资者降低对于公司价值的认定，并降低公司的盈余价值相关性。在企业的经营产出过程中，陷入财务困境的公司会相应减少资本性支出，减少公司并购，降低公司的杠杆率与公司分红比例，降低公司的创新投入，关闭生产经营效率较差的企业部门，提高生产效率（Chava and Roberts，2008；Nini et al.，2012；Ersahin et al.，2021；Gu，2020）。在管理架构方面，当公司陷入财务困境之后，债权人的介入会增加 CEO 离职的可能性，减少公司的雇佣薪资。为了保证债权人的权益，债权人还会要求董事会加入与债权人利益相关的独立董事，以增加自身在公司中的话语权（Nini et al.，2012；Falato and Liang，2016）。

张玮倩和方军雄（2017）的研究基于大量出现债务违约的企业展开，通过整理这些陷入财务困境的企业发现，发生债务违约的财务困境时间将会对企业的投资活动产生显著影响，尤其是企业的创新投资活动，具体表现为企业的创新投资总额降低。张玮倩和方军雄（2019）探究了公司债务违约之后陷入财务困境的溢出效应，研究结果表明，当公司陷入财务困境之后在行业内存在较大的溢出效应，而在地域内的异质性检验中，该溢出效应并不显著，这种溢出效应具体表现在公司陷入财务困境会降低同行业内其他公司的创新投资支出。狄灵瑜和步丹璐（2019）从存在政治关联的上市公司出发，即从公司的实际控制人为政府的公司出发，探究发生债务违约之后地方国有企业经营状况的变化，研究结果表明，地方国有企业在发生债务违约之后会受到政府的支持，而支持的程度具体与公司的社会责任表现相关，但是在政府的资助下，地方国有企业并不能更好地经营，政府的买单行为在一定程度上扰乱了信贷资源的合理配置，陷入财务困境的公司的经营绩效反而变得更差了。杨宜和程京京（2019）进一步研究了违约事件冲击下民营企业陷入财务困境的创新投入，研究发现，当陷入财务困境之后，银行的介入也影响企业的创新活动投入，这一效应在金融发展水平较高以及金融资源配置较差的企业中表现得较为显著。

在审计活动方面，Jiang 和 Ping（2012）探究了财务困境对上市公司的经营活动产生怎样的影响，研究发现，债务违约等让公司陷入财务困境的消极事件将会降低公司财务信息报告的可靠性，这让审计机构在进行审计活动时面临的风险更大，因而在进行审计活动的过程中需要付出更大的审计努力以降低相应的风险，所以也需要收取更多的审计费用以弥补可能存在的损失，并且这种现象存在的时间会持续三年左右。Griffin（2014）的研究指出，当上市公司陷入财务困境时，根据相关治理规定需要对广大投资者进行相应的披露，内部人股东会通过自身的信息优势在违约公告披露前利用信息获利。Bhaskar 等（2017）的研究发现，债务违约的公司陷入财务困境之后，上市公司中审计师辞职或者在审计过程中获得非标准审计意见的可能性将大大增加。Gao 等（2017）的研究得到了相同的结论，即当企业因为债务违约陷入财务困境时，会引起股东之间严重的信息不对称以及不确定，这在交易市场上表现为更高的买卖价差以及股票的收益波动率。陈婧等（2018）的研究则基于 2001～2015 年的上市公司样本，研究结果表明，上市公司的审计活动将会受到财务困境条件的显著影响，当上市公司出现债务违约的情况后，审计机构在进行审计活动时将会对违约上市公司收取更加高昂的审计费用。

在会计信息质量方面，在财务困境风险下，债权人对于陷入财务困境的企业会施加更多的干预，为了翔实地给利益相关者报告公司的经营财务信息，公司的财务报告与社会责任报告会更保守，在生成会计报告的时候会采用更多的公允准则，减少非一般会计准则的使用，提高公司的会计信息质量（Tan，2013；Christensen et al.，2014）。

在公司风险和系统风险方面，当债务违约发生之后，Fargher 等（2001）的研究发现，陷入财务困境的公司整体非系统性风险显著增加。同时，公司出现内控缺陷的可能性也会显著增加（Guo et al.，2019）。王克明（2004）的研究表明，上市公司的财务困境情况存在信息不对称性，当处于财务困境的风险信息逐渐被收集，可能会影响投资者情绪从而对金融体系产生巨大的打击。周剑南（2012）将公司财务困境经济后果的研究拓展到商业银行层面，研究发现，企业财务危机除了影响投资者之外，还将对商业银行的业务产生冲击，激发流动性风险与金融风险。章铁生等（2012）的研究分析了 2005～2009 年处于财务困境的公司的发展状况，探析了证券发行管制制度下的地方参与公司治理行为，研究发现，当上市公司处于财务困境且地方政府参与公司的财务困境风险化解治理时，可以提高该地区未来公司上市发行审批通过的比例。李诗瑶（2019）基于 KMV 模型实证分析了公司陷入财务困境的经济后果，研究发现公司陷入财务困境之后，债务违约风险的增加会导致公司股票波动风险的增加，该实证结果印证了财务风险的跨市场传播效应。同时，陷入财务困境的公司会受到外部债权人的进一步监督与关注，在监督效应的作用下，公司的盈余管理程度将会下降。秦璇和方军雄（2019）基于风险管理的角度，分析了企业陷入财务困境之后的盈余管理行为，研究发现企业在出现财务违约风险之后会权衡盈余管理的成本，为了防止后果的恶化，企业会采取负向盈余管理活动降低违约风险和违约成本。李诗瑶等（2020）基于上述研究，进一步计算了债务违约风险，以此作为债权人监管公司的动力，进一步分析了公司陷入财务困境之后违约风险与盈余管理行为之间的关系，研究结果表明，公司存在的违约风险越高，债权人的监督动力就越强，公司的盈余管理水平也就越低，并且这种外部监督效应在民营企业中表现得更加显著。

2.2　管理层语调的经济后果

管理层语调的分析方法主要为文本情感分析，是指以自然语言分析为基础，对上市公司公布的非结构化文本信息进行情感提取的过程。上市公司披露的经营管理信息是管理层将公司的经营情况以正式文件的形式公开给所有利益相关者的文本信息，具有管理层的主观色彩，基于词汇分类的基础词频方法是测度管理层语调的基本方法。具体地，学者关注的上市公司披露的文本信息包括媒体报道、季度报告、年度报告、盈余公告、分析师报告以及线上会议内容等（Tetlock，2007；Li，2008；Demers and Vega，2011；De Franco et al.，2015；Lawrence，2013）。围绕公司管理层语调的经济后果，学者主要研究了公司管理层语调对超额收益、盈余管理、投资者、绩效、分析师预测以及现金持有等的影响。

关于管理层语调对超额收益的影响研究。Li（2010）根据预设的字典和规划将目标文档中的单词逐一归类到不同的集合中，通过统计计算获取文本的量化特征。Feldman 等（2010）讨论了上市公司季度报告、年度报告中管理层讨论与分析部分非财务信息语调变化与报告发布两日内的超额收益的关系，基于哈佛通用情感词典分类该研究构建了正面语调、负面语调以及净正面语调等相关变量，研究结果表明，管理层语调中的正面语调与负面语调均与上市公司发布相关报告两日内的超额收益显著相关。然而，Loughran 和 McDonald（2011）的研究则提出了不同的观点，他们认为哈佛通用情感词典归类为正面或者负面的相关词汇在金融文本中并没有体现相关的含义，所以在进行管理层语调分析的过程中，哈佛通用情感词典并不完全适用。因此，他们针对金融文本的专有属性创建了更贴近金融分析的财务情感词汇列表，具体包括积极、消极、不确定、诉讼、强情态词以及弱情态词六个类别，并进一步将公司年度报告全文与上述财务情感词汇列表的六个类别相匹配进行实证分析，研究结果表明，上市公司年报中的负面词汇与年报公布后三日内的超额收益存在显著的负相关关系，同时在分析过程中使用 TF-IDF 方法对不同词汇赋予差异化权重，这比平均加权法更加有效，得到的结果更加稳健。

Davis 和 Tama-Sweet（2012）指出，相比于其他信息披露，文字信息披露受到的限制更少，因而管理层会更倾向于利用文字的灵活性进行相关策略的表达，从而最小化坏消息披露给股票价格带来的负向影响，最大化好消息披露对股票价格的正向影响。Jegadeesh 和 Wu（2013）进一步优化了公司年报语调的测度方法，他们通过市场反应确定不同词汇的权重，进而以这种动态方式测度管理层语调，实证结果表明，公司年报中的正面语调、负面语调以及净正面语调与公布公司年报一段时间内的超额收益存在一致的显著正相关关系，这说明了短窗口期内市场并不能对公布的信息做出及时准确的反应，并且不满足有效市场假说。在强制性的财务披露中，管理层会使用积极词汇来减轻描述财务状况时必须使用的消极词汇所带来的消极影响，这些管理层语调的变化可能无法被市场及时捕捉，它们反映的财务状况带来的影响可能是模糊不清的（Loughran and McDonald，2020）。

关于管理层语调对盈余管理的影响研究。Huang 等（2014）针对上市公司年度盈余公告的管理层语调进行分析，发现过度乐观的语调预示着公司未来的负现金流与负盈余财务状况是管理层为掩盖不良业绩的不利影响而进行的语调操纵。进一步研究发现，过度乐观语调与收益重述、股权再融资以及并购等正向盈余管理行为之间存在显著的正相关关系，与期权授予等负向盈余管理行为之间存在显著的负相关关系。谢德仁和林乐（2015）统计了上市公司年度业绩说明会中管理层语调里使用的正面语调词汇数量以及负面语调词汇数量，将二者的差除以二者的和，得到了管理层语调的代理指标，并分析了管理层语调与公司绩效的关系，研究结果表明，管理层语调的正面词汇与公司未来一年的业绩存在显著的正相关关系，上市公司披露的公告信息存在一定的信息含量。陈艺云（2019）利用文本分析法探究了管理层语调对于企业陷入财务困境可能性的预测程度，研究结果表明，管理层语调将会为上市公司的财务困境预测提供有用的信息并增强财务困境模型在研究过程中的预测能力以及拟合水平。朱朝晖和许文瀚（2018）通过文本分析法量化了 2010～2016 年 A 股非金融类上市公司的年报，发现管理层通过操控上市公司年报的管理层语调从而在披露过程中进行盈余管理。

吴国通和李延喜（2019）基于上市公司披露的年度报告展开研究，发现过度乐观的管理层语调将使上市公司的债务期限更长，并且导致上市公司的债务规模更大。贾德奎和卞世博（2019）通过其创建的中文财经情感词典，利用文本分析方法量化了上市公司 IPO 招股说明书中所涵盖的负面词汇，实证检验发现上市公司招股说明书中的负面词汇包含有效信息，可以较为全面地对上市公司未来的业绩变化进行较高程度的预测以及解释。赵宇亮（2020）则基于融资行为的视角，探究管理层语调对融资规模与融资成本的影响，研究结果表明，公司管理层的净正面语调与公司的债权融资规模呈现显著的正相关关系，与公司的融资成本呈现显著的负相关关系。而基于供应商决策视角，底璐璐等（2020）的研究发现，管理层语调确实对供应商决策产生显著影响，研究结果表明，为防止公司违约情况的发生，上市公司披露的管理层语调越消极，供应商就越会增加其现金持有。异质性研究发现，管理层语调对供应商决策的影响在不同产权性质、不同议价能力的公司中存在差异。

钟凯等（2020）将业绩说明会中管理层语调作为研究对象，探究了管理层语调是否会给分析师预测提供更多的信息，研究结果表明，管理层净正面语调与分析师预测偏差存在显著的负相关关系，说明管理层的净正面语调并不会影响分析师的判断，反而会对公司业绩进行更为准确的预测，这表明业绩说明会可以为利益相关者提供更多的信息。原东良等（2021）以 2009～2019 年上市公司为研究样本，基于公司披露的年度报告中管理层讨论与分析部分的文本信息语调，探究了绩效反馈与公司管理层语调的相关关系。李姝等（2021）基于 2007～2018 年中国 A 股上市公司披露的年度报告中管理层讨论与分析的文本信息，探究了管理层语调对企业创新投资的影响，研究结果表明，积极的同行管理层讨论与分析语调显著正向影响公司下一期的创新投资，这表明同行管理层讨论与分析语调对企业的创新投资产生了显著的正向溢出效应。此外，同行业之间的会计信息可比程度越高、可靠性越高以及公司外部面临的融资约束越低，同行管理层讨论与分析语调对企业创新投资的影响就越显著，信息学习机制以及竞争激励机制也是该溢出效应的传导路径。

关于管理层语调对投资者的影响研究。林乐和谢德仁（2016）进一步使用词袋法测度管理层语调，并基于此指标分析了投资者对管理层语调做出的反应，研究结果指出，在儒家文化背景的作用下，词袋法及其创建的情感词汇列表对于统计分析管理层的语调是可行的，投资者根据不同的管理层语调将做出不同的反应。朱朝晖等（2018）认为管理层讨论与分析部分的文字信息为管理层的策略性披露提供了机会，通过策略性地安排语调词汇的分布进而干预文本信息阅读者的判断，结果表明，业绩不及预期或者不够理想的企业会通过增加管理层语调的乐观程度，从而降低业绩不佳带来的负面影响，这也会影响分析师的预测乐观程度。曾庆生等（2018）分析了上市公司管理层语调与管理层持股规模之间的相关关系，研究结果表明，管理层语调存在口是心非的特征，上市公司年报的净正面语调与管理层持股规模存在显著的负相关关系，即年报中乐观的管理层语调在鼓励外部投资者买入公司股票的同时，公司管理层将采取反方向操作，缩小自己的持股规模。

2.3　股价波动性的经济后果

作为上市公司外部风险之一，股票价格波动风险是指公司股票价格在无信息预兆的前提下，在短时间内的大幅度下降（Habib et al.，2018）。Black（1976）提出了相关的杠杆效应假说，该假说认为企业的经营杠杆率与融资杠杆率将会随着股票价格的下跌而同步上升，体现为抵押品不足，同时股票收益的波动率也随着经营杠杆率和融资杠杆率的上升而增大，最后导致股价波动性上升。Blanchard 和 Watson（1982）则提出随机泡沫模型，认为市场中投机行为的产生将会导致资产泡沫化严重，而随着泡沫的扩大与信息不对称性的降低，股市的泡沫被刺破，产生了大量的负向收益，进一步推动了股票价格的下跌。Jin 和 Myers（2006）的研究也证实了这一观点，即股票急剧下跌的形成原因在于证券市场上众多参与者对同一只股票掌握的信息存在不对称性，这些不对称性滋生了泡沫，增加了股价急剧下跌的风险。

对于股价波动性的经济后果，现有学者关注得较少。Liu 和 Ren（2019）的研究结果同样表明，股票价格波动性是一种信息风险，具有无法分散的特殊属性，投资者在面临这种风险时会要求更高的风险回报，提高上市公司的权益成本。An 等（2015）基于 41 个国家的上市公司在 1989～2013 年的相关数据研究表明，上市公司股票价格波动性的上升将会降低企业资本结构调整的速度，且分组检验结果表明，在高质量信息披露的样本中这一影响效应更加显著。Konchitchki 等（2016）的研究结果表明，股票价格波动性与上市公司经营风险密切相关，股价波动风险体现了上市公司基本面的恶化，提升了公司的经营风险。Hackenbrack 等（2014）的研究发现公司的股价波动性与审计费用呈正相关关系，即当审计师感知以股价波动为代表的特殊风险时，将要求公司多支付平均 2% 的审计费用。

国内学者的研究方面，邹萍（2013）的研究指出，股票价格波动性主要是股票价格波动的极端尾部事件，具体表现为股票价格的大幅度下降，将使企业的权益成本大幅度上升，由此使得企业资本结构大幅度偏离目标的最优点，为了减轻股票价格波动性对公司价值的不良影响，公司会选择加快自身资本结构的调整速度。杨棉之等（2015）基于中国沪深 A 股上市公司数据研究发现，公司的股票价格波动性上升将会显著正向影响上市公司的融资成本，但并不会显著影响上市公司的债务融资成本，针对产权性质的异质性研究发现，与国有企业相比，非国有企业的股票价格波动性对融资成本的影响更为显著，而无论哪种产权性质的公司，股票价格波动性对债务融资成本的影响均不显著。喻灵（2017）的研究得到了相似的结论，结合上市公司的制度环境研究发现，股票价格波动性的上升会提高上市公司的权益融资成本，二者之间的正相关关系在非国有企业中更加显著，此外，进一步检验信息披露质量的中介效应发现，信息披露质量并不能降低股票价格波动性对于上市公司权益资本成本的正向影响。

李小荣等（2017）探究了同行公司股票价格波动性对于公司投资决策的影响效应，研究结果表明，同行公司股票价格波动性越高，公司相应的投资规模越大；进一步区分所有制、股价同步性以及产品市场竞争程度的研究表明，同行股票价格波动性与本公司投资规模之间的相关关系在国有企业、股票价格同步性更高以及产品市场竞争程度更高的公司中表现得更加显著。薛宏刚等（2017）分析了公司股票价格波动性与股票收益率的相关性，研究发现股票价格波动性可以显著影响股票收益率，并在一定程度上预测股票收益率，二者之间的相关关系符合资产定价逻辑，即高风险高收益的逻辑关系。于传荣等（2017）探究了股票价格波动性与高管薪资的关系，研究发现公司股票价格波动性越高，高管薪资就越低，其原因在于股票价格波动性上升将会使高管受到相应的惩罚；进一步区分产权性质、投资者持股比例、股权结构以及市场化程度的异质性研究发现，股票价格波动性对于高管薪资的影响在各个分组中均存在，但是如果高管的权力越大，他受到惩罚的力度或者影响就会越小。褚剑和方军雄（2017）围绕股票价格波动性与审计费用展开研究，发现股票价格波动性较高的公司所需要的审计费用也会相对较高，这意味着当审计机构在进行审计决策时，会将公司的股票价格波动性纳入分析范围；进一步区分产权性质、审计师规模、股权分置改革以及市场化程度的分组检验发现，在国有企业、审计师规模较大、尚未完成股权分置改革以及市场化程度较高的公司中，股票价格波动性与审计费用之间的关系较为显著。

李小荣等（2017）基于信息不对称以及学习效应分析了同行业股票价格波动性对企业投资的影响，研究结果表明，同行业股票价格波动性越高，管理者越容易从夸大的公布报告中捕捉到合适的投资机会，从而增加了公司自身的投资支出。董永琦等（2017）认为，股票价格波动性是股票市场中资源配置失灵的一种表现，在这种风险的影响下将出现二八效应，即极少数的投资者将获得极大的投资收益，攫取其他众多投资者的利益，从而导致资源的不合理分配，加大贫富差距。吴育辉等（2018）基于企业融资手段选择的视角，实证检验了公司股票价格波动性对融资手段的影响，结果表明，股票价格波动性与上市公司的权益资本呈显著正相关关系，由于股票价格波动性上升，企业的权益资本成本也随之上升，所以公司更加偏好于通过发行公司债券进行融资。王宜峰等（2018）基于融资约束的角度，分析了股票价格波动性对企业投资决策的影响，研究结果表明，股票价格波动性对公司投资决策存在抑制效果，且这一影响在融资约束程度高的企业中更加显著；对中介效应的进一步研究发现，股票价格波动性的上升将会增加企业的融资约束，并最终抑制企业的投资决策。白旻和王仁祥（2018）对股票价格波动性与公司现金调整速度的关系进行了分析，结果发现二者存在显著的正相关关系，股票价格波动性提高了公司现金调整速度；进一步区分机构投资者持股比例以及分析师跟踪数量的分组检验结果表明，在机构投资者持股比例低以及分析师跟踪数量少的样本企业中，股票价格波动性对现金调整速度的影响更加显著。

2.4　客户与供应商关系的研究

对于客户与供应商关系的研究，已有文献主要围绕客户与供应商关系对公司会计行为、财务行为以及其他经营活动的影响展开。国内外学者针对客户与供应商关系对公司会计行为影响的研究主要集中在盈余管理、会计稳健性以及信息披露等方面；客户与供应商关系对公司财务行为影响的研究主要集中于资本结构、资本成本、现金持有、股利政策以及商业信用等方面；客户与供应商关系对其他经营活动影响的研究主要集中于审计行为、经营业绩、避税行为等方面。

客户与供应商关系对公司盈余管理的影响。Raman 和 Shahrur（2008）结合客户与供应商两大视角分析了盈余管理的影响因素，研究结果表明，为了增强供应商以及客户对于公司未来发展前景的乐观预测，提高公司在供应链中获取的商业信用融资水平以及关系租金，供应商及客户集中度高的公司存在盈余管理动机，以此激励供应链上下游企业进行更多的专有投资。Dou 等（2013）的研究同样指出，当经营环境中出现需要特定性关系投资的要求时，客户与供应商集中度高的企业更有动机通过盈余管理平滑当期利润，从而向供应链以及客户传递经营良好的业绩信号，维护客户与供应商之间的合作关系；区分法治水平的研究发现，在法治不健全的环境中，客户集中度高的企业有更大的盈余管理动机。林钟高等（2014）基于中国制造业的数据研究发现，客户集中度与公司盈余管理行为显著正相关，而基于制度环境的中介效应检验发现，制度环境可以在一定程度上弱化客户集中度对于公司盈余管理行为的影响效应。李歆和孟晓雪（2020）以 2012~2018 年的上市公司为样本，实证检验了客户集中度与公司盈余管理程度之间的关系，研究结果表明，客户集中度与公司盈余管理程度存在显著的正相关关系，并且高水平的审计质量可以有效抑制客户集中度对盈余管理程度的影响；进一步区分产权性质以及盈余管理方式的研究发现，民营企业中客户集中度与公司盈余管理程度的正相关关系更加显著，且客户集中度越高，公司越倾向于使用正向的盈余管理方式。

客户与供应商关系对公司会计稳健性的影响。Hui 等（2012）的研究指出，当客户或者上游供应商集中度越高，具有越强的议价能力时，公司的会计稳健性越高；进一步区分行业性质发现，当公司属于劳动力成本低而更依赖原材料生产的行业时，议价能力与会计稳健性之间的相关关系更加显著。Chang 等（2017）在考察客户集中度与上市公司成本结构之间的关系时发现，客户集中度越高，客户或者供应商的议价能力越高，这与公司的成本弹性存在显著的负相关关系，同时，客户集中度越高，为了强化与客户或者供应商之间的合作关系，公司会提高自己的会计信息质量，强化会计稳健性。王雄元和刘芳（2014）选取客户集中度指标作为客户议价能力的代理变量，实证检验了客户集中度与会计稳健性的相关关系，研究发现客户集中度与会计稳健性呈现显著的正相关关系；进一步基于产品的独特程度以及行业竞争水平的研究发现，产品独特性强化了客户集中度与会计稳健性之间的正相关关系，而行业竞争水平则弱化了二者的相关关系。然而，向锐和洪镜淳（2020）的研究却得到了相反的结论，他们以 2012~2016 年的 A 股上市公司为研究样本，实证分析了客户集中度或者供应商集中度对公司会计稳健性的影响，研究结果表明，客户集中度或者供应商集中度越高，公司的会计稳健性水平越低；进一步区分产权性质以及行业竞争水平的研究发现，非国有企业以及行业竞争程度更高的企业中，客户集中度或者供应商集中度对公司会计稳健性的负向影响更强。

客户与供应商关系对公司信息披露的影响。Cao 等（2013）基于美国上市公司数据，将盈余预测作为自愿性信息披露的代理变量，分析了客户或者供应商集中度对于公司自愿披露信息的影响，研究结果表明，客户集中度尤其是大客户的存在，正向影响了公司进行盈余管理的动机；此外，关系型投资水平越高，企业越倾向于向客户披露盈余预测以证明公司运营对隐性契约的履行情况。Cen 等（2018）基于供应链关系的研究结果表明，第三方起诉供应商所产生的诉讼损失可能引起供应商主要客户对供应链风险的担忧，客户可能选择削弱或者终止关系从而规避供应链风险，为避免客户流失，供应商将会在财务报表中采取关于或有损失的战略性披露策略。王海林和张爱玲（2019）以 2008～2016 年深交所的制造业公司为样本，研究发现客户集中度越高，股票价格之间的同步性越高，同时客户集中度将会通过降低信息披露质量进而提升股票价格的同步程度。林钟高和赵孝颖（2020）以 2010～2017 年的业绩预告为研究样本，实证检验了供应商集中度对于公司业绩预告准确性以及预告态度的影响，研究结果表明，供应商集中度越高，公司管理层业绩预告的准确性就越低，同时业绩预告态度也会更加乐观；进一步研究发现，供应商集中度对业绩预告的影响在业绩预告修正的情况下更加显著。

客户与供应商关系对公司资本结构的影响。Kale 和 Shahrur（2007）的研究表明，当客户集中度高时，大客户可能会要求公司实施专用性投资，但是万一公司破产，客户可能会面临资产价值无法变现的损失，所以公司一般会采用较低的财务杠杆，以此向客户传递较为良好的财务状况信号，维护与客户的关系并吸引新的客户加入。陈峻和张志宏（2016）基于 2007～2014 年中国 A 股上市公司样本数据，以客户集中度为代理变量探究了客户关系对于公司资本结构动态调整的影响，研究结果表明，客户集中度越高，公司的资本结构偏离程度越高，资本结构调整速度也相应越快；进一步基于财政政策的调节效应发现，在财政政策紧缩时期，客户集中度对公司资本结构调整速度的正向影响更加显著。江伟等（2017）基于客户集中度与银行贷款的相关关系展开研究，结果发现客户集中度和公司长期银行贷款规模之间存在非线性倒 U 形关系，具体表现为客户集中度较低时，公司的长期贷款规模较小，而客户集中度越高，公司的长期贷款规模越大。况学文等（2019）基于策略博弈的视角，探究了客户关系对于公司财务杠杆的影响，研究发现客户集中度与公司财务杠杆之间存在正 U 形关系，具体表现为，在客户集中度较低的阶段，为了吸引客户参与公司的关系型投资，公司会通过降低自身的财务杠杆率向客户传递自身安全的信号；而当客户集中度较高时，为了压制客户与供应商的议价能力，公司会通过提高财务杠杆率进行相应的"威慑"。进一步分析企业间信任水平、供应商市场势力与行业特征的调节效应发现，上述因素对于公司的财务杠杆率水平调整存在显著的调节效应。

客户与供应商关系对公司资本成本的影响。Cen 等（2016）对大客户关系与银行贷款成本关系的研究表明，客户集中度高的公司主要客户具有更强烈的动机筛选与监控公司，进而保证整条供应链的稳定，而银行会认为具备稳定供应链的公司更加安全因而给予更低的贷款利率。然而，Campello和 Gao（2017）的研究得出了相反的结论，他们基于银行贷款的定价和非定价特征，分析了客户与供应商关系对于公司资本成本的影响，结果发现较高的客户集中度将会提高利率价差，导致公司在借款过程中面临较短的贷款期限、较小的资本规模以及较高的资金成本。王雄元和高开娟（2017）基于2007～2014 年二级市场公司债数据发现，客户集中度同时具备收益效应与风险效应，具体而言，客户集中度提高将扩大公司债的信用利差，客户集中度越高，公司未来收入以及现金流的风险越高，因而公司发行债券被要求具有更高的收益率，变相提高了公司的资本成本。李欢等（2018）基于2007～2012 年上市公司披露的前五大客户数据，分析了客户关系对于企业贷款能力的影响，研究发现客户集中度越高，公司可以获取的贷款规模越大，资金成本也越低，期限也越长，这种影响在客户为国有企业与上市公司时更加显著，这是因为优质客户与公司建立联系可以为公司提供收入保障，降低经营风险以及利益侵占的风险，从而降低公司的融资约束与资本成本。

客户与供应商关系对公司现金持有的影响。Bae 和 Wang（2015）实证检验了拥有紧密型客户 - 供应商关系的公司的现金持有比例，研究发现依赖少数客户与供应商的公司其关系专用性投资较多，具备较高的财务风险，因此需要持有较多的现金以避免公司陷入财务困境。Itzkowitz（2013）的研究得到了相似的结论，指出如果公司客户集中度高，损失该客户将会对公司的生产经营产生重大的影响，因此公司会提高专用性投资的规模，这同时也将引发公司的经营风险，为了防止这些风险对公司经营造成不利影响，公司会相应地提高现金持有水平。赵秀云和鲍群（2014）分析了供应商与客户关系对公司现金持有决策的影响，研究结果表明，为了履行客户承诺以及防范客户流失，客户集中度越高，公司会采取越高的现金持有决策；进一步分析产权性质与规模因素发现，非国有企业与规模较小的公司现金持有动机更强，这种影响更加显著。张志宏和陈峻（2015）以 2008~2013 年的制造业上市公司为样本，分析了客户关系与现金持有之间的关系，研究发现客户集中度显著正向影响公司的现金持有水平；进一步区分专业化经营程度、客户信息披露程度以及客户信用程度的研究发现，客户集中度对公司现金持有水平的影响在多元化经营、不披露客户详细信息和客户信用风险较高的企业中更为显著。

客户与供应商关系对公司股利政策的影响。Johnson 等（2013）基于客户关系的研究发现，公司的股利政策与专用性投资决策存在互斥关系，在客户集中度较高的情况下，公司的专用性投资水平较高，而股利水平较低。这是因为客户集中度较高意味着大客户掌握公司相关信息较多，客户存在的监管动机能够有效抑制股利支付，因此公司将保持较低的股利水平。Wang（2012）探究了公司与其主要客户和供应商的关系对公司股利政策的影响，结果发现客户与供应商关系将通过两条渠道影响公司的股利支付，一是通过增加关系专用性投资进而提高公司的财务困境成本，最终降低公司的股利支付；二是主要客户起到监管作用进而降低了股利支付。焦小静和张鹏伟（2017）基于 2007~2015 年披露的前五大客户数据，分析了客户集中度与现金股利之间的相关关系，研究结果表明，客户集中度与公司的现金股利支付水平存在显著的负相关关系；进一步的调节效应研究表明，这种负向关系的传导路径是基于客户的治理效应而不是风险效应。史金艳等（2018）基于股利信号理论、委托代理理论以及融资约束理论，分析了客户集中度对于公司股利政策的影响机制与作用路径，研究结果表明，客户集中度与公司现金股利发放倾向和发放水平之间存在显著的负相关关系，客户集中度会通过信号传递、监督治理和融资约束的作用路径影响公司的股利发放水平。

客户与供应商关系对公司商业信用的影响。Dass 等（2015）的研究认为，公司的商业信用是一种承诺机制，将随着专用性投资水平的上升而提高。具体来说，公司将对大客户投入大量的专用性投资；但随着投资收益水平的上升，公司在进一步增加专用性投资的同时却降低了其商业信用水平，这是因为公司不再需要通过商业信用对客户做出保证。Fabbri 和 Menichini（2010）指出，公司的客户集中度高意味着大客户的议价能力高，为了维持与大客户的关系，公司会提供更多的专用性投资，同时授予更高的商业信用。李任斯和刘红霞（2016）基于供应链中的二元关系和三元关系，考察了公司－客户关系对公司商业信用的影响，结果表明，在二元关系下，公司与客户间的竞争水平较高，此时如果客户集中度较高，那么公司被授予的商业信用水平就会较低；而在三元关系下，公司与供应商以及客户之间的竞争关系削弱，三者的合作关系加强，此时如果供应商和客户的集中度较高，便会为公司提供大量的商业信用，尤其是在行业竞争水平较高或者行业增长较为缓慢的情况下这种影响体现得更加显著。马黎珺等（2016）基于上市公司样本的研究发现，供应商集中度越高，公司的商业信用融资规模越小，同时融资期限越短，企业越容易获取银行贷款；进一步区分产品市场发育程度的研究发现，公司所属地区的发育程度越高，客户和供应商集中度与公司的商业信用规模、融资期限之间的相关关系就越弱。

客户与供应商关系对公司审计行为的影响。Chen 等（2014）基于美国上市公司的研究发现，当公司的供应商与客户同时使用同一家审计机构进行审计时，审计师掌握着供应链各方较为完整的信息，因此审计师会因为信息共享而降低公司的审计费用。Johnstone 等（2014）的研究得到了相同的结论，即当审计师事务所同时审计供应链中的供应商与主要客户时，审计师所掌握的供应链知识较为全面，有助于审计师做出准确的评估与判断，因此审计质量较高，审计费用较低。王雄元等（2014）的研究指出，客户集中度越高，公司的审计费用越低；进一步研究指出，大客户的存在向市场传递着"有利于供应链整合、企业运营效率高、公司治理效率高"的有利信号，因此公司的审计费用将会进一步降低。方红星和张勇（2016）的研究表明，当公司的客户与供应商集中度高时，公司将投入大量的关系专用性投资并且将进行盈余管理以美化其财务业绩，因此审计费用以及审计师出具非标准审计意见的概率将有所提高。薛爽等（2018）基于 2010 ~ 2016 年中国 A 股上市公司样本数据，通过审计意见购买模型，实证分析了在供应商与客户关系影响下的审计意见购买行为与影响因素，研究结果表明，供应商与客户集中度越高，公司越有可能进行审计意见购买；从审计意见购买动机来看，供应商和客户的议价能力与公司的审计意见购买动机存在显著的负相关关系。

客户与供应商关系对公司经营业绩的影响。Cool 和 Henderson（1998）指出在客户和供应商集中度较高的情况下，尽管公司的盈利能力将被削弱，但是综合来看集中的供应链关系仍然有利于公司经营业绩的上升。Lanier 等（2010）基于供应链的研究表明，如果供应链的各个成员能够实现有效协作，那么供应链的整体绩效将优于供应链成员各自绩效之和。Patatoukas（2012）、Kim 和 Henderson（2015）的研究均指出，在供应链体系中，客户集中度与公司的经营业绩呈现显著的正相关关系，大客户的存在显著提高了公司的资产使用效率与销售净利率，并降低了公司的经营费用。但是也有学者的研究得到了相反的结论。例如，Galbraith 和 Stiles（1983）的研究发现客户与供应商集中度对公司的盈利能力形成负面影响，即客户关系反而会降低公司的经营业绩。基于 Patatoukas（2012）的研究，Irvine 等（2016）进一步考察了不同企业生命周期的差异性，探究在生命周期的不同阶段客户集中度对公司经营业绩的影响，研究发现，企业所处生命周期不同，客户集中度与经营业绩的关系也不同，在成长期，客户集中度与公司经营业绩存在显著的负相关关系；而在成熟期，客户集中度与公司经营业绩存在显著的正相关关系。这是因为在成长期高客户集中度将增加公司的专用性投资，不利于公司业绩的增长，而专用性投资的效果在公司步入成熟期之后逐渐体现。Kim 和 Wemmerlöv（2015）基于美国 158 家制造业公司数据，利用结构方程进行建模，发现公司运营能力的增强能够有效提升其产品与服务的价值进而增强客户依赖性，然而当客户集中度不断上升时，大客户的形成将给公司带来"缺乏替代性客户"的压力，导致公司严重依赖已有大客户，难以获取有利的条款为自身谋利，因此将负向影响公司盈利能力以及经营业绩。而在国内研究方面，黄晓波等（2015）的研究指出，公司客户集中度与销售毛利率、经营杠杆系数之间存在显著的负相关关系，而与市销率之间存在显著的正相关关系，公司客户集中度的上升将导致经营业绩下降。王立荣等（2017）基于高端制造业上市公司数据，分析了客户集中度对公司业绩的影响，通过对总资产回报率进行杜邦分解，发现客户集中度将通过议价能力、交易成本、信用支付以及资产利用效率四种内在机制影响上市公司绩效，具体地，客户的议价能力以及信用支付将在供应链博弈过程中给公司经营业绩带来负向影响，而供应链各方的合作关系可以有效降低交易成本、提高资产利用效率，从而提升公司业绩。从整体上来看，客户集中度高的公司仅需维系大客户进而节省客户维护成本、提高生产决策效率，公司整体经营业绩较好。李欢等（2018）基于手动收集的 2007～2012 年上市公司年报披露的前五大客户数据，使用杜邦分析方法实证检验客户关系与公司经营业绩的相关关系，结果显示，客户集中度升高将导致公司毛利率与应收账款周转率下降，造成公司经营业绩下滑。同时，公司为了维护与大客户的良好关系，将产生更高的招待费用并允许客户拖欠账款，会导致更高的财务费用。进一步分析客户集中度对公司经营业绩影响的中介效应显示，客户集中度对公司经营业绩的影响主要取决于供应商和客户之间联系的紧密程度以及溢价能力，但是当行业出现供过于求的情况时，客户集中度越高反而越容易提高公司的存货周转水平，越有利于公司业绩的增长。

客户与供应商关系对公司避税行为的影响。Huang 等（2016a）的研究表明，客户集中度与公司的避税程度存在显著正相关关系，当公司市场份额较低，且多元化经营程度较低时，二者之间的正相关关系较为显著；进一步研究发现，有政府背景的大客户能够为公司提供稳定的现金流、不易拖欠公司的应收账款，因此能够有效降低公司的避税动机。Cen 等（2016）考察了公司是否会通过供应链进行避税行为，研究结果表明，客户与供应商关系紧密将降低避税知识与信息在供应链中的传播成本，为公司的避税行为带来便利，尤其是当公司与客户的地理距离较近时，公司的避税行为会较为显著，说明供应链关系促进了公司的避税行为。曹越等（2016）基于 2009～2015 年的 A 股上市公司数据，实证分析了客户集中度、内部控制质量对公司避税行为的影响，研究结果表明，客户集中度越高，公司的避税程度越高，而内部控制质量的中介效应提高了避税程度；进一步研究表明，在国有企业以及高管持股较低的公司中，客户集中度与公司避税行为之间的相关关系较为显著，内部控制质量在不同分组中均发挥了调节作用。谭庆美等（2019）实证分析了客户关系中的客户依赖对公司税收筹划程度的影响，研究结果指出，客户依赖关系对公司的税收筹划程度存在显著正向影响，客户依赖程度越高，公司的税收筹划程度越高；进一步区分行业竞争水平和产权性质的研究发现，在竞争水平越高的行业以及国有企业中，客户依赖程度越高的国有企业的税收筹划程度越高。

2.5　供应链溢出效应的研究

供应链网络在组成上实际是由多个相互关联的企业节点构成的，在供应链网络的协作过程中存在着各种溢出效应问题，国内外学者围绕溢出效应这一主题展开了一系列研究。例如，Allen 和 Gale（2000）基于商业银行之间的业务往来考察了银行业绩在供应链中存在的溢出效应，结果表明，银行在供应链中的溢出效应可能会突破地区界线，具体而言，当某个地区的银行存在经营风险时，不仅会导致供应链中当地其他银行的股票价格下降，同时还会影响其他地区银行的经营情况，具有显著的溢出效应。Kiyota-ki 和 Moore（2002）基于日本公司的数据研究表明，供应链中公司的破产溢出效应具体表现出两种特征：第一，资产价值与公司在银行贷款的抵押品价值之间的波动存在较强相关性；第二，公司破产导致贷款拖欠将会增加银行的坏账损失风险，进一步引发银行的不良贷款率上升。研究结果指出，供应链中公司间破产的溢出效应可能是银行利率波动导致公司的资金使用成本出现波动，进而间接导致供应链中处于破产边缘的公司由于资金利率的上升而无法获取足够的资金，最终形成连带的破产溢出效应。Christopher 和 Lee（2004）基于供应链的研究表明，上下游与核心企业的关联是决定供应链网络中关联信用风险溢出效应的主要因素，在供应链风险管理的过程中，供应链成员应该通过协同机制共同应对外部风险，以从整体上降低供应链的脆弱性。Battiston 等（2007）构建了多级供应链网络模型，并进一步基于仿真实验分析的研究发现，供应链之间破产风险的溢出效应存在双向影响，当破产风险从供应链上游向供应链下游传递时，将会提高下游公司成本，对公司经营产生不利影响；而当破产风险从供应链下游向供应链上游传递时，会导致上游公司的需求降低，影响上游公司的存货与资金流转。

Hertzel 等（2008）基于事件研究法的分析表明，供应链中任何一家公司出现财务困境，均会通过供应链传导到供应链网络中的其他节点企业，对上市公司的股票价格或者非上市公司的财务绩效产生显著的负向影响。Fujiwara（2008）指出供应链下游企业发生破产将引起上游公司的连锁破产，这种破产关联性是供应链溢出效应的主要表现形式之一。Gatti 等（2009，2010）基于供应链上游企业群、下游企业群以及商业银行中介群构建了三层网络，对供应链中信用风险的溢出效应进行了探究。Blome 和 Schoenherr（2011）基于欧洲八国企业公布的数据研究表明，无论是制造业公司还是服务业公司，供应链中相关公司存在的财务困境风险均会给公司的经营带来不利影响，即表现出风险溢出效应；区分制造业和服务业的分析发现，制造业公司受到风险溢出效应的影响更强，这是因为制造业公司更加依赖供应商，因此在供应链中受到的影响更大。Basole 和 Bellamy（2014）则基于供应链溢出效应传导的拓扑结构，分析了供应链网络中风险溢出效应的传导机理与路径。Chang 等（2015）基于公司信用风险的研究表明，公司信用风险的上升不仅增加了同行业中竞争对手的商业风险，也增加了供应链中供应商以及客户的信用风险，具有显著的溢出效应。Jacobson 和 Von Schedvin（2015）的研究表明，贸易信用是供应链上企业破产风险传染的重要机制，濒临破产的客户将拖欠信用贷款，致使供应商遭受信贷损失，进而引发供应商破产风险。

在国内学者的研究方面，徐晓燕和孙燕红（2008）从供应链运作的角度解释了企业间财务困境的传染效应，指出当零售商由于陷入财务困境而无法支付应付账款时，将会影响其制造商的资金流转，增加其坏账损失，导致制造商的净利润与经营活动现金流减少，进而陷入财务困境。陈爱早（2009）的研究最早定义了供应链溢出效应的传导三因素，即风险传导因子、传导载体以及传导宿主，这三因素体现了供应链溢出效应的风险源、风险阈值以及风险的传导载体，由此建立了供应链的风险传导理论以及风险传导基本机制。邱映贵等（2010）采用规范分析法，基于供应链财务风险的概念以及内涵，从理论到实证分析了公司财务风险在供应链中的传导机理与传导模式。杨扬（2011）通过构建跳跃－扩散条件下的结构化模型，实证分析了供应链中商业信用风险的传导作用。黄俊等（2013）对企业集团运营模式下的财务困境传染效应进行了考察，指出上下游企业间的业务往来以及相应的资金流转过程中存在着溢出效应，即当任何一家企业由于自身经营情况恶化而绩效下滑时，将导致关联企业的购买额或销售额下降，负面影响企业声誉，提高企业风险，导致关联企业同样呈现绩效下滑趋势。杨道箭和白寅（2015）基于 Hotelling 模型，考察了供应商与核心公司间的利润分享契约，实证检验了向上分散式结构对于核心公司以及整体供应链的影响，研究结果显示，相比于集中式结构，向上分散式结构能更好地提升公司所在供应链的整体利润水平，同时向上分散式结构对于竞争供应链同样具有积极的溢出效应，该结论与经典供应链管理理论的双重边际化问题产生了差异，供应链中利润分享契约分享比例的大小显著影响了供应链之间竞争的均衡结构，存在明显的溢出效应。

徐晨阳和王满（2017）基于客户集中度实证检验了供应链风险的溢出效应，研究结果表明，客户集中度与公司的债务期限结构存在显著的正相关关系，客户集中度越高的公司越倾向于选择长期债务融资，客户关系存在溢出效应，影响了公司的债务期限结构选择；进一步考察产权性质、资产专用性与应付账款的调控效果表明，国有企业、资产专用性高以及应付账款少的公司，客户关系对其债务期限影响的溢出效应更加显著。许江波和卿小权（2019）基于 2005～2017 年的 A 股上市公司数据，通过四维度法有效识别了僵尸企业，并以此实证分析僵尸企业对于供应商的溢出效应，研究结果表明，僵尸企业在僵尸化过程中发布的有关公司财务困境的信息公告将对供应商股价产生显著的负向影响，在供应链中，这种溢出效应主要通过资金流、物流以及信息流三个载体进行传导。具体而言，资金流主要影响公司的信用管理政策；物流主要影响供应商的僵尸企业客户集中度，同时专用性投资水平提高会加剧这种影响；信息流则主要影响供应商内部控制的有效性。以上三种载体在传导僵尸企业的溢出效应时均发挥了显著作用。杨志强等（2020）基于多级供应链条数据，实证检验供应链中客户公司信息披露对于供应商生产行为的影响，研究结果表明，客户信息披露质量越高，供应商供需波动偏离程度的长鞭效应越弱，考察对上游的影响时，可以发现这一溢出效应依然显著，客户的信息披露具有显著的溢出治理效应；进一步考察资本市场公共信息环境以及私有信息沟通的调节效应发现，当上下游存在战略采购协议时，公司客户信息披露的治理效应弱化，供应链中的溢出效应减弱，同时，客户的采购比例越大，客户信息披露的治理效应越强，同行信息收集与私有信息沟通的替代效应越弱。焦小静（2021）实证检验了客户创新对供应链上游企业的创新溢出效应，研究结果表明，客户创新对于公司创新具有显著的正向溢出效应；进一步考虑地理距离、经济联系紧密程度以及产权性质的研究发现，当供应链公司地理距离越接近、经济联系紧密程度越高以及公司为国有企业时，这种正向溢出效应越显著。

2.6 企业绩效的影响因素

Venkatraman 和 Ramanujam（1986）指出，公司经营活动的主要目的以及实际成果最终都将服务于绩效，企业绩效是对于企业组织效能以及产出的有效反映。企业绩效指标是公司金融研究中的常见变量，通过梳理相关文献发现，企业绩效的影响因素主要分为企业外部因素和内部因素，其中外部因素主要分为制度环境与产业政策，内部因素主要分为股权集中度、大股东性质、机构持股、董事会结构。

（1）制度环境对企业绩效的影响

相比于处在一个制度环境相对欠缺或者社会环境相对恶劣的企业，身处一个制度完善且社会环境良好的企业可以更好地实施自身战略，从而提升企业绩效。Hiatt 和 Sine（2014）探索了制度环境不确定性对新创企业的影响，研究表明高度政治化与民间暴力的环境将降低企业的战略性收益，降低企业绩效与新企业存活率。Eesley 等（2018）的研究进一步指出，在制度改革的情况下，如果政治环境与企业的文化、规范、认知以及制度形成冲突，那么企业的发展难以与政治规则相匹配，企业难以获取优异的绩效表现。此外，一些研究指出外部政治环境除了对企业绩效产生直接影响外，部分影响很可能不是直接的，外部政治环境可能会借助其他因素来发挥作用，例如，影响企业的战略决策（Kiss and Barr，2015）、供应链网络构建方式的选择和供应链网点构建的数量（Batjargal et al.，2013）、相关资源的可得性（Pahnke et al.，2015）以及创业团队的构成（Fern et al.，2012），这些因素都会在外部政治环境的影响下直接影响企业绩效。

　　而在国内学者的研究方面，罗党论和刘晓龙（2009）分析了在市场化改革下，民营企业采用政治策略进入政府管制行业对企业绩效的影响，研究结果表明，民营企业在进入高壁垒行业之后可以获取更好的企业绩效。田利辉和张伟（2013）提出了社会负担效应、产权保护效应和政府偏袒效应三大假说，他们认为政治环境良好以及政治管理有利于提高企业的长期绩效；进一步区分产权性质的研究发现，这种影响在民营企业中表现得更加显著，合理的解释是，在国有企业中政治关联将引发政府偏袒效应以及社会负担效应，而民营企业如果存在政治关联则有助于保护企业产权、获取政府扶持以及维护市场的公平竞争。张天舒等（2015）根据中国经济转型的制度背景，基于中小板上市公司数据，考察了政治关联背景对于企业风险资本投资以及企业绩效的影响，研究结果表明，良好的政治关系与政治环境有利于相关企业上市，但是这种政治关系与政治环境并不会带来良好的企业经营绩效，反而对企业绩效产生了负向影响。

　　（2）产业政策对企业绩效的影响

　　Vernon（1966）基于对新兴产品需求拉动的产业政策研究发现，促进产出的产业政策有利于扩大市场需求，从而进一步引导企业增加对新兴产品的产出投资，提高企业产出绩效。Beason 和 Weinstein（1996）、Tzelepis 和 Skuras（2004）基于日本与希腊两国的产业政策分析发现，产业政策对企业绩效的提升具有显著的正向影响，但是进一步研究指出，产业政策中的财政补贴手段并不能有效提高企业的生产效率，因此，相比于财政补贴，鼓励产业中企业间进行合理竞争更有利于提高企业绩效。Aghion 和 Cai（2015）的研究指出，政府制定的产业政策的效果首先取决于政府制定产业政策的目标，以鼓励竞争为目的的产业政策有利于企业实现技术创新，从而提高企业绩效。Schminke 和 Van Biesebroeck（2013）证实了中国的区域型产业政策惠及企业的出口业务以及生产率的提升，对企业绩效具有显著的促进作用。Lazzarini（2015）考察了产业政策对企业绩效的影响，指出产业政策的实施效果受到多种因素的影响，比如企业所处行业的市场化程度、企业自身的制度文化背景、不同企业之间的异质性特征等，并强调实现上述因素间的相互协调是使产业政策的实施达到预想效果的重要前提。

　　在国内学者的研究方面，李强（2016）以企业异质性框架为研究基础，实证检验了产业特征对企业绩效的影响，研究结果表明，在不考虑行业集聚度条件时，政府补贴、税收优惠以及贷款优惠等产业政策均将显著正向影响企业绩效。韩超等（2017）将产业政策划分为供给型、需求型以及环境型，以考察不同类型产业政策通过政策资源直接配置以及企业间配置两条路径对企业绩效的影响，研究结果表明，和供给型产业政策结合的补贴行为将通过上述两条路径抑制企业绩效的提升，需求型产业政策有利于政策资源的再分配，环境型产业政策则没有表现出积极的政策资源配置作用；进一步分析企业规模的结果表明，供给型产业政策在大企业中的作用更加显著，而在小企业中并没有表现出显著的集中特征。胡浩然和聂燕锋（2018）基于1998~2007年的中国工业企业数据研究发现，基于产业政策设立开发区的区域企业生产率更高，产业聚集政策有助于提升产业生产率，但是在产业结构优化的过程中，生产率将受到抑制。刘婷婷等（2019）基于非平衡面板模型实证检验了产业政策与企业绩效的相关关系，研究结果表明，产业政策对企业绩效存在显著的正向影响，同时这种影响具有延续性与累积效应，区分产权性质的检验发现，产业政策对非国有企业的影响更加显著；进一步分析产业政策对企业绩效的影响机制发现，补贴政策、信贷政策、税收政策以及创新激励均在产业政策传导过程中发挥了重要作用，在传导过程中，市场化程度对产业政策的传导具有显著的调节作用。

寇蔻（2019）基于德国高科技战略与德国公司层面数据的研究发现，德国的相关产业政策实践侧重于促进供应链的上游活动以及前沿技术发展，有助于相关企业销售额与生产率的提高；进一步区分企业规模与企业所属地区的研究发现，对于不同规模的企业，高科技发展战略对企业绩效均呈现促进作用，同时位于经济较为发达的德国西部联邦州地区的企业受到高科技发展战略的正向影响更强。邱洋冬（2020）以选择性产业政策为准自然实验，通过双重差分模型检验产业政策对企业绩效的作用效果与微观机理，研究结果表明，高企资质认定政策显著抑制了企业绩效，这种影响受到了外部市场与政府部门的调节作用，地区过度竞争以及政府过度干预不利于政策效果的发挥，对企业绩效产生了负向影响。江三良和张晨（2020）分析了在产业政策的调节作用下，企业家精神对企业绩效的影响，研究发现产业政策对企业绩效的外部性冲击存在地区的异质性特征，对处于非省会城市的企业来说，产业政策对企业绩效的提升效果更加显著，同时，地方政府的干预程度越弱，产业政策对企业绩效的正向影响就越显著。

（3）股权集中度对企业绩效的影响

学术界对股权集中度对企业绩效的影响研究大体上存在正相关、负相关和非线性关系三种结论。持正相关结论的研究最早可以追溯到 Berle 和 Means（1932）的《现代企业与私有产权》，在该书中他们指出在分散股权结构下，小股东和企业高管之间存在利益冲突，对高管的监督成本较高，在缺乏有效监督的情况下，股东的利益将受到侵害，企业往往表现出较差的绩效。类似地，Shleifer 和 Vishny（1986）的研究指出，股权结构是决定公司治理情况的逻辑起点，当公司的股权较为分散时，小股东在参与公司治理的过程中所获取的收益无法覆盖监督成本，所以对于小股东而言，节约成本最好的做法是"搭便车"，这在股权集中度高的公司中是有效的做法，但是如果在股权高度分散的公司中，当大股东的监督收益无法弥补监督成本时，便会出现监督的真空现象，由此加重公司的委托代理问题，不利于公司绩效的提高。Claessens 等（2000）的研究结果表明，当公司的股权集中度高时，股东监管收益可以覆盖监管成本，在这样的条件下会更好地发挥监管作用，减少"搭便车"以及委托代理问题，有助于提高公司绩效。然而，部分研究得到了相反的结论。例如，Demsetz（1983）认为在股权集中度高的情况下，大股东在经营决策时倾向于选择最大化自身利益、损害小股东利益的方案，不利于公司绩效的提高。Shleifer 和 Vishny（1997）基于股权结构的研究也表明，当公司股权高度集中时，大股东可以通过股权集中实现对公司的控制，进而产生掏空行为，侵害小股东的利益，提高大股东与小股东之间的委托代理成本。此外，还有研究表明股权集中度与公司绩效之间存在一种非线性关系，即正 U 形关系。Claessens 等（2000）的研究结论指出，当公司股权集中度较低时，随着大股东持股比例上升，大股东掏空小股东利益的动机显著加强；而当公司的股权集中度逐步上升并超过一定限度时，大股东如果侵占小股东利益，其获取的收益将会小于其可能需要承担的损失，因而大股东会减少对小股东利益的侵占，双方的利益逐渐协同。也有研究表明，股权集中度与公司绩效之间存在倒 U 形关系，具体表现为当大股东持股比例较低时，其监督收益难以弥补监督成本，激励不足导致大股东没有充分动机进行监督，高企的代理成本不利于公司的顺畅发展，阻碍了企业绩效的提升；随着股权集中度的提升，大股东监督收益上升，可以有效减少委托代理问题，进而对企业绩效产生正向影响。

在国内学者研究方面，吕新军（2015）基于异质性随机边界模型，由理论到实证估算了上市公司的治理效率，并在此研究基础上，分析了股权结构对上市公司治理效率与绩效的影响，研究结果表明，公司的股权集中度高、股东制衡力强以及高管激励政策的实施可以有效提高公司的治理效率，从而增强企业绩效。王洪盾等（2019）的研究从公司内部治理结构出发，以公司全要素生产率为公司绩效的代理变量，通过随机效应模型，从股权结构、激励机制和董事会结构三个维度分析了公司治理结构与公司绩效之间的相关关系，研究结果表明，公司股权集中度与公司绩效存在倒 U 形关系，随着公司股东监管利益大于监管成本，股东对于公司的治理效应更强，会使得公司的绩效更好。高明华和郭传孜（2019）基于中国国有企业混合所有制改革和发展的背景，使用固定效应面板模型，通过股权集中度与股权制衡度衡量混合所有制效果，考察其对企业绩效的影响，研究结果表明，股权集中度与企业绩效之间存在倒 U 形关系，董事会有效性在股权集中度与企业绩效之间起到了部分中介效应；进一步区分产权性质的研究发现，在国有控股公司中，这种影响效应将会更加显著。

（4）大股东性质对企业绩效的影响

关于大股东性质的研究主要围绕大股东的国有与非国有性质展开，以考察其对企业绩效的影响。Kole 和 Mulherin（1997）提出，当公司为国有控股时，国家在公司的运营过程中具有充分的经济动机，对公司的代理人进行相应监督，此时公司可能存在的代理成本较低；此外因公司为国有控股，依托雄厚的政治背景与政治资源，其可以更容易地获取市场垄断地位与垄断资格，从而获取超额利润，也可以凭借政府部门背书，以较低利率获取资金以扩大生产，提高企业经营绩效。Che 和 Qian（1998）的研究也支持了这一观点，公司的国有股权背景实际上为公司的经营提供了信用背书，在政府信用的支持下，无论是在外部融资，还是在项目招标投资等领域，公司都可能获得相比于民营企业更大的优势。Irina 和 Nadezhda（2009）基于 2000～2006 年的德国数据研究发现，国有属性企业的公司托宾 Q 值与公司绩效之间存在显著的正相关关系，国家持股提高了公司的 ROA。Imam 和 Malik（2007）、Mollah 和 Talukdar（2007）的研究以 ROA、ROE 以及托宾 Q 等变量为企业绩效的代理变量，研究发现国家持股比例与企业绩效之间存在显著的正相关关系。也有部分学者的研究指出，国有性质的公司可能在经营过程中追求政治目的，在公司治理过程中可能会受到预算软约束、信息非公开以及股东弱监控的影响，进而影响公司绩效。Boardman 和 Vining（1989）分析了国有企业、混合所有制企业以及私营企业在服务行业的相关表现，发现国有企业和混合所有制企业的绩效表现均不如私营企业。Firth 等（2006）基于中国国有企业的数据研究发现，如果公司由国家经营管理，那么公司的管理层需要由国家的政府机关委派，或者受国家的行政隶属管理，这些干预会降低公司的管理质量，不利于公司绩效的提升。Mak 和 Li（2001）的研究指出，政府在公司的投资决策管理过程中并不积极，公司的有效治理在实际运行过程中会受到预算软约束、不透明的公司管理以及弱股东地位等因素的干扰，不利于公司绩效的提升。

在国内学者的研究方面，孙建国和胡朝霞（2012）构建了深圳中小板上市公司股权结构对企业绩效影响的复合随机前沿生产函数，分析了股权结构对企业绩效的影响，结果表明，股权集中度有助于提升企业绩效，但是在异质性检验中，无论是国家、法人、外资还是私人股权对企业绩效的影响均不显著。赵洁（2013）考察了不同产权性质对未吸收冗余与企业绩效之间关系的影响，研究结果表明，国家持股占比较高的企业，企业绩效相对较高，这体现了中国市场化进程与产权性质改革的相关成果。陈建林（2015）在中国鼓励发展非公有资本控股的混合所有制企业的背景下，考察了家族所有权与非控股国有股权对企业绩效的影响，研究结果表明，家族所有权与非控股国有股权对企业绩效的提升具有显著的互补效应；进一步区分家族涉入强度的研究发现，当家族涉入强度高导致家族股权较高，非控股国有股权比例较低时，有助于提升企业绩效。杨萱（2019）针对国有企业混合所有制改革形成的多元混合股权结构的研究发现，非国有股权的加入，稀释了大股东对国有企业的影响，这种混合股权对于上市公司绩效的提升具有显著的正向影响。陈佳怡和葛玉辉（2020）基于经济新常态的背景，考察了混合所有制改革对企业绩效的影响，研究结果表明，混合所有制改革国企中当第二大股东为非国有股东时，可以有效达到制衡的目的，进一步促进企业绩效的提升，进而推动企业的发展。

（5）机构持股对企业绩效的影响

机构投资者在研究中主要是指公募基金、私募基金、养老金、社保基金或者保险公司等，这些机构汇聚着大量的资金，它们投资公司并且可以在公司的股权结构中占有一定的席位，所以在公司治理过程中它们可以推选董事代替它们去监督公司的运作，提高企业的治理水平，从而提高企业绩效（Hadani et al.，2011）。Hartzell 和 Starks（2003）研究发现，机构投资者能够有效地监督公司高管团队的总体薪酬协议，同时监督协议的执行情况，从而监督公司的经营情况，保障公司绩效。Schnatterly 等（2008）的研究结果表明，由于机构投资者的持股比例较高，所以它们具有较强的动机去监管公司，提升公司绩效，进而获取更高的投资收益。Mizuno（2010）基于日本上市公司的研究表明，机构投资者与散户相比，不会选择"用脚投票"，而是会选择"用手投票"，从而优化公司的治理结构，促进公司长期绩效的提升。但是，负面监督假说认为，机构投资者仅仅奉行着短期财务理念购买股票，并不存在参与公司治理的积极性，并且利益冲突或者战略同盟的存在将降低公司绩效。Webb 等（2003）的研究表明，机构投资者在买入公司股票后参与公司治理仅仅出于政治目的或者社会责任目标，并不是出于股东价值最大化的目的，因此机构投资者持股并不能促进公司绩效的上升。Parrino 等（2003）的研究也支持了上述观点，机构投资者的投资动机仅仅是出于获取短期收益，参与公司治理的积极性较低，甚至会为了获取短期收益损害公司的长期绩效。同时，也有研究指出，机构投资者并不会积极参与公司治理，因此对公司治理的干预能力较弱，不会对公司绩效产生显著的影响，即便存在影响，也只是微弱的正向影响（Faccio and Lasfer，2000）。

在国内学者的研究方面，陆瑶等（2012）的研究指出，机构投资者持股将会参与公司治理，发挥其监督作用，可以有效减少上市公司的违规行为，完善上市公司的治理结构，提升公司绩效。张驰（2013）的研究也印证了这一观点，研究表明机构投资者持股可以有效减少公司的违规行为，制衡公司高管权力，减少委托代理问题，从而提升公司绩效。周方召等

（2018）基于不同类型的机构投资者，讨论了机构投资者持股与公司绩效的相关关系，研究结果表明，总体机构投资者可以显著促进公司绩效的提升；区分独立型、非独立型机构投资者与 QFII 投资者的研究发现，独立型机构投资者与公司绩效之间的正相关关系更加显著，机制研究表明，独立型机构投资者可以通过监督激励渠道以及融资渠道，发挥其积极监督作用，抑制公司的过度投资，从而显著提升公司绩效。黄灿和李善民（2019）基于股东关系网络的研究发现，机构投资者形成的股东关系网络更多存在的是信息优势而不是资源优势，这种股东关系网络对企业绩效存在显著的正面作用，但是这种作用在国有企业中将会减弱，主要受政治观以及"资源诅咒"的影响，此外经济政策不确定性以及市场化程度均会影响股东关系网络价值的实现，股东关系网络对于企业绩效的影响主要是通过企业扩张行为以及提升企业经营效率实现的。王晓艳和温东子（2020）基于 2012 ~ 2018 年的创业板数据，分析了机构投资者持股、公司创新投入与企业绩效之间的相关性，研究结果表明，机构投资者持股可以有效提升企业绩效；考察创新投入的中介效应发现，机构投资者对于企业绩效的部分改善作用是通过促进创新投入实现的；进一步区分交易型机构投资者与稳定型机构投资者的异质性检验表明，不同于交易型机构投资者，稳定型机构投资者参与公司生产经营决策的积极性越高，对公司创新投入与企业绩效的影响越显著。

（6）董事会结构对企业绩效的影响

董事会是由股东大会选举出来，对全体股东负责的连接股东与经理人的纽带，在实际公司治理过程中发挥着监督以及指导两大重要职能。关于公司董事会规模与企业绩效的研究中，Jensen（1993）认为董事会规模的扩大会增加董事会统一意见的成本，从而加剧董事之间的内耗，降低了企业的决策效率，不利于充分发挥董事会的监督以及指导职能，不利于企业绩效的提升。Dalton 等（1999）和 Nguyen 等（2015）的研究结果支持了董事会规模与企业绩效之间存在显著的正相关关系的结论，研究认为企业董事会成员越多，企业就拥有越丰富的社会网络，这有利于企业获取更多的社会资源，并且更多的董事会成员还可以为企业运营提供更加科学全面的指导与咨询。王洪盾等（2019）的研究指出，董事会规模与企业绩效之间存在倒 U 形曲线关系，董事会规模对企业绩效的影响主要取决于资源整合的边际贡献与决策效率损失的权衡，董事会规模存在一个最优规模使得企业绩效得到最大限度的提升。李烨和严由亮（2017）的研究表明，董事会规模与企业绩效之间存在负相关关系，通过区分产权性质的异质性检验发现，这种负相关关系在民营企业中并不显著，这可能是因为在国有企业中董事会规模基数较大，董事会规模对企业绩效的影响较大。王洪盾（2020）的研究进一步指出，董事会规模与公司全要素生产率之间存在显著负相关关系，而独立董事比例对公司治理效率存在显著的正向影响。

在独立董事对企业绩效的影响方面，Fama 和 Jensen（1983）的研究认为，独立董事比例在一定程度上反映了董事会结构，也反映了董事会能否较好地履行自身职责，充分监督管理经理人，保障全体股东权益。独立董事也被称为外部董事，一般由与公司无直接利益关系的外部人士担任，独立董事凭借着自身专业能力与监管地位，保障公司的有效运转，所以独立董事比例越高，公司的绩效越好。Xia 等（2019）的研究表明，独立董事在社会的某个领域享有的社会声誉，有利于企业开拓社会资源，提升公司业绩。曲亮等（2014）构建了网络嵌入行为下的四层委托代理模型，实证检验了公司独立董事制度与企业绩效之间的关系，研究结果表明，在全样本中独立董事制度并没有发挥预期的公司治理效应，对企业长期绩效没有产生显著影响，但是区分产权性质的研究发现，独立董事制度对民营企业绩效的提升产生了显著的正向影响。周泽将等（2021）从企业违规行为视角出发，探究了独立董事薪酬与企业绩效之间的相关关系，研究结果表明，独立董事薪酬激励加强了独立董事的监督职能，减少了企业违规行为，从而提高了上市公司绩效。

在董事长兼任对企业绩效的影响方面，Amran 等（2014）的研究指出，董事长与总经理分别具有两种职能，前者的职能主要在于制定企业的决策，而总经理的职责主要在于执行决策以及监督决策的具体实施，二者的兼任容易形成对股东利益的损害，增加代理成本，不利于企业绩效的上升。Arora 和 Sharma（2016）以及 Puni 和 Anlesinya（2020）的研究却得到了相反的结论，他们的研究指出，董事长兼任总经理的条件下，可以为企业的发展提供统一方向，从而提高企业的决策效率与执行能力，改善企业绩效。杨典（2013）研究了 CEO 兼任董事长对董事会领导结构以及企业绩效的影响，结果发现指挥的统一性是公司治理的关键，兼任是实现高效管理的关键，CEO 兼任董事长对企业绩效的提高能起到积极促进作用，因而没有其他学者提出的消极阻碍作用。徐细雄和谭瑾（2014）认为管理层持股有助于提升企业业绩，但是两职兼任并不利于企业价值的提升，反而损害了企业绩效。

2.7　文献评述

综合上述已有文献可以发现，学者们针对财务困境、管理层语调和股价波动性的经济后果，客户与供应商关系、供应链溢出效应以及企业绩效的影响因素展开了丰富的理论与实证研究，上述研究成果为深入考察不同维度客户经营风险对供应商绩效的影响提供了夯实的理论基础与实证检验思路。总结上述研究，可以发现已有研究依然存在不足，主要体现在以下方面。

第一，以往研究多从自身条件考察企业绩效的影响因素（刘银国等，2010；陈俊等，2010；Krishnan et al.，2019；史燕丽等，2017；杨勇，2017），即使存在对外部条件的研究，也鲜有从供应链这一纵向链条上考察客户的财务状况对供应商产生的影响。本书以跨企业传染为出发点，考察客户财务困境对供应商绩效的影响，丰富了企业绩效影响因素研究的相关文献。同时，现有文献大多考察企业财务困境的影响因素（Geppert et al.，2010；Louis et al.，2013），鲜有文献在财务困境基础上进一步考察对其他企业产生的经济影响。本书通过考察客户财务困境对供应商绩效的影响，解释了跨企业的风险传染机制，为进一步理解财务困境的经济后果提供了重要的经验证据。

第二，以往研究多关注供应商与客户关系，并以此为重要的经济变量考察其对于企业的影响（Olsen and Dietrich，1985；王雄元、高曦，2017），已有研究较少关注供应链的纵向链条上客户公开披露信息的影响。现有研究更多关注公开的、量化的财务信息产生的影响，鲜有关注非财务信息尤其是语言特征方面的经济后果。本书考察客户管理层文本语调特征对于上游供应商绩效的影响，从而扩展了公司绩效影响因素方面的相关研究。同时，现有关于公开披露文本信息语言特征的文献多从披露动机进行研究，少量文献研究了其对于供应商经营决策的影响，而本书重点考察客户管理层负面语调对供应商绩效的影响，揭示了非财务信息语言特征的传染效应，以及对于其他企业经营绩效的影响。

第三，以往关于供应链中股价波动性的研究多集中于客户－供应商关系这一外部治理的角度考察缓解股价波动性的因素（Itzkowitz，2013；王雄元、高开娟，2017），而较少关注客户股价波动性作为外部风险因素在供应链上的传染效应，尤其是对供应商绩效的影响。本书重点考察了客户股价波动性对上游供应商绩效的影响，从而扩展了公司绩效影响因素方面的相关研究。同时，现有关于股价波动性的研究多从形成机理和影响因素出发，鲜有研究考察股价波动性跨企业的经济后果（Chen et al.，2001；Xu et al.，2014；Kim et al.，2011）。本书考察客户股价波动性对供应商绩效的影响，揭示了股价波动性的供应链传染特征。

第3章 制度背景与理论基础

3.1 客户信息披露的制度与现状

3.1.1 客户信息披露的制度

中国证监会围绕上市公司的主要客户披露情况做出了具体规定。从主要客户的认定机制来看，中国证监会将上市公司的主要客户认定为销售额占比前五的公司，除此之外并没有制定具体的门槛。而相比于金融市场制度更加成熟的美国来说，1997 年美国财务会计准则委员会发布的 SFAS 第131 号规则以及 S-K 规则中的第 101 条条款将上市公司的主要客户界定为销售收入占比超过 10% 的单独客户，这一规定导致上市公司的客户主要为联邦政府和外国政府等较大型机构。可见，美国对上市公司主要客户的认定以销售额占比为重要依据，更看重揭露公司潜在的经营风险。

针对主要客户的信息披露规定，中国证监会发布的《公开发行证券的公司信息披露内容与格式准则》中提及了 14 项与客户信息披露相关的内容，这也说明了客户信息在企业经济以及资本市场的运转过程中具有重要作用。尤其是在信息不对称的情况下，客户信息可以帮助上市公司的不同利益相关者做出决策。表 3.1 展示了中国上市公司客户信息披露制度的发展情况。从表 3.1 中信息可以看出，2007 年之前中国证监会要求上市公司应该介绍其客户的整体情况，而从 2007 年开始，中国证监会制定的披露准则要求上市公司应当披露前五大客户的销售收入总额以及占公司全部销售收入的比例。后续的改进过程中，尤其是 2012 年以来，中国证监会进一步鼓励但不强制要求上市公司披露前五大客户的名称和销售额，这一规则的细化说明了资本市场越来越重视上市公司披露供应商和客户的关系信息。

对比中国和美国关于客户信息披露的法律法规可以发现，美国对主要客户的界定在于 10% 的销售收入占比门槛，中国的主要客户认定没有门槛限制，相对来说更加客观。而且，中国现阶段对于客户信息披露的规定尚处于摸索阶段，美国对于客户信息披露规则的制定更加成熟。二者之间的差异也是由中美两国不同的国情决定的，各有利弊。当前，中国证监会对于上市公司客户信息披露的要求相对比较合理，在满足了上市公司利益相关者获取客户一般信息的同时，也通过鼓励上市公司披露客户名称等私有信息满足其特殊要求。随着资本市场的不断开放，中国证监会关于客户信息披露制度的制定将会更加科学和完善。

表 3.1　中国上市公司客户信息披露制度的发展情况

阶段	时期	规则特征	具体规则
第一阶段	2007 年之前	披露客户整体情况	应披露公司前五大客户销售额合计占公司销售总额的比例
第二阶段	2007～2008 年	披露客户整体情况	应披露公司前五大客户的销售收入总额，以及占公司全部销售收入的比例
第三阶段	2009～2012 年	列表披露客户详细情况	应披露公司前五大客户的营业收入总额，以及占公司全部营业收入的比例。同时可无限量添加行/合计营业收入的说明
第四阶段	2012 年以来	鼓励详细披露客户情况	应披露公司主要客户情况，以分列和汇总两种方式披露公司前五大客户销售额占公司销售总额的比例。鼓励公司分别披露前五大客户的名称和销售额。属于同一控制人控制客户应合并列示

3.1.2　客户信息披露的现状

图 3.1 展示了中国上市公司在不同自然年以及不同上市年披露客户信息程度，可以看出，随着《公开发行证券的公司信息披露内容与格式准则第 2 号——年度报告的内容与格式（2012 年修订）》将强制上市公司披露客户信息修改为鼓励上市公司披露客户信息，A 股上市公司中披露客户信息的数量开始下降。而从区分上市年的公司披露情况发现，上市时间越短的公司越

倾向于披露客户信息，以降低与投资者之间的信息不对称程度，吸引更多投资者关注。

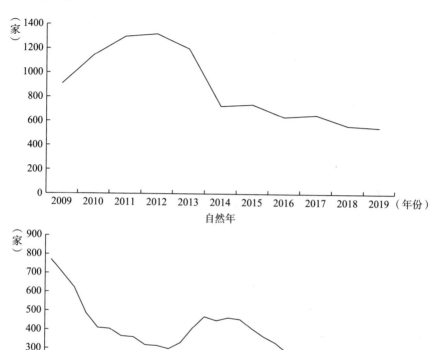

图 3.1　中国上市公司披露客户信息程度（披露公司数）

表 3.2 报告了不同省（区、市）上市公司客户信息披露情况，通过表中数据可以获得两个显著的特征。第一，从不同年份的数据来看，不同省（区、市）在强制披露时期所披露的客户信息的公司数量大多显著高于鼓励披露时期，说明在缺乏法律规则的情况下，上市公司倾向于公开客户信息的意愿相对较低，更愿意隐藏客户的相关信息。第二，从不同地区的数据来看，经济越发达的地区上市公司披露客户信息的意愿就越强。上海、北京、广东、江苏和浙江披露客户信息的上市公司数量较多，一方面是由于这些地区的上市公司数量多，另一方面是由于这些地区的市场竞争程度高。上市公司为了更好地展示自身经营情况，便会倾向于披露客户信息。

表 3.2　2009～2019 年不同省（区、市）上市公司客户信息披露情况

单位：家

省 （区、市）	2009 年	2010 年	2011 年	2012 年	2013 年	2014 年	2015 年	2016 年	2017 年	2018 年	2019 年
上海	89	98	106	113	113	65	48	40	46	32	33
云南	13	13	15	17	16	13	16	10	12	10	12
内蒙古	6	10	13	12	11	6	9	9	8	8	8
北京	64	85	103	119	114	53	75	63	63	45	50
吉林	19	20	24	23	21	15	11	8	11	10	11
四川	25	41	47	53	50	35	28	31	25	27	27
天津	14	15	17	18	19	13	11	6	9	9	9
宁夏	4	7	8	9	8	8	7	6	7	5	5
安徽	36	38	51	39	38	27	27	15	18	7	13
山东	58	61	73	76	75	47	55	45	42	37	33
山西	25	25	26	28	28	22	24	18	16	17	15
广东	109	170	181	171	122	80	87	80	76	77	66
广西	15	15	13	16	11	6	7	9	6	7	8
新疆	18	26	26	30	24	19	20	15	15	17	15
江苏	66	95	125	112	102	54	56	52	64	59	58
江西	15	19	20	17	21	10	10	9	10	9	7
河北	24	27	30	32	29	21	20	16	16	14	13
河南	25	31	41	37	30	24	24	21	19	16	16
浙江	85	109	128	128	114	53	53	46	48	38	42
海南	14	15	18	15	16	12	14	11	12	10	7
湖北	33	34	40	43	37	23	21	21	19	15	15
湖南	35	44	44	46	45	28	28	27	24	22	20
甘肃	4	6	5	6	7	3	5	6	9	8	5
福建	17	27	30	26	24	16	17	19	17	14	15
西藏	4	7	8	9	8	4	4	3	4	5	3
贵州	14	13	15	15	13	7	8	8	8	8	8
辽宁	31	36	43	50	42	26	28	22	23	21	15

续表

省 （区、市）	2009 年	2010 年	2011 年	2012 年	2013 年	2014 年	2015 年	2016 年	2017 年	2018 年	2019 年
重庆	14	18	16	23	21	12	8	2	4	2	3
陕西	14	15	10	16	20	14	11	9	10	8	8
青海	5	5	5	4	3	2	1	2	2	1	0
黑龙江	13	18	18	17	17	8	7	8	10	8	11

表 3.3 展示了不同行业上市公司客户信息披露情况，由数据可知，随着规则将客户信息从强制披露转变为鼓励披露，不同行业披露客户信息的公司数量总体在减少。从不同行业来看，可以发现制造业（C）、信息传输、软件和信息技术服务业（I）、电力、热力、燃气及水生产和供应业（D）以及房地产业（K）更倾向于披露客户信息，这是因为这些行业严重依托供应链关系，而披露客户信息能够有效提升行业信息透明度，进而促进供应链中不同企业的合作。

表 3.3　2009～2019 年不同行业上市公司客户信息披露情况

单位：家

行业	2009 年	2010 年	2011 年	2012 年	2013 年	2014 年	2015 年	2016 年	2017 年	2018 年	2019 年
A	16	18	21	19	21	15	15	9	10	4	6
B	20	31	36	39	44	37	32	28	32	29	28
C	582	734	849	827	716	416	432	357	352	307	287
D	49	59	60	69	67	48	44	46	50	45	47
E	20	24	27	35	36	25	27	28	25	23	18
F	33	48	51	72	69	31	28	25	25	20	17
G	26	30	31	33	34	21	16	15	24	18	21
H	5	6	5	7	5	8	8	7	4	3	3
I	43	60	78	81	80	35	52	41	44	38	38
J	0	0	0	2	3	1	2	3	1	4	3
K	53	68	63	75	64	49	37	33	32	27	30

续表

行业	2009年	2010年	2011年	2012年	2013年	2014年	2015年	2016年	2017年	2018年	2019年
L	6	10	12	7	6	6	5	7	10	10	10
M	5	9	8	9	8	5	8	9	14	16	17
N	6	3	6	13	15	12	12	15	12	14	14
O	1	2	5	0	0	0	0	0	0	0	0
P	0	0	0	0	0	0	0	0	0	0	1
Q	0	0	2	1	0	0	1	0	0	0	0
R	4	6	11	16	16	9	14	9	12	5	6
S	39	35	34	15	15	8	7	5	6	3	5

注：按照中国证监会发布的《上市公司行业分类指引（2012年修订）》中的门类划分，各行业代码依次对应如下：A. 农、林、牧、渔业；B. 采矿业；C. 制造业；D. 电力、热力、燃气及水生产和供应业；E. 建筑业；F. 批发和零售业；G. 交通运输、仓储和邮政业；H. 住宿和餐饮业；I. 信息传输、软件和信息技术服务业；J. 金融业；K. 房地产业；L. 租赁和商务服务业；M. 科学研究和技术服务业；N. 水利、环境和公共设施管理业；O. 居民服务、修理和其他服务业；P. 教育；Q. 卫生和社会工作；R. 文化、体育和娱乐业；S. 综合。

不同市值规模和不同盈利能力的上市公司客户信息披露情况分别如表3.4和表3.5所示，可以发现整体而言，不同市值规模和不同盈利能力的上市公司所披露客户信息的数量相对均匀，不存在特别明显的分化特点。由此可见，不同市值规模和不同盈利能力的上市公司均认识到客户信息披露的重要作用，重视客户信息披露工作。

表3.4　2009～2019年不同市值规模上市公司客户信息披露情况

单位：家

档位	2009年	2010年	2011年	2012年	2013年	2014年	2015年	2016年	2017年	2018年	2019年
1	31	43	63	88	78	54	56	38	37	36	40
2	43	49	71	72	60	36	44	21	30	21	16
3	42	58	73	78	57	38	42	38	21	23	25
4	43	64	75	72	71	31	36	26	33	25	24
5	54	64	69	72	68	31	36	29	26	18	18

档位	2009年	2010年	2011年	2012年	2013年	2014年	2015年	2016年	2017年	2018年	2019年
6	52	75	68	72	63	35	39	25	25	26	21
7	54	57	66	61	53	30	35	31	23	28	32
8	46	65	66	58	51	35	30	37	35	34	25
9	42	52	71	66	60	36	44	36	42	33	31
10	52	54	60	61	61	39	36	35	40	26	28
11	53	59	65	70	62	36	28	35	28	31	25
12	39	57	64	64	55	35	38	32	32	25	32
13	45	53	71	67	58	30	43	40	34	35	29
14	52	70	72	69	61	40	43	34	38	30	26
15	50	64	60	63	67	32	33	41	46	37	35
16	47	62	63	61	53	44	37	37	46	36	36
17	48	62	66	63	56	42	29	28	27	26	27
18	46	48	65	65	67	37	34	24	29	24	25
19	36	53	59	60	67	46	35	30	37	33	33
20	33	34	32	38	31	19	22	20	24	19	23

注：上述 1~20 代表按照上市公司市值规模以 5 分位进行分档，其中 1 代表公司市值规模处于全部上市公司市值规模前 5%，2 代表公司市值规模处于全部上市公司市值规模 5%~10%，以此类推。

表 3.5　2009~2019 年不同盈利能力上市公司客户信息披露情况

单位：家

档位	2009年	2010年	2011年	2012年	2013年	2014年	2015年	2016年	2017年	2018年	2019年
1	49	59	73	71	76	51	51	52	44	37	41
2	55	62	66	70	78	48	47	42	53	37	28
3	44	45	63	75	69	39	35	41	35	33	35
4	47	69	59	72	72	44	50	39	40	32	30
5	46	61	63	61	59	38	31	30	36	32	32
6	51	58	62	69	56	33	38	33	40	33	35
7	44	63	62	65	42	39	40	36	35	29	38

档位	2009年	2010年	2011年	2012年	2013年	2014年	2015年	2016年	2017年	2018年	2019年
8	49	60	69	61	51	40	40	36	39	36	33
9	46	61	56	64	73	32	32	39	27	33	33
10	48	63	77	71	63	38	36	36	38	26	28
11	43	65	75	67	50	43	37	25	29	33	33
12	44	58	63	61	64	37	34	31	33	29	25
13	42	62	67	75	54	32	38	29	25	31	24
14	42	60	61	54	63	36	39	30	35	34	30
15	40	58	74	64	51	33	39	31	31	21	18
16	48	54	69	62	57	32	41	29	22	22	25
17	54	56	64	75	56	23	31	15	25	18	23
18	45	48	65	73	61	27	30	24	16	11	12
19	42	40	59	56	61	34	27	17	24	16	13
20	29	41	52	54	43	27	24	22	26	23	15

注：上述 1~20 代表按照上市公司盈利能力以 5 分位进行分档，其中 1 代表公司盈利能力处于全部上市公司盈利能力前 5%，2 代表公司盈利能力处于全部上市公司盈利能力 5%~10%，以此类推。

围绕上市公司披露的客户信息情况，本书将进一步研究不同客户经营风险对上市公司绩效的影响。具体而言，本书将分析客户的财务困境、管理层负面语调以及股价波动性对上市公司绩效的影响。

3.2　供应商风险传递的理论基础

本书借鉴多个领域的相关理论探讨客户经营风险对供应商绩效的影响。理论基础包括利益相关者理论、风险传染理论、信号传递理论以及有限理性理论。本部分将对上述理论的基本观点与核心概念进行系统化梳理与详细阐述，进而为本书的后续开展提供理论支撑。

3.2.1　利益相关者理论

"利益相关者" 概念的雏形最早出现在美国斯坦福国际咨询研究所

（SRI）的一项工作报告中，将利益相关者形容为"没有其支持，组织将不复存在的群体"（Donaldson and Preston，1995）。后续学者纷纷开展利益相关者研究，对利益相关者概念的界定达 800 多种，极大地丰富了利益相关者内涵的同时，也导致了这一概念的模糊（Miles，2017）。目前，弗里德曼对利益相关者的定义采纳最为广泛，他在著作《战略管理：利益相关者方法》中将利益相关者定义为能够影响一个组织目标的实现，或者受到组织目标实现所影响的所有个体和群体（Freeman，1984）。围绕这一经典定义，国内外学者做出了类似的界定。例如，陈宏辉（2003）指出利益相关者是向企业投入了专用性投资并承担一定风险的个体或群体，其活动可能影响组织目标的实现或受到组织目标实现的影响。

后续学者按照不同的划分标准对利益相关者进行了分类。按照交易关系，Frederick 等（1988）将利益相关者分为直接利益相关者与间接利益相关者，前者指直接发生市场交易关系的利益相关者，包括股东、债权人、企业员工、零售商、供应商、消费商、竞争者等；后者则是与市场间接交易的群体，包括中央政府、地方政府、社会活动团体、媒体、外国政府等。按照群体与企业是否存在交易性合同关系，Charkhan（1992）将利益相关者分为契约型利益相关者与公众型利益相关者。按照对企业生产运营的必要性，Clarkson（1995）将利益相关者划分为主要与次要两个级别，主要利益相关者指企业日常运营所不可或缺的群体，包括股东、员工、供应商、顾客等，这些群体与企业高度关联，对组织决策具有影响力；次要利益相关者指被企业影响或对企业有影响，但与企业不发生交易的群体，包括政府、媒体与竞争者等。按照群体在企业经营活动中承担风险的方式，Clarkson（1995）又将利益相关者划分为主动型利益相关者与被动型利益相关者，前者指向企业投入了专用性人力资本或非人力资本因而承担某种形式风险的群体，后者指受企业活动影响而处于风险之中的群体。按照与企业的关系距离，Sirgy（2002）将利益相关者分为内部、外部以及远端利益相关者，内部利益相关者包括董事会、管理者、员工与企业部门等，外部利益相关者包括股东、供应商、债权人与自然环境等，远端利益相关者则包括竞争对手、政府、媒体等。然而，另一部分学者认为企业的利益相关者并不是一成不变的，他们与企业的关系随着他们对企业影响力的变化而变化，这种"动态演化"观点的代表作是 Mitchell 等（1997）的研究成果。他们提出利益相关者的判定与重要性取决于影响力（Power）、合法性（Legitimacy）与紧迫性（Urgency）三个维度。其中，影响力指对组织目标的实现产生的实际影响；合法性指对企业具有合法的要求权；紧迫性指要求权对企业的重要性。在三个维度的综合评定下，利益相关者据此被分为 7 种类型，其中，同时占有三个维度的利益相关者被称作"完全型利益相关者"。

传统的组织管理理论认为股东至上，企业的经营目标是实现股东利益最大化，增加股东财富才是组织管理的核心。而利益相关者理论则推翻了这种传统观点，指出企业的利益相关者包括股东、债权人、雇用员工、政府、供应商，甚至是自然环境，强调企业不能只关注股东利益的实现，应该综合考虑各方利益相关者的利益需求，这便是利益相关者理论的核心思想（Miles，2012）。在后续纷杂的理论研究中，值得一提的是 Donaldson 和 Preston（1995）所提出的系统的分析框架，归纳出描述性、工具性与规范性是利益相关者理论研究的三大视角。其中，描述性理论研究承认了企业利益相关者的存在，明确了哪些群体是利益相关者及其重要性，并指出企业应平衡各方利益相关者的需求而非仅满足股东需求。工具性理论研究将利益相关者管理方法与企业绩效联系起来，证实了科学的利益相关者管理战略有助于企业取得成功。但这一理论研究视角主张企业只需要关注能够为企业带来必要资源的利益相关者，只有这些利益相关者才能够影响企业价值。规范性理论研究是利益相关者理论研究的核心，解释了企业为什么应该关注其利益相关者，指出利益相关者在企业中具有合法权益，因此，企业关注并满足利益相关者的利益在道德上具有必要性。

国内外学者围绕利益相关者理论展开了大量研究，形成了以下三个鲜明的研究主题。第一，利益相关者与企业关系研究。该研究分支关注企业与其利益相关者之间的关系机制，指出两者间可以形成交易或交换关系，这种关系以资金流动、雇佣、生产与服务为基础，并通过沟通得以加强（Griffin，2017）。企业与利益相关者之间以合作、参与、沟通和信息交换的形式进行互动，这些互动构成了资源流动通道，使企业与利益相关者形成紧密相连、互利互惠的关系。特别是当关系研究应用于供应链领域时更加强调企业与利益相关者或关联企业间的资源依赖性（Griffin，2017）。利益相关者可能被企业的决策、行动或战略所影响，反之，企业也将受到利益相关者的决策、行动或战略的影响。第二，对利益相关者及其需求的了解。该流派认为利益相关者是影响企业的重要力量，企业应识别与管理主要的利益相关者，优先考虑其需求，将利益相关者纳入组织层面的战略计划（Rowley，1997；Savage et al.，1991）。第三，针对利益相关者需求的决策。该流派认为尽管理论上企业应关注各方利益相关者的权益，但鉴于企业资源的有限性，各方利益相关者的权益实际上是对企业资源的竞争，企业应平衡利益相关者的权益，对其进行评估、权衡、排序与解决，进而制定相应决策（Reynolds et al.，2006；Spitzeck and Hansen，2010）。

随着供应链体系的兴起与发展，利益相关者理论已经被广泛应用于供应链管理研究中。研究普遍认同利益相关者理论是供应链管理决策的重要理论依据，被应用于制造、采购、合同以及供应商等决策环节。企业与利益相关者的关系将对资本决策选择、公司治理、信息披露、盈余管理、股东福利等一系列公司决策产生影响（Wang，2012）。在供应链合作过程中，企业将参与信息交换与结构性合作活动，其中信息交换包括预测、规划、入库与交付等活动，结构性合作包括采购、供应商管理库存（VMI）、联合用地等（Co and Barro，2009）。随着客户需求升级、市场竞争加剧，单个企业往往难以独自生存，因此，企业间签订合作协议以确保企业比独自运营取得更高的效率、效益与市场地位（Min et al.，2005）。供应链合作关系有助于打破传统竞争壁垒，建立信任关系，进而促进信息共享、降低不确定性、实现价值共创（Maloni and Benton，1997）。大量研究证实供应链上企业间的紧密合作能够通过供需匹配为企业创造和获取价值（Fisher，1997）。然而，在创造收益的同时，供应链合作企业也将共同承担风险。由于链上企业之间存在着频繁的经济业务往来，当一方企业存在风险时，与之关联的其他企业也将产生一定程度的风险。具体来说，供应链上某些企业发生信用风险、经营风险，甚至破产等均将破坏供应链稳定性，对关联企业产生影响。可见，利益相关者在供应链日常运营过程中，既享受供应链合作带来的福利，也承担关联企业的风险。根据利益相关者理论，供应商在发展过程中必须考虑客户在经营过程中的利益，并且承担它们在经营活动中存在的风险。综上所述，利益相关者理论在客户经营风险影响供应商绩效的过程中起到了解释作用。

3.2.2 风险传染理论

风险传染（Risk Contagion）是指当某一主体发生风险事件时给与其关联的其他主体带来负向影响。国内外文献中经常出现的与风险传染含义相近的概念还有风险传播（Risk Propagation）、风险溢出（Risk Spillover）、风险扩散（Risk Diffusion）、风险传导（Risk Conduction）等。风险传染的范围在狭义上是指在企业内部，风险在经营活动与管理活动中的传染；在广义上，不仅包括在企业内部进行传染，而且包括在企业外部、与企业相关联的主体之间传染。企业与关联企业存在的利益相关性导致两者之间必然存在风险相关性，一方企业发生风险将影响与企业密切联系的主体，比如互保企业、供应商、制造商、经销商、银行、客户等，甚至还可能影响宏观经济运行（夏喆等，2007）。

对风险传染内涵的理解可以从风险与传染两个角度入手。从风险角度入手，不同学者有着不同的解读，但在风险的核心（不确定性）上达成了共识（Hudnurkar et al.，2017）。Aven（2008）如此描述风险，风险是事件在未来发生的不确定性，同时，该事件的后果也具有不确定性。后续学者普遍认同风险将带来损失而非收益。对于风险的测度，部分研究利用负面事件发生的概率与负面事件的影响程度的乘积予以测度，也有研究提出可以用方差来定量测度风险（March and Shapira，1987；Heckmann et al.，2015）。从传染角度入手，风险具有不同的传染机理与模式。按传播方向，风险传染可以表现为链条式与网络式传染，链条式传染的特点是单方向，网络式传染的特点是复杂性、不可预测性、动态性和难识别性等；按传播强度，风险传染可以划分为增强型、稳定型、衰退型、混合型、收敛型与发散型（叶厚元、洪菲，2010）。

目前，有关风险传染理论的研究主要集中在资本市场和金融行业。Chiu等（2015）指出实体部门和金融部门都存在显著的风险传染，实体部门债务融资越高，其价值和投资相对越低，行业竞争程度越高，金融部门风险溢出效应越强。Helwege（2010）指出多米诺传染是指在一个相互作用的系统中，一个很小的扰动会产生一系列的反应。相对于多米诺传染，资产抛售带来的共同冲击将占据主导地位，是促进系统性风险发生的重要因素。Fisman 和 Wang（2010）指出在中国金融市场发展相对落后的情况下，控股股东可以利用集团内关联交易，在成员公司之间产生互保效应，最终降低成员公司的风险，因此，关联交易是集团风险传染的重要渠道。陈艳利等（2014）发现企业集团内部关联担保和关联资金交易会降低资本市场资源配置效率，因此，关联担保也是集团风险传染的重要渠道。

近年来，风险传染理论被应用于供应链领域研究。基于该理论，供应链风险传染被定义为风险在供应链上相邻的关联企业之间的转移与扩散现象（Geng et al.，2022）。学者们纷纷对供应链风险传染机理进行探索，围绕风险演变过程、传染模式、传染要素等问题展开研究。针对供应链风险演变过程，学者们普遍认同风险将历经从孕育到爆发、再到衰退的过程，将供应链风险演变过程分为三个时期，即风险潜伏期、风险爆发期与风险衰退期。首先，风险潜伏期是不确定性因素隐匿于企业之中而不被察觉的过程，在这一阶段风险得到累积，累积量达到企业承载阈限便标志着潜伏期的结束。其次，风险爆发期是不确定性因素经过风险潜伏期的能量累积最终转变为破坏性事件的过程，在这一阶段风险得以展现，小则降低局部供应链的运行效率，大则引起供应链系统的中断。最后，风险衰退期是风险逐步消亡的过程，在这一阶段企业积极采取风险控制措施加以应对，使风险能量减少，风险逐渐衰退（易伟明，2018）。针对供应链风险传染模式，有研究指出供应链风险的传播呈现网络式。风险起源于供应链的某一节点并引发连锁反应，进而传播到整个供应链网络，影响逐步放大，产生级联效应。供应链中的破坏性事件不应被视为孤立事件，而是沿着网络结点蔓延，如果没有干预措施将扰乱供应链运转（Ojha et al.，2018）。针对供应链风险传染要素，绝大多数学者认同风险源、风险载体与风险接收者是风险传染的共性要素（石友蓉，2006；翟运开，2007；张剑光，2011）。

（1）风险源

风险源是指影响供应链正常运营的不确定性因素，是供应链风险传染的前提条件。供应链的运转在采购、制造、分销、零售等各个环节面临着各种风险（Maruchek et al.，2011）。Hudnurkar 等（2017）的文献综述运用内容分析法梳理出产品特性、运输、财务、制造、信息系统、外包、生产、交付、回收、规划、人力资源以及外部环境等 12 个风险类别。陈长彬和缪立新（2009）将风险源归纳为三类：一是来自整个供应链外部的风险，包括自然灾害与交通瘫痪等，这类风险具有不可控的特点；二是供应链内部、企业外部的风险，主要包括供应风险与需求风险，两者是造成供需不平衡的原因；三是企业内生风险，指企业内部在生产、管理与规划等方面的风险。企业在生产经营活动中常见的风险有财务风险、投资风险、生产风险、决策风险、市场风险、技术风险等（谢科范等编著，2014）。

（2）风险载体

风险载体是供应链风险的传递介质，大体上有两种存在形态（朱新球，2009）。一是显性载体，主要包括资金、信息与物流等，更具体的形式还有事件、市场、技术、产品、物流、制度以及人（张剑光，2011）。朱新球（2009）强调供应链风险的传播一定有其具体的形式体现，例如，金融风险的传播就表现为股价指标的变动。供应链上下游企业位于网络节点之上，彼此之间基于交易、债务、资本以及信用等关联开展各种业务，其中伴随着物质、信息与资本的流动（Skjoett-Larsen et al.，2003；Wu et al.，2014；Desai et al.，2015）。这些物质、信息与资本充当着风险载体，随着风险载体的流动，链上一方企业的风险因素将传导至关联企业，实现风险传播。二是隐性载体，包括牛鞭效应、财务杠杆效应以及多米诺骨牌效应等，这些隐性载体使风险随着传递过程而逐级放大，增加了供应链风险的复杂性。

（3）风险接收者

风险接收者是供应链风险传染的承担方，承载由风险源通过风险载体传播而来的风险。风险接收者可以是供应链中的任何节点企业，包括供应商、制造商、经销商以及消费者等。

供应链成员企业为应对外部环境不确定性而组成一种动态的网络关系系统，企业通过紧密的协同合作实现价值共创时，也面临着多方面的风险。对于客户-供应商关系，上下游企业之间频繁地进行着业务往来、信息共享、技术支持以及商业信贷等业务活动，这些业务活动离不开物质、信息与资本的流动。当客户存在风险时，供应链具备风险传染三要素，即客户经营风险为风险源，客户与供应商业务活动中的物质流、信息流与资本流等构成风险载体，供应商为风险接收者，此时，客户的风险将传染给供应商，呈现出风险传染机制。

综上所述，风险传染理论表明风险并不局限于企业内部，还将对关联企业产生传染效应。换言之，企业不仅受到自身风险的威胁，还将遭受包括关联企业在内的多重外部风险。客户与供应商密切的业务往来构成了风险载体，当客户一方形成风险源时，供应商便成为风险接收者承担传染而来的风险，影响供应商绩效。因此，风险传染理论描述了客户经营风险对供应商绩效产生影响的基本原理，对不同维度客户经营风险与供应商绩效关系起到解释作用，为本书提供了重要的理论支撑。

3.2.3　信号传递理论

完全竞争市场描绘了一个市场信息完全通畅，市场参与者享受全部信息的理想化状态。而现实生活中，市场参与者通常无法获知全部信息，存在着信息不对称（O'Cinneide，2007）。信息不对称指在交易活动中某些参与者比其他参与者掌握更多信息的现象。信息经济学指出信息不对称会导致逆向选择问题，即信息优势方可以利用超出信息劣势方的信息使自己受益而使对方受损，信息劣势方难以做出正确的买卖决策，进而扰乱供需平衡、降低市场效率（Akerlof，1970）。

为解决上述问题，美国经济学家 Michael Spence 提出信号传递理论，该理论已经成为信息经济学的基础理论之一，为会计学、管理学、心理学以及人类学等诸多领域的研究提供理论支撑（Connelly et al.，2011）。Spence（1973）在研究就业市场现象时发现招聘者（作为劳动力的买方）与应聘者（作为劳动力的卖方）之间存在信息不对称，招聘者无法知晓应聘者的实际能力，因而无法给予应聘者公正的待遇。在这种情况下，应聘者找到一种办法，将"受教育水平"作为信号传递给招聘者以示意自己的生产力。"受教育水平"有效地发挥了信号作用，降低了应聘者与招聘者之间的信息不对称程度，使应聘者获得了适当的报酬。Michael Spence 的著作《劳动市场信号》以及后续一系列有关市场信号的应用性研究共同构成了信号传递理论，该理论成功解答了如何缓解信息不对称的问题，信息知情者可以将掌握的私有信息以发送信号的方式发送给信息缺乏者，进而避免逆向选择。随后，Stephen Ross 将信号传递理论应用于企业金融研究，认为上市公司的信息披露是企业管理者根据私有信息向外界发送的信号，用于反映公司的财务状况与信用水平，利用这种信号投资者可以对公司质量进行一定程度的筛选（Ross，1977）。

为具体描述信号传递过程，Michael Spence 构建了信号传递模型，指出信号传递过程由信号发送者、信号、信号接收者三个基本要素组成。

（1）信号发送者

信号发送者是信息的拥有者。信号发送者可以是企业管理层、媒体、分析师以及机构投资者，这些群体拥有企业的私有信息，是降低企业与市场信息不对称程度的重要力量。毋庸置疑，管理者是企业信息的直接发送者。在互联网高度发达的今天，媒体报道可以低成本、高效率的优势向投资者传输企业信息（Guldiken et al.，2017）。此外，分析师与机构投资者是市场理性投资者的代表，他们对公司财务报表加以分析并形成易于理解的投资信息，能够提高企业信息在市场中的传播速度，提升企业信息环境，在很大程度上降低企业与投资者之间的信息不对称程度（Frankel and Li，2004）。

（2）信号

信号是指消除信息不对称后的有用信息。其内涵如同一枚硬币的正反面，对于信息知情者来说，他们可以发送信号（Signaling）；对于信息缺乏者来说，他们需要进行信息甄别（Screening）（Spence，1976）。据此，信号传递过程可以分为两个阶段。第一阶段是信号发送者进行信号选择与信号发送。Spence（1976）强调所有信号传递都涉及信号选择行为，发送者必须选择信号以确保信号有效。在这一阶段，确保信号的有效性至关重要，信号的有效性是决定信号传递能否实现的关键因素。可信的信号有助于传达难以观察的质量或性能，进而更好地指导决策行为（Certo，2003）。第二阶段是信号接收者收到信号，加以解读并做出反应。信息知情者先行动，信息缺乏者随后做出反应是信号传递模型的基本前提假设（Stiglitz and Weiss，1990）。

日常生活中常见的信号是卖家承诺长久的产品保修期，向消费者传达产品质量良好的信息。在劳动力市场，信号可以是求职者的受教育水平与学习成绩，这些信息能够反映求职者的生产力（Daley and Green，2014）。

当信号传递理论应用于金融市场时，信号可以是企业公开披露的信息，包括强制性披露（如财务报表）、自愿性披露（如盈余预测、公告、新闻发布会）以及中介披露（如分析师、媒体）（Ross，1977；Healy and Palepu，2001）。这些信息反映着公司的财务状况、运营水平、盈利能力与信用等级等，能够有效降低企业与各方利益相关者之间的信息不对称程度。

（3）信号接收者

信号接收者是有用信息的使用者。对于企业发布的信息来说，其信号接收者为企业的各方利益相关者，包括投资者、债权人、供应商、客户、银行、政府以及中介投资机构等。当信号被发出之后，接收者的注意力程度或对信号环境的扫描程度决定着信号传递的有效性（Connelly et al.，2011）。尤其是在弱信号的情形下，接收者主动加大搜寻力度将能够避免错失弱信号。此外，接收者能否正确解析信号含义也是决定信号传递有效性的重要因素。

除了信号传递过程的三要素，信号环境对信号传递的影响也不容忽视。信号环境是指信号传递所处的环境。在良好的信号环境中，信号得以高效与有效地传输，信号接收者与发送者能够收发可靠的信息，从而极大地减少信息不对称（Taj，2016）。良好的信号环境能够确保信号传输的真实性与有效性，而真实、有效的信号对于企业利益相关者的科学决策至关重要（Connelly et al.，2011）。然而，信号环境中往往存在着一定的噪声，这些噪声可能源于其他发送者的干扰，尤其是冲突的信号将在很大程度上降低信息有效性。作为治理手段，市场机制规定对发送虚假信号的公司采取惩罚措施，有效地约束了公司的披露行为，极大地提升了信号有效性（Lins and Sunyaev，2017）。

传统的信号传递理论关注企业如何利用实质性信号降低信息不对称程度以吸引外部资源的问题，认为修辞性信号对于不同传递者来说并无成本差异，很容易被滥用，因此不具备有效性。这一局限性的根源在于传统理论假设信号接收者是在隔离状态下接收并处理信息，大量实证研究也证实了实质性信号在低噪声环境中的有效性。而现实情况是许多信号被同时发送，信号接收者通常处于高噪声环境（Connelly et al.，2011）。近年来，信号传递研究指出在高噪声环境下修辞性信号对实质性信号起到补充作用，企业使用信号组合能够有效削弱信息不对称，证实了修辞性信号在某些条件下能够起到缓解信息不对称的作用（Steigenberger and Wilhelm，2018）。参照修辞结构理论研究，"修辞"指运用语言的方法或加强表达效果的方法，其目的是表达清楚、加深印象、力求生动形象。据此，修辞性信号包括表达方式、语调、音律等。

上市公司以财务报表等强制性披露，盈余预测、公告、新闻发布会等自愿性披露，以及分析师、媒体等中介披露等形式向外界披露企业相关信息（Healy and Palepu，2001）。上市公司公开披露的文本信息具有信号作用，向外界传递公司的财务状况、运营能力、信用等级等信息，能够有效降低企业与各方利益相关者之间的信息不对称程度。在供应链情境下，对于供应商来说，客户是与其紧密相连的利益相关者，客户的财务状况、经营成果、资本市场表现、公司战略规划以及重大事件等均是供应商重点关注的信号。此外，客户信息披露的语言特征作为修辞性信号同样能够向利益相关者传达有关企业经营状况与发展前景的信息，管理层负面语调暗含着企业产品需求下降、经营风险上升、行业衰退等风险信息，对投资者、供应商以及债权人等利益相关者具有风险提示作用。供应商作为信号接收者将加以解读并据此做出反应，相应地，供应商可能主动采取措施以应对客户的风险因素，或是被动地接受客户经营风险的影响。此外，客户发出的风险信号对供应商的投资者也具有提示作用，供应商投资者在制定投资规划时也将客户信息纳入考量、作为决策依据。当供应商投资者接收来自客户的风险信号时，其可能对行业发展形成负面预期，对供应商股票失去信心。

基于信号传递理论，企业作为信息知情者可以向利益相关者（信息缺乏者）发送信号以缓解两者之间的信息不对称，为利益相关者的科学决策提供有效依据，避免逆向选择问题。在客户与供应商的紧密关系中，客户的信息披露既包括财务报表、股价信息等实质性信号，也包括管理层披露语调等修辞性信号，均能够发挥信号作用，向供应商传递有关企业运营状况与发展前景的重要信息。当客户形成风险时，所传递的风险信号将发挥风险预警作用，为供应商以及其他信息使用者提供决策依据。因此，信号传递理论在一定程度上解释了客户经营风险对供应商绩效的影响，是本书研究重要的理论基础。

3.2.4　有限理性理论

理性人假设是经济学的基本前提假设，即经济学家通常假定经济人是理性的。在经济学的发展过程中，形成了完全理性和有限理性两种假说。传统的主流经济学支持完全理性假设，这一概念主要包括两方面含义：第一，行为人的任何活动和行为均出于对自身利益的追求；第二，行为人全知全能，掌握着所有信息，并且对信息进行提炼分析，以最大限度地实现自身利益。在完全理性假设下，现实的情况得到简化，经济人的理性行为具有规范性，变得可量化、可预测，有助于经济理论的研究和现实经济问题的解决。以此为前提，Von Neumann 和 Morgenstern（1944）创立了期望效用理论，分析经济人在不确定情境下如何做出决策，促进了规范决策理论的发展。由于完全理性假设是一种理想化的情况，以完全理性为前提的经济理论往往存在着过于简化和理想化的缺陷，在分析现实问题时就会出现偏差或无法解释某些经济现象的情况。在对完全理性的质疑声中，一部分经济学家注意到了行为人在决策中不理性的一面。

Arrow（1951）最早提出"有限理性"的概念，他认为人的行为"是有意识的理性，但这种理性又是有限的"。Simon，1978 年诺贝尔经济学奖获得者，正式提出有限理性理论，指出完全理性的不真实性，认为行为人并不能做到完全理性，理性是有限度的。首先，受技术、时间、个人能力等主客观因素限制，人们不是全知全能的，不可能掌握经济中有关决策的所有信息，同样也无法最大限度地计算、提取和利用信息。其次，完全理性观点忽视了行为人在决策中的感性倾向。Simon（1990）认为在缺乏信息的情况下，人们会很大程度地依据主观判断进行决策。因此，在有限理性前提下，他进一步提出"满意决策"思想，指出人们的决策过程并不是追求最优的过程，而是试图达到满意的过程。有限理性理论是决策行为研究中的重要理论依据，代表了人类决策思维的一次重要突破。

站在 Simon 的"巨人之肩"上，后来的学者对有限理性进行了更加深入的研究。Kahneman（1973）从行为经济学角度提出了直觉（感性）和推理（理性）双系统理论。他认为人们的选择或决策活动取决于直觉系统和推理系统，可以由直觉或推理单独决定，也可以是二者共同作用的结果。而行为人的决策是遵循完全理性还是有限理性观点，则是根据直觉、推理对决策结果的贡献程度。如果人们的决策过程完全由推理即理性推动，这样的行为人就是完全理性的。但事实上，完全的推理是不可能的，决策过程或多或少会有直觉的参与，即理性是有限的。而评价行为人的决策是否理性，在 Kahneman 看来，关键的是分辨直觉和推理谁在选择中占支配地位，若推理（理性）发挥了更大的作用则认为行为人的决策是理性的，反之就是非理性的。除 Kahneman 之外，Rubinstein（1986）将有限理性归因于人们的认为倾向和认知能力不足；Pulford 和 Colman（1996）提出过度自信这一观点；Miller（1956）认为人类大脑的天然局限是不完全理性的内部原因。这些学者从不同角度论证了有限理性的成因，推动了有限理性假设的发展。

目前，有限理性理论被广泛应用于行为金融学研究，学者们开始从投资者的心理认知入手研究其决策过程，即将投资者决策视为一个心理过程。具体来说，投资者收集会计信息等企业相关信息，对其进行加工处理并据此做出决策。而这个信息加工处理过程是一个由认知过程、情绪过程与意志过程三阶段组成的心理过程，投资者在各个阶段都存在有限理性，可能导致投资者心理出现偏差，心理偏差决定着投资决策（或投资行为）出现偏差，投资决策（或投资行为）偏差最终导致资产误定价（张静，2017）。基于有限理性理论的资产定价相关研究认为，投资者心理认知对资产定价起到关键性作用，资产定价既取决于以会计信息为基础的内在价值，也受到投资者有限理性的影响。Stein（1996）证实了投资者的有限理性将影响证券价格，投资者的非完全理性行为导致证券的市场价格被高估或低估，偏离其内在价值。

投资者决策的第二个过程，即情绪过程，其代表性偏差为投资者情绪。投资者情绪是投资者基于对资产未来现金流和风险的预期而形成的信念（Baker and Wurgler，2007）。张静（2017）认为投资者根据股市信息形成的对公司的主观判断即为投资者情绪。由于投资者具有有限理性，受到外界信息刺激时，他们因为认知不同，所引发的情绪也不同。大量研究证实，投资者情绪将加剧公司股价波动性（Vieira and Pereira，2015；李昊洋等，

2017）。在供应链背景下，当客户股价波动性上升时，股票流动性将下降。由于供应商与客户是紧密相连的利益相关者，供应商的外部投资者在制订资金配置计划时也将考量客户相关信息，客户股价波动性释放着风险信号，供应商的投资者情绪也表现低落。供应商投资者情绪低落，意味着情绪偏差，可能导致资产误定价，催生股价泡沫，放大供应商的股价波动性，为供应商带来负面影响。因此，有限理性理论为本书研究客户股价波动性在供应链上的传染提供了重要的理论支撑。

第4章 客户财务困境与供应商绩效

基于利益相关者理论，客户财务困境通过供应链将对上游供应商绩效产生影响。本章从理论上探讨了客户财务困境通过现金流和风险传染等方式对供应商绩效的作用机制并以中国沪深 A 股 2009～2019 年上市公司为样本对该作用关系进行检验。同时验证了应收账款坏账在其中的中介效应，进一步地从供应商产权性质、议价能力和生命周期特征三个角度考察了客户财务困境对供应商绩效影响的差异性。研究发现，客户财务困境对供应商绩效存在显著的负向影响。应收账款坏账在其中产生部分中介效应，另外这种负向影响在非国有性质、议价能力低以及处于成长期的供应商中表现得更为明显。本章的研究为我国企业基于跨企业关系角度的绩效改善提供了理论依据和数据支持。

4.1　引言

财务困境是企业无法履行或偿还其对债权人债务的情况，具体表现为资金流断裂、流动性不足、债务拖欠以及资不抵债四种形式，但并不意味着经营中断（Carmichael，1972；Bhunia and Sarkar，2011）。现有研究表明，经济政策与行业竞争等外部因素，以及公司治理、经营决策与企业社会责任等内部因素是企业陷入财务困境的重要前因（王宁，2020）。如果财务困境无法缓解，则可能导致企业破产（Bhunia and Sarkar，2011）。因此，财务困境一直是财务管理领域的重要内容和热点话题，学者们致力于开发多样化的风险预测模型，力求提高其预测精度与确定其区间范围。其中，最为经典的当属 Altman（1968）构建的 Z-Score 模型，该模型综合运用五个甄选的财务指标对企业财务状况进行判别，是评估与量化财务困境的有效技术手段。此外，还有学者利用 Logit 模型（Martin，1977）、生存分析法（Geppert et al.，2010；Louis et al.，2013）以及判别分析法（Evrensel，2008）等方法对财务困境进行预测。预测模型能够有效量化财务困境的可能性，企业陷入财务困境的可能性越大说明企业偿债能力越弱，即财务困境风险越高。

公司绩效通常与企业内部的公司治理和战略管理等方面存在联系。公司治理方面的影响因素包括董事会的独立性（王跃堂等，2006）、股权结构（刘银国等，2010）、高管薪酬（陈俊等，2010）等。战略管理方面的影响因素包括公司资源和能力（武亚军等，2010）以及创新投入（程宏伟等，2006）等。也有学者从外部条件对影响公司绩效的因素进行了探究，如地区金融市场化程度（史燕丽等，2017）、市场竞争强度（杨勇，2017）和客户集中度（Krishnan et al.，2019）等。但在商品的生产到出售的过程中随着市场分工精细化的发展，往往有多家公司共同参与其中，上游的供应商与下游的客户基于供销关系进行着频繁的资金和业务往来，公司之间的交往日益紧密。因此，公司并非独立的个体，而是嵌入供应链网络之中，形成相互牵制、相互影响的利益共同体。作为供应商重要的绩效来源，客户陷入财务困境时供应商也无法独善其身。因此，在衡量公司绩效时，有必要考虑基于供应链的跨企业影响。

基于以上研究背景，本书利用供应商的前五大上市公司客户的财务数据，考察跨企业关系情形下，客户财务困境对供应商绩效的影响。研究发现，客户陷入财务困境导致供应商无法独善其身，供应商的绩效将通过供应链扩散的传染效应受到波及，即客户的财务困境越严重，供应商绩效越差。供应链中客户与供应商在实物交易的同时通常伴随着商业信用，商业信用将在客户财务困境对供应商绩效的影响中产生重要作用，因此本章进一步考察应收账款在其中的作用机制。与此同时，考虑到供应商的产权性质、议价能力以及生命周期的特征使客户财务困境对供应商绩效的影响有所不同，本章又进一步考察了上述因素对客户财务困境与供应商绩效关系的差异影响。研究发现，客户财务困境可以通过增加供应商的应收账款坏账，降低供应商绩效。此外，本书还发现客户财务困境对供应商绩效的负向影响在非国有企业、议价能力低的企业以及处于成长期的企业中表现得更为明显。

4.2　理论分析与研究假设

在供应链关系中，供应商与客户在经营和财务等方面相互依存、密不可分，形成利益共同体，因此，二者无法在公司运营中独善其身。下游客户作为上游供应商绩效的重要源泉，其财务绩效（林钟高等，2014；Pandit et al.，2011）、财务困境与破产风险（Kolay et al.，2016）等是供应商价值的重要影响因素，下游客户的财务状况成为供应商未来发展前景的关键所在。

利益相关者理论认为，供应商和客户间存在紧密的经济关联，客户依赖供应商同时也对供应商产生影响，因而客户面临困境也将波及供应商。客户遭受的困境将影响供应商的经营绩效，其中客户的财务困境便是重要的影响因素之一（魏明海等，2018）。本章认为，客户陷入财务困境的可能性越大或财务风险越高，供应商绩效越差，主要存在以下三个方面的原因。

首先，从客户的角度来看，企业陷入财务困境将通过降低产量等方式控制成本，相应地对供应商的订单减少，供应商绩效将受到负面影响。企业陷入财务困境将进一步承担来自多方面的财务困境成本，如供应商提高供货价格甚至停止原材料供应、外部融资难度大费用高以及流失客户导致收入下降等（Warner，1977）。企业为摆脱财务困境，将通过资产重组、公司治理以及控制成本等方式系统性地整合全部资源（冯天楚、谢广霞，2019）。在控制成本方面，企业可能选择缩减创新支出的方式压缩成本（王剑，2013），但这些方式将影响企业的竞争力，阻碍企业的未来销路，这会进一步恶化企业未来的财务状况，并非企业可持续发展的最优战略选择。那么适当缩减产品产量或者降低产品质量将成为企业在出现财务困境时压缩成本更合适的战略决策，这将通过供应链上的贸易关系向上波及对供应商的产品需求。客户为控制成本，缩减产量，订单需求下降，甚至会选择供应成本更低的供应商。如此，供应商在供应链关系中处于被动地位，甚至面临被替代的风险，这都对供应商的绩效产生了负面影响。

其次，出于保护自身利益的目的，客户陷入财务困境时供应商会主动降低与客户的合作意愿且减少交易往来，这将导致供应商绩效降低。客户与供应商等多方主体存在财务利益关系，企业陷入财务困境将导致其利益相关者同样受到损害。当客户经营不确定性高甚至陷入经营危机时，将严重影响供应商的生产经营（Bode and Wagner，2015）。客户陷入财务困境，将引发供应商对其生产能力和质量的质疑，此时供应商为规避客户陷入财务困境所引发的信用风险，可能采取两种应对方式。一是提高供货价格（廖冠民、陈燕，2007），这在客户陷入财务困境的情况下缺乏一定的可行性。二是供应商将收紧授予客户的商业信用，作为供应链发展过程中上下游企业贸易的重要手段，商业信用体现了供应商与客户之间关系的紧密程度和合作意愿。当客户陷入财务困境时，供应商为保护自身利益，将主动减少对客户的产品供应，收紧商业信用，放弃签订长期合同，甚至终止交易往来（Hertzel et al.，2008；章之旺，2008）。客户陷入财务困境促使供应商重新审视客户的生产能力和质量，为保护自身利益，供应商更可能采取主动减少产品供应的方式，以有效阻断客户财务风险带来的传染效应。缩减与客户的贸易份额，将给企业的绩效带来负面影响。

最后，从供应商成本的角度来看，客户陷入财务困境，供应商可能不仅面临客户的逾期和坏账带来的损失，还可能同时承担客户财务风险经由供应链的溢出效应所带来的多方面成本。具体而言，当客户身陷财务困境时，对供应商授予的商业信用的偿还能力下降，将逾期支付甚至无法支付的应付账款形成坏账，进而增加供应商陷入财务困境的概率（徐晓燕、孙燕红，2008）。为建立与维护稳定的客户－供应商关系，供应商通常将投入大量的专用性资产以满足客户需求（张先敏，2013）。而当客户陷入财务困境时，由于两者间的专用性资产具有特殊性，与客户脱离关系将使得这些专用性资产价值大大缩水，这为供应商带来了一定的转换成本，供应商将在成本与损失中进行权衡（顾瑞兰，2013）。当预期损失难以承受时，供应商甚至会授予客户更多的商业信用额度帮助客户渡过难关，以维持长期合作关系和未来稳定的收益。此外，在"一荣俱荣，一损俱损"的客户－供应商关系中，客户的财务风险具有传染性，外部投资者会对此做出及时的反应，将表现出受客户财务困境的影响，供应商的外部融资能力受到限制，进一步波及供应商的投资决策。这增加了企业更多的间接成本和直接成本，成为供应商绩效增长的一大阻碍。

基于此，本章提出研究假设 H4-1。

H4-1：客户财务困境对供应商绩效存在负向影响，即客户财务困境程度越高，供应商绩效越差。

4.3 客户财务困境与供应商绩效关系的研究设计

4.3.1 样本选择与数据来源

本章的初选样本为 2009～2019 年沪深 A 股中性质为供应商的上市公司。起始时间选择 2009 年是因为自 2007 年起中国证监会制定的披露准则明确规定和鼓励上市公司披露客户信息和交易数据，但政策的实践存在滞后性，2009 年前的公开数据样本较少且数据质量较差，因此选取 2009 年为研究样本起始时间。考虑到客户当期的财务困境对供应商绩效的影响具有时滞性，往往在供应商下一期绩效中产生影响，因此本章客户相关数据样本期间为 2009～2018 年，供应商样本数据期间为 2010～2019 年。基于数据的可得性，本章选取前五大上市公司客户进行考察。为保证研究结果的科学性与普遍性，本章对初选样本进行筛选，过程如下：剔除 ST 和 *ST 的样本，这部分企业通常连续几年亏损，财务状况异常，纳入整体研究样本可能会影响研究结论；剔除金融行业样本；剔除相关变量缺失的样本。同时，为避免极端值的影响，进一步对所涉及的连续变量在 1% 和 9% 的分位数上进行 Winsorize 缩尾处理。经过以上筛选与处理，本章共获得 1037 个样本观测值。上市公司客户信息数据来源于国泰安数据库，相关财务数据来自国泰安数据库和万得数据库。本章采用 Stata 16.0 软件进行数据处理、描述性统计与实证分析。

4.3.2 模型设定

为了对假设 H4-1 进行实证检验，本章构建模型（4.1）检验客户财务困境对供应商绩效的影响。考虑到客户当年的财务困境通过一些直接和间接的影响机制作用到供应商的绩效表现出过程性和时滞性，因此本章选取供应商下一年的绩效进行考察。

$$CROA_{t+1} = \beta_0 + \beta_1 CUST\_FD_t + \sum \beta_i Controls_i + Industry + Year + \varepsilon \qquad (4.1)$$

式 (4.1) 中，$CROA$ 为模型的被解释变量供应商绩效。$CUST\_FD$ 为模型的解释变量客户财务困境。为确保研究结果的稳健性，本章同时选取两种解释变量的度量方法分别进行实证检验。$Controls$ 为控制变量，参照供应链研究的相关文献，对供应商特征变量与客户特征变量两方面进行控制（王雄元、高曦，2017；彭旋、王雄元，2018）。具体控制变量的选取和计算方式将在下文详细描述。本章重点考察客户财务困境（$CUST\_FD$）的回归系数 β_1，若 β_1 为负向显著，则表明客户财务困境将降低供应商绩效，则本章的假设 H4 – 1 将得到验证。

4.3.3　变量定义

（1）被解释变量

供应商绩效（$CROA$），采用"营业利润/总资产"的方式进行衡量。在现有研究中，资产收益率（ROA）被广泛应用于衡量企业盈利性，是传统的会计绩效指标之一（Masa'deh et al.，2015）。考虑到企业可能通过调整营业外收入与投资收益等非营业活动来进行盈余管理，而营业利润相对不易受到操纵，本章借鉴高明华等（2012）的测量方法，采用"营业利润/总资产"的方式衡量供应商绩效以降低盈余管理的影响。由于客户财务困境对供应商绩效的影响存在一定的滞后性，因此，本章采用滞后一期的数据度量供应商绩效。

（2）解释变量

客户财务困境（$CUST\_FD1$/ $CUST\_FD2$），为保证结果的科学性和稳健性，本部分采用两种方式度量客户的财务困境程度。

第一种是借鉴 Altman（1968）构造的 Z-Score 模型，该变量的基本原理是结合五个甄选的财务指标，通过多元线性判别法对财务困境进行预测和预警。具体的计算方式如式（4.2）所示，Z-Score 值小于 1.8 表示公司财务状况欠佳，容易陷入财务困境；Z-Score 值大于 1.8 表示公司财务状况良好，陷入财务困境的可能性较低。为便于分析，客户财务困境（$CUST-FD1$）取 Z-Score 的相反数进行衡量。该值越大，财务困境程度越高。

$$Z\text{-}Score = (3.107 \times 息税前利润 + 0.998 \times 营业收入 + 0.847 \times 留存收益 +$$
$$0.717 \times 营运资金) / 总资产 + 0.420 \times 权益市值 / 总负债 \qquad (4.2)$$

具体到客户的财务困境，本部分选取供应商的前五大上市公司客户作为研究对象，因此需要对各个客户的财务困境程度进行加权求和处理，具体方法如式（4.3）所示，其中以客户销售额占比为权重进行计算。

$$CUST\_FD1_i = \sum_{j=1}^{5} \lambda_i Z\text{-}Score_{i,j} \qquad (4.3)$$

第二种是采用经 MacKie-Mason（1990）修正的 *Altman Z* 值对客户财务困境（*CUST_FD2*）进行衡量，具体的计算方式如式（4.4）所示，该指标能够避免不成熟的资本市场对财务风险的影响。修正的 *Altman Z* 值越大，财务困境程度越低，同样为便于理解，取负值作为财务困境的代理变量。

$$Altman\ Z = -(3.3 \times 息税前利润 + 1.0 \times 营业收入 +$$
$$1.4 \times 留存收益 + 1.2 \times 营运资金) / 总资产 \qquad (4.4)$$

为衡量客户的财务困境，本部分同样选取供应商的前五大上市公司客户作为研究对象，以客户销售额占比为权重对各个客户的财务困境程度进行加权求和处理，具体方法如式（4.5）所示：

$$CUST\_FD2_i = \sum_{j=1}^{5} \lambda_i Altman\ Z_{i,j} \qquad (4.5)$$

（3）控制变量

为确保研究的可靠性，本章借鉴同类研究相关文献，对可能影响供应商绩效的企业特征因素进行控制，包括供应商特征与客户特征两方面（王雄元、高曦，2017；彭旋、王雄元，2018；底璐璐等，2020）。其中，供应商特征变量包括公司规模（*Size*）、财务杠杆（*LEV*）、供应商成长性（*TobinQ*）、股票收益率（*Return*）、股票波动率（*Volatility*）、第一大股东持股比例（*Top*1）、两职合一（*DUAL*）、董事会规模（*Board*）、独立董事比例（*INDEP*）。客户特征变量包括客户总资产（*CUST_Size*）、客户资产负债率（*CUST_LEV*）、客户成长性（*CUST_TobinQ*）、客户现金流（*CUST_CFO*）、宏观经济周期（*Cycle*）。

变量定义如表4.1所示。此外，模型对年度和行业的固定效应（*Year* 和 *Industry*）进行控制。

表 4.1　变量定义

变量	变量名称	变量符号	变量定义
被解释变量	供应商绩效	$CROA$	营业利润/总资产
解释变量	客户财务困境	$CUST\_FD1$	按照前五大客户销售额占比加权计算的财务困境 1
		$CUST\_FD2$	按照前五大客户销售额占比加权计算的财务困境 2
供应商方面的控制变量	公司规模	$Size$	总资产取自然对数
	财务杠杆	LEV	总负债/总资产
	供应商成长性	$TobinQ$	（权益市场价值 + 负债账面价值）/资产账面价值
	股票收益率	$Return$	经市场调整的股票收益率
	股票波动率	$Volatility$	年度股票波动率
	第一大股东持股比例	$Top1$	第一大股东持股数/总股数
	两职合一	$DUAL$	董事长与总经理是否兼任
	董事会规模	$Board$	董事会人数
	独立董事比例	$INDEP$	独立董事人数/董事会总人数
客户方面的控制变量	客户总资产	$CUST\_Size$	按照销售额占比加权计算的客户总资产
	客户资产负债率	$CUST\_LEV$	按照销售额占比加权计算的客户资产负债率
	客户成长性	$CUST\_TobinQ$	按照销售额占比加权计算的客户成长性
	客户现金流	$CUST\_CFO$	按照销售额占比加权计算的客户现金流
	宏观经济周期	$Cycle$	当宏观经济处于扩张期时取值为 1，否则为 0

4.4　实证结果与分析

4.4.1　描述性统计

模型各变量的描述性统计结果如表 4.2 所示。从供应商绩效指标来看，$CROA$ 的均值为 0.0324，最小值为 -0.2678，最大值为 0.1869，这说明虽然 A 股非金融行业在整体上处于盈利状态，但是部分企业仍出现亏损，且企业间的绩效差距相对较大。从客户财务困境状况来看，财务困境程度 $CUST\_FD1$（$CUST\_FD2$）的均值为 -0.5830（-0.3614），最小值为 -3.2326（-1.7699），最大值为 -0.0312（0.0227），这说明上市公司财务状况普遍欠佳，遭遇财务危机的可能性较大，存在财务困境风险。从控制变量来看，描述性统计结果与现有研究相一致。

表 4.2　描述性统计

变量	样本量	均值	标准差	最小值	中位数	最大值
$CROA$	1037	0.0324	0.0646	-0.2678	0.0328	0.1869
$CUST\_FD1$	1037	-0.5830	0.5786	-3.2326	-0.4001	-0.0312
$CUST\_FD2$	1037	-0.3614	0.3287	-1.7699	-0.2657	0.0227
$Size$	1037	21.9998	1.2538	19.7131	21.8230	25.3323
LEV	1037	0.4408	0.2111	0.0535	0.4439	0.8910
$TobinQ$	1037	2.4279	1.7465	0.8165	1.8597	10.8656
$Return$	1037	0.1139	0.5077	-0.5542	-0.0214	2.5462
$Volatility$	1037	0.1272	0.0563	0.0475	0.1147	0.3589
$Top1$	1037	0.0230	0.0817	0.0009	0.0034	0.5025
$DUAL$	1037	0.1871	0.3902	0	0	1
$Board$	1037	9.0289	1.7883	5	9	17
$INDEP$	1037	0.3664	0.0496	0.3000	0.3333	0.5556
$CUST\_Size$	1037	1.9188	2.4686	0.0881	1.0478	13.9214
$CUST\_LEV$	1037	0.0451	0.0569	0.0015	0.0240	0.2926
$CUST\_TobinQ$	1037	0.1150	0.1320	0.0059	0.0688	0.7423
$CUST\_CFO$	1037	0.0048	0.0093	-0.0061	0.0020	0.0583
$Cycle$	1037	0.4224	0.4942	0	0	1

4.4.2　对假设 H4-1 的实证检验

表 4.3 报告了客户财务困境与供应商绩效的主测试回归结果。列（1）为采用经前五大客户销售额占比加权的 $Z\text{-}Score$ 计算的客户财务困境（$CUST\_FD1$）对供应商绩效的回归结果，其估计系数为 -0.0080，并且在

5%的水平下显著。列（2）为采用经前五大客户销售额占比加权的*Altman Z*计算的客户财务困境（*CUST_FD*2）对供应商绩效的回归结果，其估计系数为 - 0.0174，并且在5%的水平下显著。从回归结果来看，模型拟合情况良好。上述结果表明，主要客户的财务困境能够对供应商绩效产生重要的影响，客户财务困境程度越高，供应商绩效越差，假设H4 - 1成立。客户与供应商作为"一荣俱荣，一损俱损"的利益共同体，客户的财务困境将波及供应商的绩效。首先，当客户陷入财务困境时，其对供应商的产品需求将降低甚至可能终止交易或更换供应商，导致供应商营业收入下降。其次，供应商出于保护自身利益的目的，也将主动减少与客户的交易。最后，客户财务困境直接导致供应商提供的应收账款出现坏账，负面影响供应商的现金流水平，供应商收入下降，用于再生产的现金流减少；通过供应链产生风险传染效应，供应商被迫承担财务风险和经营风险，这显著提高了供应商经营的成本，导致供应商绩效下降。

表 4.3　客户财务困境与供应商绩效实证检验结果

变量	$CROA_{t+1}$	
	（1）	（2）
*CUST_FD*1	- 0.0080 **	
	（ - 2.19）	
*CUST_FD*2		- 0.0174 **
		（ - 2.35）
Size	0.0140 ***	0.0139 ***
	（6.10）	（6.04）
LEV	- 0.1295 ***	- 0.1291 ***
	（ - 10.01）	（ - 10.01）
TobinQ	0.0037	0.0037
	（1.46）	（1.48）
Return	0.0259 ***	0.0256 ***
	（4.98）	（4.95）

续表

变量	$CROA_{t+1}$	
	（1）	（2）
Volatility	− 0.0753	− 0.0727
	（− 1.56）	（− 1.50）
Top1	0.0497	0.0520
	（0.65）	（0.69）
DUAL	− 0.0120 **	− 0.0119 **
	（− 2.26）	（− 2.24）
Board	− 0.0016	− 0.0017
	（− 1.44）	（− 1.59）
INDEP	− 0.0020	− 0.0073
	（− 0.05）	（− 0.17）
CUST_Size	− 0.0044	− 0.0048
	（− 1.34）	（− 1.46）
CUST_LEV	0.2120 *	0.1784
	（1.85）	（1.61）
CUST_TobinQ	− 0.0433	− 0.0320
	（− 1.20）	（− 0.95）
CUST_CFO	− 0.2252	− 0.2721
	（− 0.67）	（− 0.80）
Cycle	− 0.0344	− 0.0353
	（− 1.16）	（− 1.20）
常数项	− 0.2498 ***	− 0.2421 ***
	（− 3.33）	（− 3.33）
Industry	YES	YES
Year	YES	YES
N	1037	1037
Adj. R^2	0.2446	0.2456

注：*** 、** 、* 分别表示在1%、5%、10%的水平下显著；括号内数字为经 White 异方差调整后的 t 值。

4.4.3　稳健性检验

为了验证本章研究结论的准确性与可靠性，需对研究结果进行稳健性检验，科学全面的稳健性检验能够给予前文实证检验结果有力的支撑。本章进行如下方面的稳健性检验。采用工具变量的两阶段最小二乘法（2SLS）和 Heckman 两阶段法解决模型的内生性问题。通过替换被解释变量和解释变量的方法，排除实证研究结论是变量选取的偶然性结果的可能性。同时考虑客户盈余管理和会计稳健性的影响，将其纳入模型进行稳健性检验。另外，为了避免行业特征因素影响产生的偏误，还剔除了处于行业困境的样本再次考察实证结果的准确性。

（1）工具变量的 2SLS 估计

当解释变量与干扰项相关时，回归模型会出现内生性问题，而计量经济理论认为存在遗漏变量是造成模型内生性的主要原因之一（张荷观，2013）。本章模型（4.1）可能存在此类内生性问题，即模型存在未考虑到的重要变量，该变量与客户财务困境相关，且能够降低供应商绩效，这导致供应商绩效降低可能并非由客户财务困境造成的。遗漏变量造成的内生性问题将导致回归模型估计系数与真实值不一致，因此，本部分采用两阶段最小二乘法来缓解此类内生性问题。参照 Ullah 等（2020）的内生性检验步骤，借鉴王丽艳（2019）以及曾庆生等（2018）的工具变量选择方法，选取相同年度和行业的客户财务困境的均值（$INDU\_FD$）以及相同年度和地区的客户财务困境的均值（PRO_FD）作为客户财务困境（$CUST\_FD$）的工具变量。财务困境的年度－行业均值（年度－地区均值）与企业的个体特征呈正相关关系，但这一年度－行业均值（年度－地区均值）对特定的供应商绩效影响较小，因此是较为理想的工具变量，且通过了弱工具变量检验和 Hansen 检验。具体地，在第一阶段将模型原内生解释变量与工具变量进行 OLS 估计，得到解释变量的拟合值；在第二阶段将解释变量拟合值对模型（4.1）进行最小二乘估计，从而得到模型的估计值。两阶段最小二乘法的回归结果如表 4.4 所示，Hansen 检验无法拒绝原假设，说明工具变量符合相关性和外生性的要求，即工具变量有效。在控制了内生性问题后，客户财务困境的回归系数分别在 10% 和 1% 的水平下显著为负，与初始回归结果相一致，验证了假设 H4 - 1。

表 4.4 稳健性检验：工具变量的 2SLS 估计

变量	$CROA_{t+1}$			
	（1）	（2）	（3）	（4）
INDU_FD1	0.1450 ***			
	(8.19)			
PRO_FD1	0.0875 ***			
	(5.12)			
INDU_FD2			0.8568 ***	
			(15.63)	
PRO_FD2			0.1259 ***	
			(2.59)	
CUST_FD1		- 0.0160 *		
		(- 1.86)		
CUST_FD2				- 0.0300 ***
				(- 2.64)
Size	- 0.0507 ***	0.0136 ***	- 0.0108 *	0.0134 ***
	(- 3.38)	(5.76)	(- 1.70)	(5.74)
LEV	- 0.0600	- 0.1305 ***	- 0.0468	- 0.1295 ***
	(- 0.96)	(- 10.08)	(- 1.63)	(- 10.09)
TobinQ	0.0006	0.0038	- 0.0016	0.0038
	(0.07)	(1.49)	(- 0.36)	(1.52)
Return	0.0103	0.0259 ***	- 0.0016	0.0254 ***
	(0.28)	(4.98)	(- 0.12)	(4.91)
Volatility	0.0528	- 0.0746	0.1446	- 0.0702
	(0.20)	(- 1.55)	(1.31)	(- 1.46)
Top1	- 0.1727	0.0489	0.0429	0.0532
	(- 0.45)	(0.65)	(0.19)	(0.71)
DUAL	- 0.0468	- 0.0126 **	0.0027	- 0.0122 **
	(- 1.51)	(- 2.36)	(0.21)	(- 2.29)

续表

变量	$CROA_{t+1}$			
	（1）	（2）	（3）	（4）
Board	0.0158*	−0.0015	−0.0006	−0.0018*
	（1.92）	（−1.41）	（−0.17）	（−1.68）
INDEP	0.2385	−0.0001	−0.1641	−0.0098
	（0.94）	（−0.00）	（−1.52）	（−0.23）
CUST_Size	−0.0938***	−0.0055	−0.0459***	−0.0059*
	（−3.33）	（−1.64）	（−2.68）	（−1.68）
CUST_LEV	10.0050***	0.2917**	3.0348***	0.2126*
	（10.00）	（2.25）	（5.84）	（1.84）
CUST_TobinQ	−3.5881***	−0.0756	−0.7115***	−0.0475
	（−11.86）	（−1.62）	（−5.81）	（−1.41）
CUST_CFO	0.5920	−0.2309	−4.6758***	−0.3105
	（0.24）	（−0.67）	（−3.42）	（−0.87）
Cycle	−0.0075	−0.0338	0.0325	−0.0355
	（−0.05）	（−1.14）	（0.46）	（−1.21）
常数项	0.2411	−0.2471***	0.1771	−0.2344***
	（0.68）	（−3.25）	（0.88）	（−3.26）
Industry	YES	YES	YES	YES
Year	YES	YES	YES	YES
N	1037	1037	1037	1037
Adj. R^2	0.6402	0.2423	0.7652	0.2438
Hansen 检验	0.2208		0.1679	

注：＊＊＊、＊＊、＊分别表示在 1%、5%、10% 的水平下显著；括号内数字为经 White 异方差调整后的 t 值。

（2）Heckman 两阶段法估计

样本选择偏差在本质上属于遗漏变量范畴，同样是内生性问题的重要来源。在本章中，由于供应商披露主要客户信息是自愿行为，中国证监会未对此做出强制性规定，这将导致实证研究存在样本自选择问题，意味着样本是非随机选取的，可能存在估计偏差。对于样本自选择导致的内生性，有效的、广泛采用的解决方法是 Heckman 两阶段法（Zaefarian et al.，2017）。本章借鉴底璐璐等（2020）的做法，在第一阶段，以是否披露客户信息作为被解释变量，以原有解释变量进行 Probit 回归，得到第一阶段估计的逆米尔斯比率（*IMR*），并将其作为第二阶段的控制变量进行回归分析。表 4.5 列示了第二阶段的回归结果，结果显示在控制了内生性问题后，客户财务困境的回归系数均在 5% 的水平下显著为负，与初始回归结果相一致，说明该内生性问题不会对原估计结果产生严重偏差，再次验证了假设 H4 – 1。

表 4.5　稳健性检验：Heckman 第二阶段的回归结果

变量	$CROA_{t+1}$	
	（1）	（2）
*CUST_FD*1	– 0.0082 **	
	（– 2.22）	
*CUST_FD*2		– 0.0178 **
		（– 2.39）
Size	0.0136 ***	0.0134 ***
	（5.31）	（5.19）
LEV	– 0.1285 ***	– 0.1278 ***
	（– 9.84）	（– 9.82）
TobinQ	0.0037	0.0037
	（1.43）	（1.46）
Return	0.0262 ***	0.0259 ***
	（5.01）	（4.99）
Volatility	– 0.0756	– 0.0729
	（– 1.56）	（– 1.51）
*Top*1	0.0485	0.0506
	（0.64）	（0.67）
DUAL	– 0.0130 **	– 0.0131 **
	（– 2.25）	（– 2.26）

续表

变量	$CROA_{t+1}$	
	（1）	（2）
Board	- 0.0016	- 0.0017
	（- 1.43）	（- 1.59）
INDEP	- 0.0054	- 0.0116
	（- 0.12）	（- 0.27）
CUST_Size	- 0.0045	- 0.0048
	（- 1.35）	（- 1.47）
CUST_LEV	0.2126 *	0.1788
	（1.86）	（1.61）
CUST_TobinQ	- 0.0439	- 0.0327
	（- 1.21）	（- 0.96）
CUST_CFO	- 0.2251	- 0.2732
	（- 0.67）	（- 0.80）
Cycle	- 0.0369	- 0.0384
	（- 1.22）	（- 1.27）
IMR	- 0.0634	- 0.0773
	（- 0.46）	（- 0.56）
常数项	- 0.2386 ***	- 0.2283 ***
	（- 3.03）	（- 2.98）
Industry	YES	YES
Year	YES	YES
N	1037	1037
Adj. R^2	0.2439	0.2450

注：*** 、 ** 、 * 分别表示在 1%、5%、10% 的水平下显著；括号内数字为经 White 异方差调整后的 t 值。

（3）替换被解释变量

考虑到变量选取导致的实证检验结果的偶然性问题，本章采取替换被解释变量的方法进行稳健性检验。具体地，本章改变供应商绩效的衡量方式，借鉴杨婵和贺小刚（2021）的方法，利用净利润/总资产作为供应商绩效的替代指标（ROA_{t+1}），重新考察客户财务困境与供应商绩效之间的关系。检验结果如表 4.6 所示，可见在替换供应商绩效衡量指标之后，客户财务困境的回归系数均在 5% 的水平下显著为负，与原结果无显著差异，结果稳健，再次验证了假设 H4 - 1。

表 4.6　稳健性检验：替换被解释变量

变量	ROA_{t+1}	
	（1）	（2）
CUST_FD1	− 0. 0073 **	
	（− 2. 15）	
CUST_FD2		− 0. 0149 **
		（− 2. 24）
Size	0. 0116 ***	0. 0114 ***
	（5. 62）	（5. 55）
LEV	− 0. 1108 ***	− 0. 1104 ***
	（− 8. 47）	（− 8. 46）
TobinQ	0. 0022	0. 0022
	（0. 83）	（0. 85）
Return	0. 0235 ***	0. 0232 ***
	（4. 81）	（4. 79）
Volatility	− 0. 0656	− 0. 0634
	（− 1. 43）	（− 1. 38）
Top1	0. 0626	0. 0647
	（0. 87）	（0. 91）
DUAL	− 0. 0114 **	− 0. 0112 **
	（− 2. 30）	（− 2. 28）
Board	− 0. 0015	− 0. 0016
	（− 1. 48）	（− 1. 62）
INDEP	− 0. 0148	− 0. 0195
	（− 0. 37）	（− 0. 49）

续表

变量	ROA_{t+1}	
	（1）	（2）
CUST_Size	− 0.0032	− 0.0034
	（− 1.01）	（− 1.10）
CUST_LEV	0.1451	0.1126
	（1.35）	（1.09）
CUST_TobinQ	− 0.0375	− 0.0264
	（− 1.04）	（− 0.77）
CUST_CFO	− 0.1487	− 0.1887
	（− 0.48）	（− 0.61）
Cycle	− 0.0391	− 0.0399
	（− 1.38）	（− 1.42）
常数项	− 0.1989***	− 0.1924***
	（− 2.71）	（− 2.71）
Industry	YES	YES
Year	YES	YES
N	1037	1037
Adj. R^2	0.2108	0.2115

注：***、**分别表示在1%、5%的水平下显著；括号内数字为经 White 异方差调整后的 t 值。

（4）替换解释变量

考虑到变量选取导致的实证检验结果的偶然性问题，本章通过替换解释变量的方法，改变客户财务困境的衡量方式，重新考察客户财务困境与供应商绩效之间的关系。考虑到财务困境程度较高的客户可能对供应商绩效的影响较大，借鉴底璐璐等（2020）的方法，选取前五大客户财务困境程度中排名第一的上市公司客户的财务困境程度作为客户财务困境的替代指标（CUST_TFD）进行稳健性检验。表4.7结果显示，在考虑变量选取随机性的问题后，客户财务困境的回归系数均在5%的水平下显著为负，与原结果无显著差异，通过了稳健性检验，再次验证了假设 H4 − 1。

表 4.7　稳健性检验：替换解释变量

变量	$CROA_{t+1}$	
	（1）	（2）
CUST_TFD1	− 0. 0073 **	
	（− 2. 15）	
CUST_TFD2		− 0. 0149 **
		（− 2. 24）
Size	0. 0116 ***	0. 0114 ***
	（5. 62）	（5. 55）
LEV	− 0. 1108 ***	− 0. 1104 ***
	（− 8. 47）	（− 8. 46）
TobinQ	0. 0022	0. 0022
	（0. 83）	（0. 85）
Return	0. 0235 ***	0. 0232 ***
	（4. 81）	（4. 79）
Volatility	− 0. 0656	− 0. 0634
	（− 1. 43）	（− 1. 38）
Top1	0. 0626	0. 0647
	（0. 87）	（0. 91）
DUAL	− 0. 0114 **	− 0. 0112 **
	（− 2. 30）	（− 2. 28）
Board	− 0. 0015	− 0. 0016
	（− 1. 48）	（− 1. 62）
INDEP	− 0. 0148	− 0. 0195
	（− 0. 37）	（− 0. 49）
CUST_Size	− 0. 0032	− 0. 0034
	（− 1. 01）	（− 1. 10）
CUST_LEV	0. 1451	0. 1126
	（1. 35）	（1. 09）
CUST_TobinQ	− 0. 0375	− 0. 0264
	（− 1. 04）	（− 0. 77）

续表

变量	$CROA_{t+1}$	
	(1)	(2)
CUST_CFO	- 0. 1487	- 0. 1887
	(- 0. 48)	(- 0. 61)
Cycle	- 0. 0391	- 0. 0399
	(- 1. 38)	(- 1. 42)
常数项	- 0. 1989***	- 0. 1924***
	(- 2. 71)	(- 2. 71)
Industry	YES	YES
Year	YES	YES
N	1037	1037
Adj. R²	0. 2108	0. 2115

注：***、**分别表示在 1%、5% 的水平下显著；括号内数字为经 White 异方差调整后的 t 值。

（5）考虑客户盈余管理和会计稳健性

Dou 等（2013）的研究发现，客户盈余管理和会计稳健性也会对供应商绩效产生一定程度的影响。为控制这些重要变量的影响，将其作为重要控制变量纳入模型中重新进行回归分析。其中客户盈余管理（EM）参照 Dechow 等（1995）的计算方法，利用操控性应计利润进行衡量。会计稳健性（AC）参照 Khan 和 Watts（2009）的计算方法，采用条件稳健性指数进行衡量。实证结果如表 4.8 所示，结果显示在考虑了遗漏重要控制变量的问题后，客户财务困境的回归系数分别在 5% 和 1% 的水平下显著为负，即客户财务困境程度越高，供应商绩效越差，与前文无显著差异，结果稳健，再次验证了假设 H4 - 1。

表 4.8　稳健性检验：考虑客户盈余管理和会计稳健性

变量	$CROA_{t+1}$	
	(1)	(2)
CUST_FD1	- 0. 0096**	
	(- 2. 37)	

变量	$CROA_{t+1}$	
	(1)	(2)
CUST_FD2		−0.0251***
		(−2.80)
Size	0.0161***	0.0159***
	(6.22)	(6.11)
LEV	−0.1314***	−0.1312***
	(−9.32)	(−9.36)
TobinQ	0.0031	0.0031
	(1.12)	(1.15)
Return	0.0215***	0.0211***
	(4.14)	(4.12)
Volatility	−0.0242	−0.0219
	(−0.49)	(−0.44)
Top1	0.0443	0.0470
	(0.57)	(0.62)
DUAL	−0.0134**	−0.0131**
	(−2.40)	(−2.35)
Board	−0.0018	−0.0020
	(−1.39)	(−1.59)
INDEP	−0.0011	−0.0078
	(−0.02)	(−0.16)
CUST_Size	−0.0052	−0.0059*
	(−1.48)	(−1.69)
CUST_LEV	0.2756**	0.2477**
	(2.16)	(2.04)
CUST_TobinQ	−0.0411	−0.0327
	(−1.07)	(−0.91)

续表

变量	$CROA_{t+1}$	
	（1）	（2）
CUST_CFO	− 0. 3134	− 0. 4110
	（ − 0. 84）	（ − 1. 09）
Cycle	− 0. 0352	− 0. 0364
	（ − 1. 17）	（ − 1. 22）
EM	− 0. 3358 ***	− 0. 3232 ***
	（ − 3. 88）	（ − 3. 90）
AC	0. 0749 **	0. 0721 **
	（2. 10）	（2. 01）
常数项	− 0. 2586 ***	− 0. 2507 ***
	（ − 3. 44）	（ − 3. 45）
Industry	YES	YES
Year	YES	YES
N	1037	1037
Adj. R²	0. 2573	0. 2603

　　注：＊＊＊、＊＊、＊分别表示在 1%、5%、10% 的水平下显著；括号内数字为经 White 异方差调整后的 t 值。

（6）剔除处于行业困境的样本

行业环境是公司经营过程中的重要外部影响因素，整个行业陷入困境很可能导致公司出现财务困境，行业方面的外部因素在很大程度上也将导致供应商的绩效恶化。为了避免行业特征因素带来的实证结果偏差，本章将进一步剔除处于行业困境的样本重新进行检验以保证结果的稳健性。借鉴 Lemmon 等（2008）的方法，计算年度 - 行业内公司股票收益率的中位数，并将收益率中位数低于 − 30% 的行业定义为困境行业，稳健性检验的样本中不包含这部分行业困境样本。实证结果如表 4.9 所示，结果显示在考虑了行业特征因素带来的外生性影响问题后，客户财务困境的回归系数分别在 5% 和 1% 的水平下显著为负，即客户财务困境程度越高，供应商绩效越差，与前文无显著差异，结果稳健，再次验证了假设 H4 - 1。

表 4.9　稳健性检验：剔除处于行业困境的样本

变量	$CROA_{t+1}$	
	（1）	（2）
CUST_FD1	− 0. 0096 **	
	（ − 2. 37）	
CUST_FD2		− 0. 0251 ***
		（ − 2. 80）
Size	0. 0161 ***	0. 0159 ***
	（6. 22）	（6. 11）
LEV	− 0. 1314 ***	− 0. 1312 ***
	（ − 9. 32）	（ − 9. 36）
TobinQ	0. 0031	0. 0031
	（1. 12）	（1. 15）
Return	0. 0215 ***	0. 0211 ***
	（4. 14）	（4. 12）
Volatility	− 0. 0242	− 0. 0219
	（ − 0. 49）	（ − 0. 44）
Top1	0. 0443	0. 0470
	（0. 57）	（0. 62）
DUAL	− 0. 0134 **	− 0. 0131 **
	（ − 2. 40）	（ − 2. 35）
Board	− 0. 0018	− 0. 0020
	（ − 1. 39）	（ − 1. 59）
INDEP	− 0. 0011	− 0. 0078
	（ − 0. 02）	（ − 0. 16）
CUST_Size	− 0. 0052	− 0. 0059 *
	（ − 1. 48）	（ − 1. 69）
CUST_LEV	0. 2756 **	0. 2477 **
	（2. 16）	（2. 04）
CUST_TobinQ	− 0. 0411	− 0. 0327
	（ − 1. 07）	（ − 0. 91）

续表

变量	$CROA_{t+1}$	
	(1)	(2)
CUST_CFO	-0.3134	-0.4110
	(-0.84)	(-1.09)
Cycle	-0.0352	-0.0364
	(-1.17)	(-1.22)
常数项	-0.3358***	-0.3232***
	(-3.88)	(-3.90)
Industry	YES	YES
Year	YES	YES
N	845	845
Adj. R²	0.2573	0.2603

注: *** 、** 、* 分别表示在 1% 、5% 、10% 的水平下显著；括号内数字为经 White 异方差调整后的 t 值。

4.5 进一步研究

4.5.1 应收账款坏账的中介效应检验

在客户 - 供应商关系中，替代性融资理论认为商业信用是银行贷款重要的替代性融资方式，客户有动机向供应商寻求更多的商业信用 (Fisman and Love, 2003)。经营性动机理论指出供应商向客户提供商业信用存在提高产品周转率、降低经营成本以及提高产品竞争力等动机 (Love et al., 2007)，商业信用额度是客户需求与供应商供给的均衡状态 (胡泽等, 2013)。因此，供应商往往会向客户授予一定额度和期限的商业信用，具体体现在客户端的应付账款和供应商端的应收账款。然而，向客户提供商业信用将占用供应商经营所需资金，造成较高的成本 (余明桂、潘红波, 2010)。

客户陷入财务困境将导致自有资金不足，难以偿还债务，拖欠供应商的应收账款，成为对供应商产生溢出效应的重要因素之一 (徐晓燕、孙燕红, 2008)。财务困境使得企业获取银行贷款的难度上升，融资约束程度上升，为保证公司的持续经营和资金的融通，在不影响商业信用的前提下，客户将尽可能地拖欠供应商的货款（方明月，2014）。客户财务困境使供应商应收账款质量下降，收款难度加大，即使顺利收回货款，也将承担较大的催收成本，为此供应商将计提较大的坏账准备，甚至在极端情况下，客户财务困境程度严重，供应商的应收账款将无法收回，产生坏账。

应收账款收回期限延长、收回的不确定性上升或者应收账款坏账的客观产生，将对供应商的持续经营产生影响。应收账款坏账导致供应商的资金链断裂，甚至导致供应商同样陷入财务困境甚至破产（刘怡林，2019）。客户已经发生财务困境时，供应商无法按时收回的应收账款大概率转变为坏账，供应商收入下降（徐晓燕、孙燕红，2008）。为保持企业的持续经营，供应商会向客户提供商业信用，即使客户陷入财务困境，供应商也将继续向客户提供商业信用帮助客户渡过难关，以保证供应商的未来可持续经营（Shenoy and Williams，2011）。但大量资金积压在应收账款上，不仅使得供应商企业面临资金短缺的财务困境，还将加大其经营风险（杨森，2013）。应收账款坏账导致供应商资金周转困难，并面临可能的财务风险和经营风险，经营成本上升、产品市场缺乏竞争力等将导致收入下降。

客户财务困境导致其还款时间和还款能力出现问题，从而使供应商的应收账款坏账增加。而供应商的应收账款坏账使得其现金流短缺甚至资金链断裂，同时财务风险和经营风险上升，供应商的经营成本上升、收入下滑，最终绩效变差。因此，本章从应收账款坏账的角度探究客户财务困境影响供应商绩效的路径，采用模型（4.6）和模型（4.7）进行中介效应检验。其中，$RBDP$ 为中介变量应收账款坏账，具体通过应收账款坏账准备除以总资产进行计算，该值越大，应收账款坏账越多。

$$RBDP_t = \lambda_0 + \lambda_1 CUST\_FD_t + \sum \lambda_i Controls_t + Industry + Year + \varepsilon \qquad (4.6)$$

$$CROA_{t+1} = \eta_0 + \eta_1 CUST\_FD_t + \eta_2 RBDP_t + \sum \eta_i Controls_t + Industry + Year + \varepsilon$$

$$\qquad (4.7)$$

表4.10中列（1）和列（3）的结果表明，客户财务困境的回归系数 λ_1 显著为正，说明客户财务困境程度越高，供应商应收账款坏账越多。列（2）和列（4）的结果显示，客户财务困境的回归系数 η_1 分别在10%和5%

的水平下显著为负，同时应收账款坏账的回归系数 η_2 均在 1% 的水平下显著为负。这说明应收账款坏账在客户财务困境影响供应商绩效的过程中产生部分中介效应。Sobel 检验结果拒绝原假设，也表明应收账款坏账是客户财务困境影响供应商绩效的一个重要的中介因素。

表 4.10　影响渠道分析：应收账款坏账的中介效应回归

变量	RBDP	$CROA_{t+1}$	RBDP	$CROA_{t+1}$
	(1)	(2)	(3)	(4)
CUST_FD1	0.0048 **	− 0.0057 *		
	(2.53)	(− 1.66)		
CUST_FD2			0.0061 *	− 0.0144 **
			(1.69)	(− 2.06)
RBDP		− 0.4907 ***		− 0.4908 ***
		(− 4.22)		(− 4.24)
Size	− 0.0051 ***	0.0115 ***	− 0.0052 ***	0.0113 ***
	(− 5.60)	(4.96)	(− 5.68)	(4.87)
LEV	0.0413 ***	− 0.1093 ***	0.0409 ***	− 0.1090 ***
	(4.78)	(− 8.77)	(4.75)	(− 8.78)
TobinQ	0.0025 ***	0.0049 **	0.0025 ***	0.0050 **
	(3.13)	(1.98)	(3.12)	(2.01)
Return	− 0.0068 **	0.0226 ***	− 0.0067 **	0.0224 ***
	(− 2.16)	(4.74)	(− 2.13)	(4.72)
Volatility	0.0223	− 0.0644	0.0216	− 0.0621
	(0.69)	(− 1.44)	(0.66)	(− 1.39)
Top1	0.0357 **	0.0672	0.0347 **	0.0690
	(2.15)	(0.91)	(2.10)	(0.95)
DUAL	0.0021	− 0.0110 **	0.0019	− 0.0110 **
	(0.74)	(− 2.18)	(0.68)	(− 2.17)
Board	0.0003	− 0.0015	0.0003	− 0.0016
	(0.57)	(− 1.35)	(0.70)	(− 1.48)

续表

变量	RBDP	$CROA_{t+1}$	RBDP	$CROA_{t+1}$
	（1）	（2）	（3）	（4）
INDEP	0.0177	0.0067	0.0201	0.0026
	（0.66）	（0.15）	（0.74）	（0.06）
CUST_Size	−0.0007	−0.0048	−0.0008	−0.0052
	（−0.54）	（−1.47）	（−0.65）	（−1.61）
CUST_LEV	−0.0611	0.1820	−0.0295	0.1640
	（−1.45）	（1.64）	（−0.69）	（1.52）
CUST_TobinQ	0.0382 **	−0.0246	0.0262 *	−0.0192
	（2.55）	（−0.72）	（1.93）	（−0.60）
CUST_CFO	−0.0737	−0.2613	−0.0586	−0.3009
	（−0.64）	（−0.80）	（−0.50）	（−0.91）
Cycle	−0.0213 ***	−0.0449	−0.0208 ***	−0.0455
	（−3.21）	（−1.54）	（−3.18）	（−1.57）
常数项	0.0754 ***	−0.2128 ***	0.0734 ***	−0.2061 ***
	（3.53）	（−2.75）	（3.34）	（−2.73）
Industry	YES	YES	YES	YES
Year	YES	YES	YES	YES
N	1037	1037	1037	1037
Adj. R²	0.6402	0.2423	0.7652	0.2438
Sobel 检验	−2.109 **		−1.712 *	

注：***、**、*分别表示在1%、5%、10%的水平下显著；括号内数字为经 White 异方差调整后的 t 值。

4.5.2 基于产权性质的差异性检验

在"新兴加转轨"的市场经济环境下，资本市场效率较低，金融发展欠佳，企业的发展离不开在资源分配中发挥关键作用的政府（Grosman et al.，2016）。客户财务困境对不同产权性质的供应商绩效的影响并不完全一致。因此，对于不同产权性质的供应商而言，客户财务困境对其绩效的影响可能存在差别。前文提到，客户财务困境风险将对供应商产生溢出效应，而这一影响的大小不仅取决于客户财务困境的冲击大小，还取决于供应商抵抗冲击的能力。而产权性质就是抵抗冲击能力的重要影响因素之一。

相比于非国有企业，国有性质的供应商能够获得政府各方面的支持，在土地、税收减免以及某些特许经营权等稀有资源的获取上具有天然的优势（Allen et al.，2005；陆正飞等，2015）。国有企业有政府的隐性担保，因而在获得银行贷款方面更具优势，客户财务困境的溢出效应使得供应商受到财务风险。在财务风险应对方面，国有企业面临更小的融资约束，银行更倾向于向国有企业提供贷款，溢出的财务风险能够通过获得银行的贷款资金得到缓解（鲍群、毛亚男，2020）。同时，客户财务困境给供应商现金流带来的影响同样能够通过国有企业的融资替代便利而弥补资金缺口，国有供应商受现金流短缺而影响企业绩效的可能性更小，也就是说国有企业在对抗客户财务困境负面冲击方面的能力更强，能够在一定程度上抵抗客户财务困境对供应商绩效的负面冲击。

非国有企业由于在稀有资源方面获取难度大、成本高，在市场上处于竞争的劣势地位，为争取更多的销售份额，供应商会向客户提供更多的商业信用，为客户提供更长期限和更高份额的应付账款。客户面临财务困境时将拖欠供应商的应收账款甚至产生坏账，这将使得本就在交易中处于劣势地位的非国有供应商雪上加霜。处于劣势地位的非国有供应商更容易受到客户的要挟或影响，使更多的应收账款形成坏账，继而陷入严重的现金流危机，并且将承受由客户财务困境溢出的更高的经营风险和财务风险（Cunat，2007）。另外，在应对溢出的负向冲击时，企业选择其他融资方式也将受到限制，与其存在业务往来的客户陷入财务困境也将被纳入供应商还款能力的考察范畴。这意味着，客户陷入财务困境将进一步增加供应商的融资成本，使供应商融资约束程度上升，抵抗风险的能力欠佳，对绩效产生的负面影响更强。

国有企业由于与政府的天然联系，将获得更多的稀缺资源，在供应链中处于强势地位，同时银行也更愿意将资金贷给国有企业。而非国有企业无论是授予客户的商业信用规模还是商业信用催款的主动性都处于劣势地位，再加上产权性质使其融资约束程度上升，应对溢出的经营风险和财务风险能力受限。因此，本章按照产权性质将全样本划分为国有供应商和非国有供应商两组进行进一步检验，通过分组回归比较分析客户财务困境对供应商绩效的负向影响是否存在差异。表 4.11 的结果显示，无论是 $CUST\_FD1$ 还是 $CUST\_FD2$ 作为解释变量，在国有供应商中，回归系数 β_1 均不显著；而在非国有供应商中，回归系数 β_1 分别在 5% 和 1% 的水平下显著为负。这说明客户财务困境对供应商绩效的负向影响仅存在于非国有供应商中。与国有供应商相比，非国有供应商在市场中处于劣势地位，无论是客户端的商业信用还是银行端的资金供给方面，非国有供应商应对客户财务困境的负面冲击能力更弱，因而企业绩效受到更大的负面冲击。

表 4.11　异质特征检验：基于供应商产权性质的视角

变量	国有供应商	非国有供应商	国有供应商	非国有供应商
	（1）	（2）	（3）	（4）
$CUST\_FD1$	- 0.0001	- 0.0140 **		
	（- 0.02）	（- 2.42）		
$CUST\_FD2$			0.0075	- 0.0351 ***
			（0.79）	（- 3.11）
$Size$	0.0120 ***	0.0165 ***	0.0122 ***	0.0160 ***
	（3.89）	（4.14）	（3.96）	（4.01）
LEV	- 0.1206 ***	- 0.1279 ***	- 0.1203 ***	- 0.1269 ***
	（- 5.39）	（- 6.50）	（- 5.40）	（- 6.46）
$TobinQ$	0.0056	0.0037	0.0055	0.0037
	（1.19）	（1.11）	（1.17）	（1.14）
$Return$	0.0300 ***	0.0228 ***	0.0303 ***	0.0229 ***
	（3.61）	（3.19）	（3.66）	（3.24）
$Volatility$	- 0.1621 *	- 0.0187	- 0.1613 *	- 0.0107
	（- 1.95）	（- 0.30）	（- 1.94）	（- 0.18）
$Top1$	- 0.0721	0.0426	- 0.0759	0.0514
	（- 0.76）	（0.37）	（- 0.80）	（0.46）
$DUAL$	- 0.0083	- 0.0129 *	- 0.0078	- 0.0124 *
	（- 1.05）	（- 1.74）	（- 0.97）	（- 1.68）

变量	国有供应商	非国有供应商	国有供应商	非国有供应商
	（1）	（2）	（3）	（4）
Board	0.0001	− 0.0045	0.0002	− 0.0048 *
	（0.08）	（− 1.64）	（0.14）	（− 1.77）
INDEP	− 0.0636	− 0.0198	− 0.0639	− 0.0286
	（− 0.98）	（− 0.30）	（− 0.99）	（− 0.45）
CUST_Size	0.0038	− 0.0059	0.0045	− 0.0071
	（0.83）	（− 1.05）	（1.01）	（− 1.27）
CUST_LEV	− 0.2891	0.4807 **	− 0.3108 *	0.4372 **
	（− 1.47）	（2.51）	（− 1.67）	（2.37）
CUST_TobinQ	− 0.0121	− 0.0999 **	− 0.0050	− 0.0897 *
	（− 0.18）	（− 2.00）	（− 0.08）	（− 1.95）
CUST_CFO	0.0135	− 0.2006	0.0602	− 0.2389
	（0.03）	（− 0.44）	（0.12）	（− 0.52）
Cycle	0.0318	− 0.0459	0.0333	− 0.0478
	（0.90）	（− 1.12）	（0.93）	（− 1.18）
常数项	− 0.1414 *	− 0.2735 **	− 0.1469 **	− 0.2569 **
	（− 1.90）	（− 2.54）	（− 1.97）	（− 2.49）
Industry	YES	YES	YES	YES
Year	YES	YES	YES	YES
N	460	577	460	577
Adj. R^2	0.2820	0.2525	0.2828	0.2574

注：***、**、*分别表示在 1%、5%、10%的水平下显著；括号内数字为经 White 异方差调整后的 t 值。

4.5.3　基于供应商议价能力的差异性检验

供应商和客户之间不仅存在共生的合作关系，还会因能力差距而存在竞争博弈的关系。客户议价能力高，则供应商将被迫接受客户的某些要求，以维护长期关系。供应商议价能力高则能够灵活把握与客户的关系，客户转换成本低，被客户侵占利润的可能性低。因此，供应商的议价能力也是面临客户财务困境冲击的抵抗能力之一，议价能力不同，客户财务困境对供应商绩效的影响则可能存在差别。

议价能力理论指出，企业的议价能力越高，交易中对交易伙伴的依赖程度越低，从而能够获得越大的自主权，意味着企业处于越有利的地位，迫使对方做出让步，从而在博弈过程中获得越多的利益。资源依赖理论指出，组织的发展离不开对外部资源的需要，这就形成了资源需求方对于资源掌控方的依赖。从供应商与客户关系角度来看，客户对供应商的资源依赖程度越低，供应商越是在博弈中处于劣势地位，从而具有越低的议价能力。供应商的议价能力越低，利益越容易被侵占，进而降低企业绩效（唐跃军，2009）。议价能力低的供应商往往面临强势客户的价格打压或拖欠货款以侵占其利益（Gosman et al., 2004）。客户遭受财务困境而拖欠或拒付货款，议价能力低的供应商由于对客户具有更强的依赖性，其不仅被迫接受这一现金流紧缺危机，还将为客户提供更多的商业信用帮助其渡过难关。客户面临财务困境时，更有能力将其财务风险转嫁到议价能力较低的供应商中，由此供应商的抵抗风险能力较弱，被迫承担较多的风险（包晓岚、赵瑞，2019）。因此，议价能力低的供应商由于在交易关系中处于劣势地位，被迫接受现金流短缺的现实并承担较高的风险。供应商无法避免客户财务困境所引发的一系列问题将进一步影响企业的经营成本和收入，进而对绩效产生负向影响。

议价能力较高的供应商，客户转换成本较低（Hui et al., 2012），同时也很难受到客户的要挟或影响（Cunat, 2007）。客户陷入财务困境时，供应商可以利用其资源依赖优势，要求客户支付货款或缩减客户的商业信用额度，保证供应商的现金流。另外，议价能力较高的供应商在客户面临财务困境甚至破产风险时，能够以较低的成本重新搜寻客户，尽可能地降低客户财务困境所带来的负面影响。因此，议价能力较高的供应商将因其处于优势地位而要求客户优先付款并且具有较低的客户转换成本，降低客户财务困境给企业绩效带来的负面冲击。

综上，本章按照议价能力将全样本划分为高议价能力的供应商和低议价能力的供应商两组进行进一步检验，通过分组回归比较分析客户财务困境对供应商绩效的负向影响是否存在差异。其中供应商议价能力借鉴潘凌云和董竹（2021）的方法，采用前五大客户销售收入与总销售收入之比进行衡量。该值越大，说明供应商对于大客户的依赖程度越高，议价能力越低。然后以供应商议价能力的年度－行业中位数为分组依据，将大于中位数的供应商划分为低议价能力组，将小于中位数的供应商划分为高议价能力组。表 4.12 的结果显示，无论是 $CUST\_FD1$ 还是 $CUST\_FD2$ 作为解释变量，在高议价能力的供应商中，回归系数 β_1 均不显著；而在低议价能力的供应商中，回归系数 β_1 分别在 5% 和 1% 的水平下显著为负。这说明客户财务困境对供应商绩效的负向影响仅存在于低议价能力的供应商中。与高议价能力的供应商相比，低议价能力的供应商在市场中处于劣势地位，面对客户的财务困境，极高的客户转换成本将使其被迫做出让步，并且被迫承担被转嫁的风险，企业绩效因此受到更大的负面冲击。

表 4.12　异质特征检验：基于供应商议价能力的视角

变量	低议价能力	高议价能力	低议价能力	高议价能力
	（1）	（2）	（3）	（4）
$CUST\_FD1$	－0.0125**	0.0045		
	（－2.17）	（0.76）		
$CUST\_FD2$			－0.0288***	0.0064
			（－2.62）	（0.57）
Size	0.0172***	0.0092**	0.0173***	0.0093**
	（5.41）	（2.52）	（5.52）	（2.50）
LEV	－0.1350***	－0.1151***	－0.1354***	－0.1157***
	（－7.15）	（－6.42）	（－7.19）	（－6.48）
TobinQ	0.0094***	－0.0014	0.0093***	－0.0014
	（3.04）	（－0.39）	（3.02）	（－0.40）
Return	0.0210***	0.0314***	0.0204***	0.0315***
	（3.06）	（4.02）	（2.99）	（4.05）
Volatility	－0.1187*	－0.0907	－0.1096*	－0.0896
	（－1.89）	（－1.33）	（－1.75）	（－1.32）
Top1	0.0711	0.0685	0.0787	0.0681
	（0.51）	（0.93）	（0.57）	（0.91）

变量	低议价能力	高议价能力	低议价能力	高议价能力
	（1）	（2）	（3）	（4）
DUAL	- 0.0165 **	- 0.0037	- 0.0161 **	- 0.0038
	（- 2.32）	（- 0.46）	（- 2.28）	（- 0.47）
Board	0.0011	- 0.0039 **	0.0009	- 0.0038 **
	（0.80）	（- 2.12）	（0.68）	（- 2.09）
INDEP	0.0785	- 0.1148 *	0.0687	- 0.1123
	（1.36）	（- 1.66）	（1.20）	（- 1.63）
CUST_Size	- 0.0030	- 0.0037	- 0.0051	- 0.0039
	（- 0.33）	（- 0.88）	（- 0.56）	（- 0.94）
CUST_LEV	0.3134	0.1604	0.2639	0.1820
	（1.11）	（1.10）	（0.95）	（1.30）
CUST_TobinQ	- 0.1147	0.0062	- 0.0674	- 0.0001
	（- 1.45）	（0.14）	（- 1.06）	（- 0.00）
CUST_CFO	0.4211	- 0.2615	0.2580	- 0.2522
	（0.50）	（- 0.66）	（0.30）	（- 0.64）
Cycle	- 0.0440	- 0.0434	- 0.0457	- 0.0427
	（- 0.89）	（- 1.43）	（- 0.93）	（- 1.40）
常数项	- 0.4937 ***	0.0001	- 0.4833 ***	- 0.0035
	（- 7.32）	（0.00）	（- 7.15）	（- 0.04）
Industry	YES	YES	YES	YES
Year	YES	YES	YES	YES
N	519	518	519	518
Adj. R^2	0.3166	0.2259	0.3193	0.2257

注：*** 、** 、* 分别表示在 1% 、5% 、10% 的水平下显著；括号内数字为经 White 异方差调整后的 t 值。

4.5.4　基于供应商生命周期的差异性检验

生命周期理论指出企业发展大致经历成长、成熟和衰退这三个阶段，每个阶段的企业目标、注重的投入和收入以及应对风险的能力均有所差异。

因此，供应商所处的生命周期阶段不同，客户财务困境对供应商绩效的影响则可能存在差别。

在成长期企业市场份额的不断扩大离不开与客户建立的战略合作伙伴关系，此时为不断开拓市场份额，供应商将对客户产生依赖，从而在合作关系中处于劣势地位。企业处于成长期是对供应链要求最高的一个阶段，此时的供应链是最脆弱的，稳定性差，容易断裂。为维护供应链的稳定性，急需扩大市场份额的处于成长期的供应商将为此做出一定程度的让步。同时，在成长期企业的创新投入和创新占比都显著高于其他阶段（李兰，2015）。这意味着企业需要大量的资金投放，资金流出量相对较大（康路平，2020），且形成大量的成本，短期企业绩效并不理想。在成长期企业未形成稳定的盈利，内部现金流的不确定性较高，自身的经营风险也较高（孟庆玺等，2018）。另外，在成长期企业的融资约束程度最大，通过外部融资应对风险的难度也就最大（黄宏斌等，2016）。

客户财务困境将直接导致供应商的现金流出现问题，应收账款被延期支付甚至直接产生坏账，供应商的现金流紧缺。处于成长期的供应商在与客户的关系中处于被动的地位，只能在货款上做出让步，甚至可能被迫向客户提供更多的商业信用帮助其渡过难关，由此供应商可能出现现金流紧缺甚至资金链断裂的风险，进而对企业绩效产生负面影响。在"一荣俱荣，一损俱损"的供应链上，客户的财务困境将产生溢出效应，供应商将同样承担一定的财务风险和经营风险。然而，处于成长期的供应商的融资约束较高，再加上客户的风险溢出效应，供应商向银行等外部渠道融资盘活企业内部现金流的途径受阻，寻求其他方式对冲客户溢出风险的能力较弱。

综上，本章按照生命周期阶段将全样本划分为处于成长期的供应商和处于非成长期的供应商两组进行进一步检验，通过分组回归比较分析客户财务困境对供应商绩效的负向影响是否存在差异。生命周期的划分方式借鉴 Dickinson（2011）的现金流组合法，进一步将其中的导入期和增长期合并定义为成长期，其他阶段定义为非成长期，成长期表现为投资活动现金流为负，筹资活动现金流为正。表 4.13 的结果显示，无论是 $CUST\_FD1$ 还是 $CUST\_FD2$ 作为解释变量，在处于非成长期的供应商中，回归系数 β_1 均不显著；而在处于成长期的供应商中，回归系数 β_1 均在 5% 的水平下显著为负。这说明客户财务困境对供应商绩效的负向影响仅存在于处于成长期的供应商中。与处于非成长期的供应商相比，处于成长期的供应商为了拓展市场份额，在客户关系中处于劣势地位，面对客户的财务困境，为维持供应链关系的稳定性将使其被迫做出让步，现金流面临紧缺的危机。同时，处于成长期的供应商融资约束较强，客户财务困境溢出效应更是增大了处于成长期的供应商融资约束程度，面对现金流紧缺危机却难以通过外部融资渠道加以应对，企业绩效由此受到更大的负面冲击。

表 4.13　异质特征检验：基于供应商生命周期的视角

变量	成长期	非成长期	成长期	非成长期
	（1）	（2）	（3）	（4）
CUST_FD1	-0.0128**	-0.0031		
	（-2.19）	（-0.57）		
CUST_FD2			-0.0258**	-0.0099
			（-2.17）	（-0.90）
LEV	-0.1316***	-0.1125***	-0.1293***	-0.1130***
	（-5.73）	（-7.25）	（-5.63）	（-7.25）
TobinQ	0.0001	0.0070***	0.0003	0.0070***
	（0.02）	（2.79）	（0.07）	（2.78）
Return	0.0346***	0.0142*	0.0340***	0.0142*
	（4.62）	（1.87）	（4.58）	（1.88）
Volatility	-0.0859	-0.0862	-0.0805	-0.0868
	（-1.23）	（-1.14）	（-1.15）	（-1.15）
Top1	-0.0650	0.0590	-0.0669	0.0606
	（-0.96）	（0.61）	（-0.98）	（0.64）
DUAL	-0.0109	-0.0122	-0.0106	-0.0122
	（-1.49）	（-1.45）	（-1.45）	（-1.45）
Board	-0.0015	-0.0017	-0.0017	-0.0018
	（-1.03）	（-0.97）	（-1.20）	（-1.02）

续表

变量	成长期	非成长期	成长期	非成长期
	（1）	（2）	（3）	（4）
INDEP	0.0098	− 0.0305	0.0041	− 0.0345
	(0.17)	(− 0.43)	(0.07)	(− 0.48)
CUST_Size	0.0004	− 0.0058	0.0003	− 0.0063
	(0.09)	(− 1.10)	(0.07)	(− 1.19)
CUST_LEV	0.0609	0.2772 *	− 0.0089	0.2758 *
	(0.32)	(1.72)	(− 0.05)	(1.76)
CUST_TobinQ	− 0.0974 **	− 0.0118	− 0.0820 *	− 0.0099
	(− 2.08)	(− 0.22)	(− 1.67)	(− 0.20)
CUST_CFO	− 0.0196	− 0.4472	− 0.0837	− 0.4788
	(− 0.04)	(− 0.88)	(− 0.16)	(− 0.93)
Cycle	0.0185	− 0.0493	0.0191	− 0.0499
	(0.69)	(− 1.28)	(0.69)	(− 1.30)
常数项	− 0.2447 **	− 0.2505 ***	− 0.2367 **	− 0.2426 ***
	(− 2.44)	(− 3.17)	(− 2.44)	(− 3.04)
Industry	YES	YES	YES	YES
Year	YES	YES	YES	YES
N	469	568	469	568
Adj. R^2	0.1834	0.2673	0.1850	0.2679

注：***、**、* 分别表示在 1%、5%、10% 的水平下显著；括号内数字为经 White 异方差调整后的 t 值。

4.6　小结

本章以 2009～2019 年中国沪深 A 股中剔除金融行业的上市供应商为研究对象，从理论到实证深入研究了客户财务困境对供应商绩效的影响，并对应收账款坏账产生的中介效应进行了检验。进一步地，本章又从供应商的产权性质、议价能力和生命周期三个方面对客户财务困境影响供应商绩效进行了差异性检验。研究结果表明，客户财务困境对供应商绩效存在负向影响。客户财务困境使得供应商主观上减少与客户的交易行为，同时客观上客户对供应商的产品需求也将减少。客户陷入财务困境将拖欠货款甚至产生坏账，严重影响供应商的现金流。客户财务困境还将产生风险溢出效应，供应商被迫承担经营风险和财务风险，这都将对供应商绩效产生负面影响。此外，应收账款坏账在客户财务困境负向影响供应商绩效的过程中产生部分中介效应。同时，二者的负向关系在非国有性质、议价能力低和处于成长期的供应商中表现得更为明显。

第 5 章　客户管理层负面语调
与供应商绩效

　　上市公司公开披露的文本信息为利益相关者提供增量信息，具有一定的前瞻性，是对公司未来业绩较为准确的预测。供应商也将关注这一非财务信息，同时文本语调产生的市场影响也将外溢到供应商。本章以 2009 ~ 2019 年沪深 A 股上市公司为研究样本，实证检验客户管理层负面语调对供应商绩效的影响。同时检验了供应商投资水平的中介效应，并进一步从供应商议价能力、客户融资融券程度和客户媒体负面报道程度三个角度考察客户管理层负面语调对供应商绩效影响的差异性。实证结果表明，客户管理层负面语调传递出企业的悲观预期对供应商绩效具有显著负向影响，即客户管理层负面语调越多，供应商绩效越差；供应商投资水平在其中起部分中介作用；进一步检验发现，在供应商议价能力低、客户融资融券程度高以及客户媒体负面报道程度高的情况下，客户管理层负面语调与供应商绩效之间的负向关系表现得更显著。本章的研究丰富了管理层语调特征以及公司绩效影响因素的相关理论文献，对于如何全面认识管理层负面语调的风险传染效应，以及如何从跨企业关系角度进行绩效改善具有重要的理论意义与现实意义。

5.1　引言

　　文本信息是上市公司披露的、以文本形式呈现的、具有会计相关性的信息，包括管理层讨论与分析（MD&A）、季度盈余报告、业绩说明会、公司新闻等诸多形式（肖浩等，2016；曾庆生等，2018）。由于文本信息是管理者对公司运营做出的评价、分析与预估，因此不仅文本内容具有信息有用性，其文本语调（管理层语调）也传递重要信息（Chen et al.，2019；李世刚、蒋尧明，2020）。管理层讨论与分析（MD&A），作为上市公司披露的财务报告的重要组成部分，反映着管理层对公司过去经营状况的评价和对未来业绩与风险的预估。在文本内容方面，MD&A 具有一定的信息解释作用和前瞻性，能够为利益相关者提供超出财务指标的增量信息，有效预测企业未来业绩、存货变动、破产风险和股价等（Mayew et al.，2015）；在表达方式方面，MD&A 的披露语调同样具有信息增量价值，在解释公司未来收益方面具有较强的解释力。管理层积极语调与消极语调蕴含着管理层对企业的乐观与悲观预期，将引发投资者的不同反应。

在供应商和客户关系日益紧密以及供应链快速发展的经济新常态下，客户信息将通过供应链关系传导，对供应商产生影响。客户月度销售公告能够对供应商的股价波动产生影响（Olsen and Dietrich，1985）。客户盈余公告和破产公告也会对供应商产生重要影响（王雄元、高曦，2017）。现有文献多立足于财务信息对供应商的影响，而鲜有关注非财务信息在其中的重要作用，更少见基于文本语调的角度讨论其在跨企业间的传染效应。

基于以上研究背景，本章利用供应商的前五大上市公司客户的财务数据，考察在跨企业关系情形下，客户管理层负面语调对供应商绩效的影响。研究发现，客户管理层负面语调传递的对企业未来前景和风险的悲观预期，将通过供应链对供应商绩效产生负面影响，即客户管理层负面语调越多，供应商绩效越差。客户管理层负面语调预示着未来业绩下滑，供应商将据此主动或被动地调整投资水平，从而影响供应商绩效。因此，本章进一步考察供应商投资水平在客户管理层负面语调对供应商绩效的影响中的作用机制。与此同时，考虑到供应商议价能力、客户融资融券程度和客户媒体负面报道程度使客户管理层负面语调对于供应商绩效的作用过程有所不同，本章又进一步考察了上述因素对客户管理层负面语调与供应商绩效关系的差异影响。研究发现，客户管理层负面语调可以降低供应商投资水平，进而恶化供应商绩效。此外，本章还发现客户管理层负面语调对供应商绩效的负向影响在议价能力低、客户融资融券程度高和客户媒体负面报道程度高的供应商中表现得更为明显。

5.2　理论分析与研究假设

　　管理层讨论与分析是从经营者的角度，向外界传递企业当前以及未来经营状况的分析和发展预期。作为上市公司自愿披露的非财务信息的重要组成部分，MD&A 是对财务信息的有效补充，具有信息的增量价值，对企业未来收入、绩效、财务状况等具有一定的预测功能（Mayew et al.，2015；陈艺云，2019）。在中国高度依赖语境的文化背景下，管理层语调能够提供关于公司未来业绩的增量信息。此外，在管理层和投资者等的重复博弈以及外部监管限制下，管理层语调具有相当的可信度，与未来业绩的相关性较强，且投资者也会对此做出合理的反应（Davis and Tama-Sweet，2012）。MD&A 中频繁出现负面语调，意味着管理层基于当前状况或未来结果的私有信息对公司未来业绩持有负面预期，如财务困境、不利诉讼或预期订单减少等（谢德仁、林乐，2015）。作为供应链上相互影响的利益共同体，客户披露的 MD&A 中的负面语调也将通过多种渠道对上游供应商企业的绩效产生负面影响。本章认为，客户披露的 MD&A 中的负面语调越多，供应商绩效越差，主要存在以下三个方面的原因。

　　首先，客户披露的 MD&A 中的负面语调较多，代表管理层对企业发展前景持负面预期，产品的生产需求降低，相应地对供应商的订单将减少，供应商绩效下滑。据统计，有 75% 左右的业绩说明会有总经理或董事长参与，在很大程度上保证了信息披露渠道的正规性和内容的真实性（谢德仁、林乐，2014）。基于投资者与管理层的实时互动，投资者将对企业投融资、经营活动、公司治理、行业竞争或宏观政策等直接或间接影响未来业绩的信息进行确认。信息披露需求源自投资者对公司未来业绩的预期，通过螺旋式的动态披露过程，对正面信息或负面信息的细节进行深度挖掘以便进一步确认。管理层基于客观事实和私有信息对公司未来业绩有一个正面预期时，将展现出更多的正面语调。而公司面临会计盈余的不可持续、发生诉讼、订单减少等负面事件时，针对相关提问，管理层需要延迟披露该信息但又必须如实回答问题时，管理层倾向于展现更多的负面语调。通常而言，为了获得供应商等外部利益相关者的持续性信任和支持，企业会利用更多正面语调以树立企业的良好形象。如此，当企业展现出更多的负面语调时，与正面语调所传递出的积极业绩信息相比，负面业绩信息将更加真实，更具有参考价值（Kothari et al.，2009）。负面语调预示着客户未来生产经营方面的困境，产量呈下滑趋势，对供应商的原材料产品需求下降，直接导致供应商业绩下滑。

其次，客户管理层负面语调传递出对于行业发展趋势和特有风险的悲观预期，这也是供应商同时面临的行业前景，投资机会减少，供应商的投资将下滑，从而负面影响供应商的绩效。另外，供应商会根据客户披露的MD&A 中的负面语调，解读出客户未来需求量下降、经营不确定性上升甚至破产等负面信息。为避免客户陷入困境而在现金流方面给供应商带来财务风险，基于预防性动机，供应商将持有更多的现金（底璐璐等，2020）。又由于投资者对坏消息的负向反应程度大于好消息的正向反应程度（Kothari et al.，2009；Hutton et al.，2003），供应商可能会高估风险从而超额持有现金。而超额持有现金又会导致企业过度投资，降低企业投资效率。在未来前景不佳，投资机会减少的情况下，加之企业投资效率低，供应商业绩将出现明显的下滑。

最后，客户披露的 MD&A 中的负面语调传达出的坏消息具有风险传染效应，通过供应链溢出到供应商，供应商面临更高的外部融资成本，进而导致供应商绩效下滑。供应商和客户通过明确的契约关系构建起"一荣俱荣，一损俱损"的利益共同体，而这一企业间的关联性使得一方的坏消息具有传染效应（王雄元、高曦，2017），即与之关联的公司也会出现负面信息。外部投资者在评估企业业绩时，会将相关联的企业的信息也考虑在内（Chang and Wong，2009）。投资者对于客户业绩的悲观预期将产生传染效应并外溢到供应商的股价表现中，供应商的股价波动幅度上升，资本市场表现不佳将影响企业外部融资以及利益相关者等的信任，对资源获取的多方面产生阻碍，进而负面影响供应商绩效。

基于此，本章提出研究假设 H5 - 1。

H5 - 1：客户管理层负面语调对供应商绩效存在负向影响，即客户管理层负面语调越多，供应商绩效越差。

5.3　客户管理层负面语调与供应商绩效关系的研究设计

5.3.1　样本选择与数据来源

本章以 2009～2019 年沪深 A 股上市公司中性质为供应商的企业为研究对象。由于客户当期的 MD&A 语调传达的是管理层对企业未来发展状况的预期，理论上应该对供应商下一期绩效产生影响，因此客户数据样本期间为 2009～2018 年，供应商数据样本期间则为 2010～2019 年。鉴于中国证监会鼓励上市公司对前五大客户进行信息披露，本章选取供应商前五大上市公司客户进行考察。本章对数据样本进行如下筛选处理：剔除 ST 和 *ST 的样本，由于这些企业具有退市风险或需特别处理，将这些财务状况异常的企业纳入整体研究样本可能会扰乱研究结论；剔除金融行业样本，金融类企业的财务指标以及行业监管均具有特殊性，故予以剔除；剔除数据缺失与存在极端值的样本。进一步地，为控制样本数据中极端值对研究结论的干扰，本章对所涉及的连续变量在 1% 和 99% 的分位数上进行 Winsorize 缩尾处理。经过以上处理，本章共获得 1014 个样本观测值。客户披露的 MD&A 文本从公司年报中提取，数据来源于巨潮资讯；上市公司客户信息数据来源于国泰安数据库；相关财务数据来自国泰安数据库和万得数据库。本章采用 Stata 16.0 与 Python 2.7 软件进行数据处理、描述性统计与实证分析。

5.3.2　模型设定

为了对假设 H5-1 进行实证检验，本章构建模型（5.1）检验客户管理层负面语调对供应商绩效的影响。考虑到客户当年的管理层负面语调通过一些直接与间接的影响机制作用于供应商绩效将表现出过程性和时滞性，因此本章选取供应商下一年的绩效进行考察。

$$CROA_{t+1} = \beta_0 + \beta_1 CUST\_MNT_t + \sum \beta_i Controls_t + Industry + Year + \varepsilon \qquad (5.1)$$

式（5.1）中，$CROA$ 为模型的被解释变量供应商绩效。$CUST\_MNT$ 为解释变量客户管理层负面语调，借鉴 Price 等（2012）的研究，本章采用两种方式度量管理层负面语调并分别进行实证检验以确保研究结果的科学性和稳健性。*Controls* 为控制变量，由供应商特征与客户特征两方面组成，控制变量的具体定义将在下文详细描述。客户管理层负面语调（*CUST_MNT*）的回归系数 β_1 为模型的关键系数，若 β_1 为负向显著，则说明客户管理层负面语调越多，供应商绩效越差，则本章的假设 H5 – 1 将得到支持。

5.3.3　变量定义

（1）被解释变量

供应商绩效（*CROA*），测度方法与第 4 章相同，采用"营业利润/总资产"的方式予以衡量。在相关文献中，资产收益率（ROA）被广泛应用于衡量企业财务绩效，能够有效反映企业盈利性（Rowe and Morrow，1999；Masa'deh et al.，2015）。由于企业可能利用盈余管理手段来提高净利润，而净利润中的营业外收入与投资收益部分较易受操控，因此本章采用"营业利润/总资产"的方式来测量供应商绩效，以避免盈余管理的影响。考虑到客户管理层负面语调对供应商绩效的影响存在一定的滞后性，因此，本章在供应商绩效的实际度量中采用了滞后一期的数据。

（2）解释变量

客户管理层负面语调（*CUST_MNT*1/ *CUST_MNT*2），为保证结果的科学性和稳健性，本部分采用两种方式度量客户管理层负面语调。语调的度量属于情感分析的研究范围，本章将借鉴 Pennebaker 等（2003）和边海容等（2013）的做法采用情感词汇库的匹配方法。具体利用 Python 软件在巨潮资讯网上爬取客户发布的年报 PDF 文本，并将其转化成 TXT 文本格式，然后利用 Python 的 jieba 分词开源工具，对文本内的管理层语调进行分析。分词依据综合借鉴了根据特定语境和汉语表达习惯人工筛选的台湾大学编制的《中文情感极性词典》、HowNet 情感词典（赵妍妍等，2010）以及 Loughran 和 McDonald（2011）的单词列表，以上参考中详尽记录了尽可能多的正面语调和负面语调词汇。根据分词结果得到客户年报中的正面语调词汇数量和负面语调词汇数量，用于计算本章的主要解释变量——客户管理层负面语调。为保证结果的科学性和稳健性，分别采用两种方式对客户管理层负面语调进行衡量。第一，借鉴 Price 等（2012）以及谢德仁和林乐（2015）的方法，通过 *CUST_MNT*1 =（负面词汇数 – 正面词汇数）/（正

面词汇数 + 负面词汇数）进行衡量。第二，借鉴曾庆生等（2018）的研究方法，通过 $CUST\_MNT2$ =（负面词汇数 - 正面词汇数）/文本总词汇数进行衡量。

具体到客户管理层负面语调，本部分选取供应商的前五大上市公司客户作为研究对象。因此需要对各个客户的管理层负面语调进行加权求和处理，具体方法如式（5.2）所示。其中以客户销售额占比为权重进行计算，加权计算后的值越大，客户管理层负面语调越多。

$$CUST\_MNT_i = \sum_{j=1}^{5} \lambda_i CUST\_MNT_{i,j} \tag{5.2}$$

（3）控制变量

由于供应商特征因素与客户特征因素均可能影响供应商绩效，为排除上述因素的干扰，确保解释变量的有效性，本章模型对供应商与客户的特征变量进行控制，主要包括公司规模（$Size$）、财务杠杆（LEV）、供应商成长性（$TobinQ$）、股票收益率（$Return$）、股票波动率（$Volatility$）、第一大股东持股比例（$Top1$）、两职合一（$DUAL$）、董事会规模（$Board$）、独立董事比例（$INDEP$）、客户总资产（$CUST\_Size$）、客户资产负债率（$CUST\_LEV$）、客户成长性（$CUST\_TobinQ$）、客户现金流（$CUST\_CFO$）、宏观经济周期（$Cycle$）等。此外，模型还控制了年度和行业的固定效应（$Year$ 和 $Industry$）。模型中所有的变量定义见表 5.1。

表 5.1　变量定义

变量	变量名称	变量符号	变量定义
被解释变量	供应商绩效	$CROA$	营业利润/总资产
解释变量	客户管理层负面语调	$CUST\_MNT1$	按照前五大客户销售额占比加权计算的管理层负面语调1
		$CUST\_MNT2$	按照前五大客户销售额占比加权计算的管理层负面语调2
供应商方面的控制变量	公司规模	$Size$	总资产取自然对数
	财务杠杆	LEV	总负债/总资产
	供应商成长性	$TobinQ$	（权益市场价值 + 负债账面价值）/资产账面价值

变量	变量名称	变量符号	变量定义
供应商方面的 控制变量	股票收益率	*Return*	经市场调整的股票收益率
	股票波动率	*Volatility*	年度股票波动率
	第一大股东持股比例	*Top*1	第一大股东持股数/总股数
	两职合一	*DUAL*	董事长与总经理是否兼任
	董事会规模	*Board*	董事会人数
	独立董事比例	*INDEP*	独立董事人数/董事会总人数
客户方面的 控制变量	客户总资产	*CUST_Size*	按照销售额占比加权计算的客户总资产
	客户资产负债率	*CUST_LEV*	按照销售额占比加权计算的客户资产负债率
	客户成长性	*CUST_TobinQ*	按照销售额占比加权计算的客户成长性
	客户现金流	*CUST_CFO*	按照销售额占比加权计算的客户现金流
	宏观经济周期	*Cycle*	当宏观经济处于扩张期时取值为1，否则为0

5.4 实证结果与分析

5.4.1 描述性统计

表5.2列示了模型主要变量的描述性统计结果。解读表中数据可知，供应商绩效（*CROA*）的均值为0.0321，中位数为0.0328，说明中国非金融类上市公司的平均盈利能力为正，但*CROA*的最小值为-0.2678，最大值为0.1771，说明企业仍存在亏损的情况，且企业间形成相对明显的绩效差距。客户管理层负面语调*CUST_MNT*1（*CUST_MNT*2）的均值为-0.1163（-0.0104），最小值为-0.4381（-0.0369），最大值为-0.0124（-0.0010）。显然，客户管理层负面语调均为负数，再结合指标的计算方式可以得知，客户管理层在管理层讨论与分析中采用的正面词汇普遍多于负面词汇，说明管理层倾向于向外部投资者披露积极消息以展示企业良好的发展态势。在控制变量方面，描述性统计结果符合现有相关研究。

表 5.2　描述性统计

变量	样本量	均值	标准差	最小值	中位数	最大值
CROA	1014	0.0321	0.0646	−0.2678	0.0328	0.1771
CUST_MNT1	1014	−0.1163	0.0863	−0.4381	−0.0904	−0.0124
CUST_MNT2	1014	−0.0104	0.0076	−0.0369	−0.0080	−0.0010
Size	1014	21.9978	1.2550	19.7131	21.8162	25.3323
LEV	1014	0.4423	0.2117	0.0535	0.4459	0.8910
TobinQ	1014	2.4412	1.7590	0.8165	1.8754	10.8656
Return	1014	0.1161	0.5074	−0.5542	−0.0199	2.5462
Volatility	1014	0.1274	0.0562	0.0478	0.1150	0.3589
Top1	1014	0.0228	0.0811	0.0009	0.0034	0.5020
DUAL	1014	0.1854	0.3888	0	0	1
Board	1014	9.0365	1.7988	5	9	17
INDEP	1014	0.3665	0.0499	0.3000	0.3333	0.5556
CUST_Size	1014	1.9397	2.4886	0.0881	1.0654	13.9214
CUST_LEV	1014	0.0456	0.0573	0.0015	0.0243	0.2926
CUST_TobinQ	1014	0.1163	0.1330	0.0059	0.0697	0.7423
CUST_CFO	1014	0.0048	0.0094	−0.0061	0.0020	0.0583
Cycle	1014	0.4221	0.4941	0	0	1

5.4.2　对假设 H5 – 1 的实证检验

表 5.3 列示了客户管理层负面语调与供应商绩效的实证检验结果。由列（1）、列（2）结果可知，无论客户管理层负面语调以何种测量方式（CUST_MNT1 或 CUST_MNT2），其回归系数 β_1（估计值分别为 −0.1092 和 −1.2310）均在 1% 的水平下显著为负。回归结果表明，客户管理层负面语调对供应商绩效具有显著负向影响，即客户管理层负面语调越多，供应商绩效越差，假设 H5 – 1 得到验证。这说明客户与供应商是 "一荣俱荣，一损俱损" 的利益共同体，客户管理层负面语调所预示的企业未来发展状况不佳将影响供应商绩效。首先，客户传达出负面语调意味着管理层认为企业自身经营现状不佳并对发展前景缺乏信心，因此客户倾向于降低对供应

商的产品需求、减少订单数量与额度，直接影响供应商收入，致使供应商绩效下降。其次，客户管理层负面语调具有一定的供应链传染性，能够通过供应商的利益相关者传导至供应商。利益相关者在评价供应商业绩表现时，会将与供应商相关联的客户信息纳入考虑范围，此时，如果捕捉到客户方面传达出负面语调，各方利益相关者会将这一悲观预期不同程度地施加给供应商，会做出诸如抛售股票、减少贷款和资源供给等决策，在资本市场和外源融资方面对企业未来经营产生不同程度的影响。最后，供应商作为客户披露信息的接收者，将根据客户管理层语调动态调整公司的生产经营战略。客户管理层负面语调传达出的悲观预期促使供应商提高现金持有水平以应对客户拖欠账款甚至坏账的风险，然而，占用现金流将降低企业投资效率，最终负向影响供应商绩效。

表 5.3　客户管理层负面语调与供应商绩效实证检验结果

变量	$CROA_{t+1}$	
	(1)	(2)
$CUST\_MNT1$	−0.1092***	
	(−3.01)	
$CUST\_MNT2$		−1.2310***
		(−3.11)
$Size$	0.0129***	0.0130***
	(5.53)	(5.57)
LEV	−0.1284***	−0.1288***
	(−9.82)	(−9.85)
$TobinQ$	0.0035	0.0035
	(1.40)	(1.39)
$Return$	0.0257***	0.0257***
	(5.00)	(4.99)
$Volatility$	−0.0897*	−0.0908*
	(−1.85)	(−1.87)
$Top1$	0.0429	0.0432
	(0.53)	(0.53)

续表

变量	$CROA_{t+1}$	
	（1）	（2）
DUAL	-0.0124^{**}	-0.0126^{**}
	（-2.31）	（-2.33）
Board	-0.0020^{*}	-0.0019^{*}
	（-1.76）	（-1.75）
INDEP	0.0005	0.0022
	（0.01）	（0.05）
CUST_Size	-0.0056^{*}	-0.0053
	（-1.69）	（-1.59）
CUST_LEV	0.1068	0.1064
	（0.94）	（0.95）
CUST_TobinQ	-0.0185	-0.0259
	（-0.60）	（-0.83）
CUST_CFO	-0.1318	-0.1050
	（-0.39）	（-0.31）
Cycle	-0.0293	-0.0302
	（-0.93）	（-0.96）
常数项	-0.2276^{***}	-0.2295^{***}
	（-3.08）	（-3.11）
Industry	YES	YES
Year	YES	YES
N	1014	1014
Adj. R^2	0.2483	0.2485

　　注：***、**、*分别表示在1%、5%、10%的水平下显著；括号内数字为经 White 异方差调整后的 t 值。

5.4.3　稳健性检验

　　基准模型可能存在样本选择非随机问题、变量选取偶然性问题、遗漏相关重要变量问题以及行业特征因素干扰问题等，影响研究结果的科学性和可靠性。对此，本章采用工具变量的两阶段最小二乘法（2SLS）、Heckman 两阶段法、替换被解释变量与解释变量、考虑客户盈余管理和会计稳健性的影响、剔除处于行业困境的样本等方法，对基准模型估计结果进行稳健性检验以保证研究结果的科学性和稳健性。

（1）工具变量的 2SLS 估计

遗漏变量是造成模型内生性问题的关键原因，在这种情况下，解释变量与一个或多个"被遗漏"的重要变量相关，而这些变量被纳入了随机误差，原有解释变量实际上是内生的解释变量。具体而言，模型（5.1）中，供应商绩效下降可能并不是由客户管理层负面语调造成的，而是由遗漏的某些重要变量导致的。这种遗漏变量导致的内生性问题，会导致我们无法准确判断客户管理层负面语调对供应商绩效的影响，因此本章采用两阶段最小二乘法进行检验。参照现有研究，选取年度 - 行业客户管理层负面语调的均值（$INDU\_MNT$）以及年度 - 地区客户管理层负面语调的均值（PRO_MNT）作为客户管理层负面语调（$CUST\_MNT$）的工具变量。工具变量的选取要与内生解释变量相关而不直接影响被解释变量，即工具变量应同时满足相关性和外生性。本章选取的工具变量符合上述要求且通过了弱工具变量检验和 Hansen 检验。表 5.4 列示了两阶段最小二乘法的实证结果，结果显示 Hansen 检验无法拒绝原假设，说明工具变量有效。在控制了遗漏重要变量可能带来的内生性问题后，客户管理层负面语调的回归系数仍在 1% 的水平下显著为负，与初始回归结果相一致，再次验证了假设 H5 - 1。

表 5.4　稳健性检验：工具变量的 2SLS 估计

变量	$CROA_{t+1}$			
	（1）	（2）	（3）	（4）
$INDU\_MNT1$	0.2779 * （1.65）			
PRO_MNT1	0.7192 *** （4.22）			
$INDU\_MNT2$			0.4834 *** （3.46）	

续表

变量	$CROA_{t+1}$			
	(1)	(2)	(3)	(4)
PRO_MNT2			0.4482***	
			(3.14)	
CUST_MNT1		−0.1103***		
		(−2.83)		
CUST_MNT2				−1.3599***
				(−3.06)
Size	−0.0020**	0.0129***	−0.0001	0.0129***
	(−2.18)	(5.51)	(−1.38)	(5.51)
LEV	0.0122***	−0.1284***	0.0008**	−0.1288***
	(3.72)	(−9.83)	(2.08)	(−9.86)
TobinQ	−0.0014***	0.0035	−0.0001***	0.0035
	(−3.09)	(1.40)	(−2.63)	(1.40)
Return	0.0004	0.0257***	−0.0000	0.0257***
	(0.26)	(5.00)	(−0.13)	(5.00)
Volatility	−0.0170	−0.0897*	−0.0022	−0.0914*
	(−1.14)	(−1.86)	(−1.46)	(−1.88)
Top1	−0.0620*	0.0428	−0.0050	0.0426
	(−1.82)	(0.53)	(−1.59)	(0.53)
DUAL	0.0037**	−0.0124**	0.0002	−0.0125**
	(1.99)	(−2.31)	(1.32)	(−2.33)
Board	−0.0004	−0.0020*	−0.0000	−0.0020*
	(−0.49)	(−1.76)	(−0.43)	(−1.78)
INDEP	−0.0235	0.0005	−0.0012	0.0020
	(−1.02)	(0.01)	(−0.52)	(0.05)
CUST_Size	−0.0040*	−0.0057*	−0.0001	−0.0055*
	(−1.67)	(−1.71)	(−0.54)	(−1.66)

变量	$CROA_{t+1}$			
	(1)	(2)	(3)	(4)
CUST_LEV	-0.0292	0.1065	-0.0025	0.1037
	(-0.33)	(0.94)	(-0.27)	(0.92)
CUST_TobinQ	0.0677***	-0.0186	0.0004	-0.0274
	(4.23)	(-0.60)	(0.26)	(-0.87)
CUST_CFO	-0.2126	-0.1312	0.0086	-0.0962
	(-1.12)	(-0.39)	(0.46)	(-0.29)
Cycle	0.0263***	-0.0292	0.0022**	-0.0296
	(2.76)	(-0.93)	(2.55)	(-0.94)
常数项	0.0389**	-0.2275***	0.0021	-0.2286***
	(2.17)	(-3.08)	(0.95)	(-3.10)
Industry	YES	YES	YES	YES
Year	YES	YES	YES	YES
N	1014	1014	1014	1014
Adj. R^2	0.9368	0.2483	0.9137	0.2484
Hansen 检验	0.3685		0.7130	

注：***、**、*分别表示在1%、5%、10%的水平下显著；括号内数字为经 White 异方差调整后的 t 值。

（2）Heckman 两阶段法估计

样本选择导致的内生性问题具体包括两种形式：样本选择偏差与自选择偏差。而本章模型（5.1）可能存在样本自选择问题，这是由于中国证监会并未强制规定供应商披露客户信息，因而本章研究样本可能是非随机取得的，非随机样本可能导致基准模型的回归系数出现偏差。本章利用 Heckman 两阶段法检验结果的稳健性。第一阶段，以是否披露客户信息作为被解释变量，通过 Probit 回归，计算出逆米尔斯比率（IMR），并将其作为控制变量，放入第二阶段进行回归分析。Heckman 第二阶段的回归结果如表 5.5 所示，在控制内生性问题后，客户管理层负面语调的回归系数仍在 1% 的水平下显著为负，证明初始回归结果较为稳健，再次验证了假设 H5-1。

表 5.5　稳健性检验：Heckman 第二阶段的回归结果

变量	$CROA_{t+1}$	
	（1）	（2）
CUST_MNT1	-0.1106***	
	（-3.04）	
CUST_MNT2		-1.2524***
		（-3.15）
Size	0.0124***	0.0124***
	（4.73）	（4.74）
LEV	-0.1270***	-0.1273***
	（-9.60）	（-9.64）
TobinQ	0.0034	0.0034
	（1.37）	（1.36）
Return	0.0261***	0.0261***
	（5.05）	（5.05）
Volatility	-0.0901*	-0.0914*
	（-1.86）	（-1.88）
Top1	0.0409	0.0410
	（0.51）	（0.51）
DUAL	-0.0137**	-0.0140**
	（-2.34）	（-2.39）
Board	-0.0020*	-0.0019*
	（-1.76）	（-1.75）
INDEP	-0.0040	-0.0028
	（-0.09）	（-0.06）
CUST_Size	-0.0057*	-0.0053
	（-1.69）	（-1.60）
CUST_LEV	0.1055	0.1048
	（0.93）	（0.93）
CUST_TobinQ	-0.0187	-0.0263
	（-0.60）	（-0.84）

变量	$CROA_{t+1}$	
	（1）	（2）
$CUST\_CFO$	− 0. 1309 （ − 0. 39）	− 0. 1033 （ − 0. 31）
$Cycle$	− 0. 0324 （ − 1. 01）	− 0. 0337 （ − 1. 05）
IMR	− 0. 0830 （ − 0. 59）	− 0. 0919 （ − 0. 65）
常数项	− 0. 2127 *** （ − 2. 73）	− 0. 2131 *** （ − 2. 74）
$Industry$	YES	YES
$Year$	YES	YES
N	1014	1014
Adj. R^2	0. 2477	0. 2480

注：***、**、* 分别表示在1%、5%、10%的水平下显著；括号内数字为经 White 异方差调整后的 t 值。

（3）替换被解释变量

本部分采取替换被解释变量的方法进行稳健性检验。具体做法为：利用资产收益率即"净利润/总资产"作为供应商绩效的替代指标（ROA_{t+1}），将之代入模型（5.1）重新进行回归。结果如表 5.6 所示，可见在考虑变量选取的随机性问题后，客户管理层负面语调的回归系数仍在 1% 的水平下显著为负，说明初始回归结果具有稳健性，再次验证了假设 H5 − 1。

表 5.6　稳健性检验：替换被解释变量

变量	ROA_{t+1}	
	（1）	（2）
$CUST\_MNT1$	− 0. 1027 *** （ − 3. 16）	
$CUST\_MNT2$		− 1. 1672 *** （ − 3. 28）

续表

变量	ROA_{t+1}	
	（1）	（2）
Size	0.0106***	0.0106***
	（5.02）	（5.06）
LEV	−0.1099***	−0.1103***
	（−8.29）	（−8.33）
TobinQ	0.0021	0.0021
	（0.81）	（0.80）
Return	0.0232***	0.0232***
	（4.80）	（4.80）
Volatility	−0.0780*	−0.0791*
	（−1.69）	（−1.71）
Top1	0.0576	0.0579
	（0.76）	（0.76）
DUAL	−0.0118**	−0.0119**
	（−2.35）	（−2.37）
Board	−0.0019*	−0.0019*
	（−1.82）	（−1.81）
INDEP	−0.0118	−0.0102
	（−0.29）	（−0.25）
CUST_Size	−0.0043	−0.0040
	（−1.33）	（−1.24）
CUST_LEV	0.0478	0.0472
	（0.45）	（0.45）
CUST_TobinQ	−0.0154	−0.0224
	（−0.49）	（−0.71）
CUST_CFO	−0.0713	−0.0454
	（−0.23）	（−0.15）

续表

变量	ROA_{t+1}	
	（1）	（2）
Cycle	-0.0348 (-1.16)	-0.0357 (-1.19)
常数项	-0.1804^{**} (-2.51)	-0.1821^{**} (-2.53)
Industry	YES	YES
Year	YES	YES
N	1014	1014
Adj. R^2	0.2151	0.2155

注：***、**、*分别表示在1%、5%、10%的水平下显著；括号内数字为经 White 异方差调整后的 t 值。

（4）替换解释变量

本部分采取替换解释变量的方法进行稳健性检验。由于管理层负面语调较多的客户可能对供应商绩效的影响较大，借鉴底璐璐等（2020）的方法，选取前五大客户管理层负面语调中比例排名第一的上市公司客户的管理层负面语调作为客户管理层负面语调的替代指标（ $CUST\_TMNT$ ）。表 5.7 显示，在替换解释变量衡量方式之后，客户管理层负面语调的回归系数分别在 10% 和 5% 的水平下显著为负，与前文无显著差异，结果稳健，再次验证了假设 H5 - 1。

表 5.7　稳健性检验：替换解释变量

变量	$CROA_{t+1}$	
	（1）	（2）
$CUST\_TMNT1$	-0.0652^{*} (-1.93)	
$CUST\_TMNT2$		-0.0763^{**} (-2.25)
Size	0.0135^{***} (5.79)	0.0138^{***} (5.95)

续表

变量	$CROA_{t+1}$	
	（1）	（2）
LEV	− 0. 1281 ***	− 0. 1290 ***
	（− 9. 64）	（− 9. 78）
TobinQ	0. 0031	0. 0033
	（1. 22）	（1. 27）
Return	0. 0257 ***	0. 0257 ***
	（4. 93）	（4. 92）
Volatility	− 0. 0885 *	− 0. 0868 *
	（− 1. 80）	（− 1. 76）
Top1	0. 0416	0. 0480
	（0. 51）	（0. 59）
DUAL	− 0. 0127 **	− 0. 0127 **
	（− 2. 37）	（− 2. 36）
Board	− 0. 0015	− 0. 0015
	（− 1. 33）	（− 1. 40）
INDEP	0. 0048	0. 0044
	（0. 11）	（0. 10）
CUST_Size	− 0. 0039	− 0. 0034
	（− 1. 13）	（− 1. 01）
CUST_LEV	0. 1472	0. 1366
	（1. 29）	（1. 20）
CUST_TobinQ	− 0. 0083	− 0. 0121
	（− 0. 26）	（− 0. 39）
CUST_CFO	− 0. 1879	− 0. 1831
	（− 0. 56）	（− 0. 54）
Cycle	− 0. 0273	− 0. 0343
	（− 0. 81）	（− 1. 03）
常数项	− 0. 2502 ***	− 0. 2409 ***
	（− 3. 38）	（− 3. 23）

变量	$CROA_{t+1}$	
	（1）	（2）
Industry	YES	YES
Year	YES	YES
N	1014	1014
Adj. R^2	0.2415	0.2406

注：＊＊＊、＊＊、＊分别表示在1%、5%、10%的水平下显著；括号内数字为经 White 异方差调整后的 t 值。

（5）考虑客户盈余管理和会计稳健性

研究中应该尽可能多地加入控制变量以保证实证结果的准确性，客户盈余管理和会计稳健性也会对供应商产生较大的影响（Dou et al.，2013）。因此，本部分将进一步加入客户盈余管理和会计稳健性指标这两个控制变量，重新考察客户管理层负面语调对供应商绩效的影响。其中客户盈余管理（*EM*）采用操控性应计利润进行衡量（Dechow et al.，1995）。会计稳健性（*AC*）采用条件稳健性指数进行衡量（Khan and Watts，2009）。表 5.8 显示，在考虑了遗漏重要控制变量的问题后，客户管理层负面语调的回归系数仍在 1% 的水平下显著为负，即客户管理层负面语调与供应商绩效显著负相关，与前文无显著差异，结果稳健，再次验证了假设 H5 - 1。

表 5.8　稳健性检验：考虑客户盈余管理和会计稳健性

变量	$CROA_{t+1}$	
	（1）	（2）
*CUST_MNT*1	－ 0. 1250＊＊＊ （－3.38）	
*CUST_MNT*2		－ 1. 4074＊＊＊ （－3.49）
Size	0. 0132＊＊＊ （5.66）	0. 0133＊＊＊ （5.71）

续表

变量	$CROA_{t+1}$	
	（1）	（2）
LEV	- 0. 1288 ***	- 0. 1293 ***
	（ - 9. 87）	（ - 9. 92）
TobinQ	0. 0035	0. 0034
	（1. 40）	（1. 39）
Return	0. 0257 ***	0. 0256 ***
	（5. 00）	（4. 99）
Volatility	- 0. 0866 *	- 0. 0879 *
	（ - 1. 79）	（ - 1. 81）
Top1	0. 0324	0. 0328
	（0. 41）	（0. 41）
DUAL	- 0. 0129 **	- 0. 0131 **
	（ - 2. 39）	（ - 2. 42）
Board	- 0. 0020 *	- 0. 0019 *
	（ - 1. 75）	（ - 1. 73）
INDEP	0. 0017	0. 0036
	（0. 04）	（0. 08）
CUST_Size	- 0. 0067 *	- 0. 0063 *
	（ - 1. 95）	（ - 1. 84）
CUST_LEV	0. 1257	0. 1255
	（1. 10）	（1. 11）
CUST_TobinQ	- 0. 0099	- 0. 0183
	（ - 0. 31）	（ - 0. 57）
CUST_CFO	- 0. 1221	- 0. 0915
	（ - 0. 37）	（ - 0. 28）
Cycle	- 0. 0348	- 0. 0359
	（ - 1. 10）	（ - 1. 13）
EM	- 0. 2388	- 0. 2367
	（ - 1. 22）	（ - 1. 22）

变量	$CROA_{t+1}$	
	（1）	（2）
AC	0.0851 **	0.0859 **
	（2.34）	（2.36）
常数项	−0.2383 ***	−0.2406 ***
	（−3.24）	（−3.26）
Industry	YES	YES
Year	YES	YES
N	1014	1014
Adj. R²	0.2518	0.2521

注：*** 、** 、* 分别表示在 1% 、5% 、10% 的水平下显著；括号内数字为经 White 异方差调整后的 t 值。

（6）剔除处于行业困境的样本

已有研究发现企业绩效不仅受自身微观因素的影响，还受宏观周期和行业特征的影响，宏观方面的因素是企业难以完全避免的，前文主回归分析中已经考虑了周期特征，本部分将进一步控制企业的行业特征。行业困境将不可避免地导致企业绩效下滑，为了避免行业特征因素带来的实证结果偏差，本部分将进一步剔除处于行业困境的样本重新进行检验以保证结果的稳健性。借鉴 Lemmon 等（2008）的方法，将股票收益率中位数低于−30% 的行业定义为困境行业。表 5.9 显示，在考虑了行业特征因素带来的外生性影响问题后，客户管理层负面语调的回归系数仍在 1% 的水平下显著为负，即客户管理层负面语调与供应商绩效显著负相关，与前文无显著差异，结果稳健，再次验证了假设 H5 −1。

表 5.9　稳健性检验：剔除处于行业困境的样本

变量	$CROA_{t+1}$	
	（1）	（2）
CUST_MNT1	−0.1324 ***	
	（−3.07）	

续表

变量	$CROA_{t+1}$	
	(1)	(2)
CUST_MNT2		-1.4653*** (-3.18)
Size	0.0149*** (5.64)	0.0151*** (5.71)
LEV	-0.1309*** (-9.10)	-0.1315*** (-9.14)
TobinQ	0.0029 (1.07)	0.0029 (1.06)
Return	0.0214*** (4.18)	0.0213*** (4.16)
Volatility	-0.0423 (-0.85)	-0.0434 (-0.87)
Top1	0.0363 (0.44)	0.0370 (0.45)
DUAL	-0.0141** (-2.50)	-0.0143** (-2.53)
Board	-0.0022* (-1.71)	-0.0022* (-1.69)
INDEP	0.0008 (0.02)	0.0040 (0.08)
CUST_Size	-0.0071** (-1.98)	-0.0065* (-1.85)
CUST_LEV	0.1606 (1.34)	0.1568 (1.32)
CUST_TobinQ	-0.0118 (-0.37)	-0.0205 (-0.63)
CUST_CFO	-0.1561 (-0.42)	-0.1161 (-0.32)

变量	$CROA_{t+1}$	
	（1）	（2）
Cycle	-0.0288 （-0.91）	-0.0301 （-0.95）
常数项	-0.3179*** （-3.96）	-0.3223*** （-4.02）
Industry	YES	YES
Year	YES	YES
N	822	822
Adj. R²	0.2628	0.2630

注：***、**、*分别表示在1%、5%、10%的水平下显著；括号内数字为经White异方差调整后的t值。

5.5　进一步研究

5.5.1　投资的中介效应检验

供应链上的企业间紧密联系，却又在利益方面相互独立，在各自以利润最大化为目标的情况下，为保持有利地位，双方将均有所隐瞒，存在一定的信息不对称问题（Guan et al.，2015）。客户为获得更多的供应商专有投资，会保留部分私有信息。而供应商也将考虑投资效率问题，通过客户信息动态调整投资决策。通常获得客户信息的渠道主要包括私下交流和公开披露信息两种。相比于私下交流的信息，公开披露信息由于受到更多利益相关者的共同监督，披露信息的真实性和可靠性更强，对于供应商的投资决策而言更具有参考价值。年报的管理层讨论与分析中包含管理层对未来经营的展望，管理层语调特征在一定程度上预示着管理层对未来的预期，是供应商投资决策的关键点。

客户管理层对企业未来发展的预期，有助于供应商理解行业前景和自身产品的市场需求等信息，管理层负面语调意味着客户的发展前景甚至于行业来说，将面临更大的不确定性（白俊等，2021）；预示着供应商产品的市场需求未来将面临较大的不确定性和悲观的预期，不确定性的增加意味着企业的投资机会减少，会引发供应商投资过度或投资不足的低效投资行为（徐倩，2010）。

作为供应商的重要收入来源，大客户的经营状况是供应商绩效的直接影响因素。客户未来经营状况不好意味着其对供应商的产品需求下降，供应商将减少对相关原材料的投资以灵活应对，同时客观上客户方面的现金流预期减少，那么供应商用于再投资的现金减少（底璐璐等，2020），从而供应商绩效下降。在与客户联系十分紧密的供应商中，其对客户的依赖性较强，且投入了大量的专用性资产，客户转换成本较高。客户管理层负面语调传达的悲观预期，意味着客户可能要求供应商提供更多的商业信用甚至延长货款支付期限，占用供应商投资计划范围内所需的现金流，供应商下期投资减少，从而使企业绩效下降。对客户依赖性较强的供应商，具有维护双方的关系以保证未来销售收入稳定性的战略动机。在客户对未来产生悲观预期时，供应商更有动机对客户施以援手，加大二者间专用性资产的投资力度，尽可能地继续降低客户的生产成本。此时，供应商加大专用性资产的投资力度，这种投资在未来悲观预期的前提下短期并不能改善企业的绩效，反而因此挤出了一部分其他投资，从而导致企业绩效下降。

客户管理层负面语调包含对行业前景和公司未来发展的负面预期，供应商的投资水平将因客户行业前景不佳而直接或间接降低，从而使得供应商业绩下滑。因此，本章从供应商投资的角度，探究客户管理层负面语调影响供应商绩效的路径，采用模型（5.3）和模型（5.4）进行中介效应检验。其中，*INV* 为中介变量供应商投资水平，具体计算方式为：*INV* =（购建固定资产、无形资产和其他长期资产支付的现金 + 取得子公司及其他营业单位支付的现金净额 − 处置固定资产、无形资产和其他长期资产收回的现金净额 − 处置子公司及其他营业单位收到的现金净额）/总资产。该值越大，表示供应商投资水平越高。

$$INV_t = \lambda_0 + \lambda_1 CUST\_MNT_t + \sum \lambda_i Controls_t + Industry + Year + \varepsilon \quad (5.3)$$

$$CROA_{t+1} = \eta_0 + \eta_1 CUST\_MNT_t + \eta_2 INV_t + \sum \eta_i Controls_t + Industry + Year + \varepsilon$$

$$(5.4)$$

表 5.10 中的列（1）和列（3）结果显示，客户管理层负面语调的回归系数 λ_1 均显著为负，说明客户管理层负面语调越多，供应商投资水平越低。列（2）和列（4）结果显示，客户管理层负面语调的回归系数 η_1 均在 1% 的水平下显著为负，同时供应商投资水平的回归系数 η_2 均在 1% 的水平下显著为正。这说明供应商投资水平在客户管理层负面语调影响供应商绩效的过程中产生部分中介效应。Sobel 检验结果拒绝原假设，也表明供应商投资水平是客户管理层负面语调影响供应商绩效的一个重要的中介因素。

表 5.10　影响渠道分析：供应商投资水平的中介效应回归

变量	INV	$CROA_{t+1}$	INV	$CROA_{t+1}$
	（1）	（2）	（3）	（4）
CUST_MNT1	- 0.0859 ** (- 2.08)	- 0.0952 *** (- 2.82)		
CUST_MNT2			- 0.7965 * (- 1.74)	- 1.1842 *** (- 2.97)
INV		0.1077 *** (4.35)		0.1071 *** (4.34)
Size	0.0006 (0.19)	0.0129 *** (5.47)	0.0005 (0.15)	0.0129 *** (5.52)
LEV	- 0.0366 ** (- 2.36)	- 0.1245 *** (- 9.80)	- 0.0363 ** (- 2.35)	- 0.1249 *** (- 9.83)
TobinQ	0.0060 * (1.74)	0.0028 (1.19)	0.0060 * (1.75)	0.0028 (1.18)
Return	0.0221 ** (2.54)	0.0234 *** (4.71)	0.0221 ** (2.55)	0.0233 *** (4.71)
Volatility	0.0201 (0.28)	- 0.0919 * (- 1.95)	0.0201 (0.28)	- 0.0930 ** (- 1.97)
Top1	0.0485 (0.69)	0.0377 (0.47)	0.0476 (0.68)	0.0381 (0.47)
DUAL	0.0125 * (1.81)	- 0.0138 ** (- 2.56)	0.0126 * (1.82)	- 0.0139 ** (- 2.58)

续表

变量	INV	$CROA_{t+1}$	INV	$CROA_{t+1}$
	(1)	(2)	(3)	(4)
Board	0.0002	− 0.0020*	0.0002	− 0.0020*
	(0.17)	(− 1.83)	(0.13)	(− 1.81)
INDEP	− 0.0665	0.0077	− 0.0675	0.0094
	(− 1.11)	(0.18)	(− 1.13)	(0.22)
CUST_Size	− 0.0078	− 0.0048	− 0.0082	− 0.0044
	(− 1.44)	(− 1.48)	(− 1.52)	(− 1.37)
CUST_LEV	0.3656**	0.0674	0.3630**	0.0675
	(2.19)	(0.61)	(2.17)	(0.62)
CUST_TobinQ	0.0126	− 0.0199	0.0148	− 0.0275
	(0.26)	(− 0.65)	(0.31)	(− 0.90)
CUST_CFO	0.3010	− 0.1642	0.2963	− 0.1367
	(0.73)	(− 0.50)	(0.72)	(− 0.42)
Cycle	− 0.0328	− 0.0257	− 0.0317	− 0.0268
	(− 1.13)	(− 0.82)	(− 1.10)	(− 0.85)
常数项	0.1983*	− 0.2490***	0.2001*	− 0.2509***
	(1.79)	(− 3.52)	(1.81)	(− 3.54)
Industry	YES	YES	YES	YES
Year	YES	YES	YES	YES
N	1014	1014	1014	1014
Adj. R^2	0.1088	0.2625	0.1083	0.2625
Sobel 检验	2.172**		1.9498*	

注：***、**、*分别表示在 1%、5%、10% 的水平下显著；括号内数字为经 White 异方差调整后的 t 值。

5.5.2　基于供应商议价能力的差异性检验

Porter（1980）首次将企业议价能力与业绩相联系，提出五力模型，企业的议价能力便是其中一种作用力，它通过影响产品的价格、成本和投资，影响产业结构，最终决定了企业业绩。因而，供应商的议价能力不同，客户管理层负面语调展现的悲观预期对其绩效的影响则可能存在差别。

中国市场经济的不断发展使得下游企业的实力愈加强大，下游客户的地位在客户－供应商关系中越来越占据优势，此时拖欠供应商货款、向供应商转嫁成本的现象日益普遍（徐淳厚等，2006）。供应商议价能力低，说明其对客户的依赖程度较高，在客户－供应商关系中处于劣势地位，客户转换成本相对较高。当客户披露的 MD&A 中传达出的负面语调较多时，说明客户未来发展前景不佳，为了达成自身利益最大化的目的，供应商将受到客户的要挟和影响。供应商议价能力低，客户将推迟支付供应商货款以保证资金的顺利周转、要求供应商提供更多的商业信用以获取更多的融资、要求供应商降低产品售价以压缩成本或者要求供应商投入更多的专业化固定投资以便于后续交易和降低成本。在客户议价能力高的条件下，供应商为维持市场竞争力和经营的稳定性，面临客户的利益侵占，供应商不得不妥协和退让，这将增加供应商的经营成本，企业绩效将下滑。同时，在客户管理层负面语调传达出对行业未来发展不确定性的悲观预期时，供应商也将受到波及，议价能力较低的供应商的外部市场竞争压力较大，应对不确定性和风险的能力较差，因此较容易受到影响，面临较大的经营风险和财务风险（Piercy and Lane，2006）。而议价能力较高的供应商的客户转换成本较低，通常意味着这类供应商的产品经营范围较广。客户管理层负面语调传达出的行业前景不佳对议价能力高的供应商的影响不大，因为供应商还可以生产其他产品而进行战略调整，保证绩效稳定增长。议价能力高还意味着供应商通常掌握着稀缺资源，市场竞争力小，客户对供应商的资源依赖程度高，在客户－供应商关系中供应商占据优势地位。面对行业或客户未来发展前景不佳的情况，供应商将收紧向客户提供的商业信用以增加企业现金流，向客户提出抬高交易品售价以增加收入等方式维持未来业绩水平。另外，议价能力高的供应商获得外部融资应对经营风险和财务风险的能力更强，因而客户管理层负面语调预示的未来前景不佳对议价能力高的供应商的影响不大。

综上，本章按照议价能力将全样本划分为高议价能力的供应商和低议价能力的供应商两组进行进一步检验，通过分组回归比较分析客户管理层负面语调对供应商绩效的负向影响是否存在差异。其中供应商议价能力借鉴潘凌云和董竹（2021）的方法，采用前五大客户销售收入与总销售收入之比进行衡量。该值越大，说明供应商对于大客户的依赖程度越高，议价能力越低。然后以供应商议价能力的年度－行业中位数作为分组依据，将大于中位数的供应商划分为低议价能力组，将小于中位数的供应商划分为高议价能力组。表 5.11 的结果显示，无论是 $CUST\_MNT1$ 还是 $CUST\_MNT2$ 作为解释变量，在高议价能力的供应商中，回归系数 β_1 均不显著；而在低议价能力的供应商中，回归系数 β_1 分别在 1% 和 10% 的水平下显著为负。这说明客户管理层负面语调预示的前景不佳信息，对供应商绩效的负向影响仅存在于低议价能力的供应商中。与高议价能力的供应商相比，低议价能力的供应商在市场中处于劣势地位，客户管理层负面语调传达出公司和行业未来发展前景不佳等信息，面对更高的不确定性和悲观预期，极高的客户转换成本迫使供应商做出让步，同时应对不确定性的外部融资能力变差，供应商绩效因而受到更大的负面冲击。

表 5.11　异质特征检验：基于供应商议价能力的视角

变量	低议价能力	高议价能力	低议价能力	高议价能力
	（1）	（2）	（3）	（4）
$CUST\_MNT1$	− 0. 1724 ***	− 0. 0429		
	（− 2. 66）	（− 0. 92）		
$CUST\_MNT2$			− 1. 3362 *	− 0. 6807
			（− 1. 96）	（− 1. 28）
$Size$	0. 0158 ***	0. 0082 **	0. 0163 ***	0. 0082 **
	（4. 85）	（2. 23）	（4. 98）	（2. 24）
LEV	− 0. 1328 ***	− 0. 1178 ***	− 0. 1334 ***	− 0. 1183 ***
	（− 6. 96）	（− 6. 46）	（− 6. 97）	（− 6. 47）
$TobinQ$	0. 0086 ***	− 0. 0016	0. 0087 ***	− 0. 0015
	（2. 79）	（− 0. 45）	（2. 79）	（− 0. 43）
$Return$	0. 0207 ***	0. 0316 ***	0. 0206 ***	0. 0316 ***
	（3. 03）	（4. 10）	（2. 99）	（4. 10）
$Volatility$	− 0. 1232 **	− 0. 0974	− 0. 1230 *	− 0. 0986
	（− 1. 97）	（− 1. 44）	（− 1. 95）	（− 1. 46）

续表

变量	低议价能力	高议价能力	低议价能力	高议价能力
	(1)	(2)	(3)	(4)
Top1	0.0551 (0.35)	0.0647 (0.87)	0.0522 (0.33)	0.0614 (0.83)
DUAL	-0.0168 ** (-2.37)	-0.0036 (-0.43)	-0.0168 ** (-2.36)	-0.0036 (-0.44)
Board	0.0004 (0.27)	-0.0040 ** (-2.17)	0.0006 (0.45)	-0.0040 ** (-2.18)
INDEP	0.0718 (1.26)	-0.1013 (-1.48)	0.0763 (1.33)	-0.0976 (-1.42)
CUST_Size	-0.0049 (-0.54)	-0.0053 (-1.27)	-0.0048 (-0.53)	-0.0054 (-1.29)
CUST_LEV	0.0844 (0.30)	0.1869 (1.32)	0.1372 (0.49)	0.1772 (1.24)
CUST_TobinQ	-0.0495 (-0.82)	-0.0106 (-0.27)	-0.0529 (-0.86)	-0.0157 (-0.41)
CUST_CFO	0.3063 (0.36)	-0.2275 (-0.58)	0.5177 (0.61)	-0.2090 (-0.54)
Cycle	-0.0331 (-0.60)	-0.0401 (-1.31)	-0.0351 (-0.63)	-0.0388 (-1.27)
常数项	-0.4847 *** (-7.17)	0.0141 (0.17)	-0.4796 *** (-7.11)	0.0139 (0.17)
Industry	YES	YES	YES	YES
Year	YES	YES	YES	YES
N	507	507	507	507
Adj. R^2	0.3198	0.2281	0.3149	0.2294

注: ***、**、*分别表示在1%、5%、10%的水平下显著；括号内数字为经 White 异方差调整后的 t 值。

5.5.3　基于客户融资融券程度的差异性检验

股票市场是企业重要的融资平台，一级市场为企业提供融资，二级市场的交易也将对管理层的经营决策等产生影响（Baker and Wurgler，2002）。公开市场交易能够起到外部公司治理的作用（Edmans and Manso，2011）。随着 2010 年融资融券交易制度的引入，这一制度逐渐成为中国证券市场上主流的交易制度之一，起到提升资本市场定价效率（Miller，1977）、减少企业财务造假行为（Fang et al.，2016）等诸多积极作用，但同时也加剧了市场波动的可能性（巴曙松、朱虹，2016）。融资机制为投资者利用杠杆交易提供机会，此时股价变动对投资者的影响也存在杠杆效应，因而若股价下跌，融资交易的投资者可能被迫平仓，增大股价下跌的压力，加大股票的波动风险（褚剑、方军雄，2016）。融券机制为市场提供卖空的机会，因而投资者更有动力挖掘负面信息（Senchack and Starks，1993）。在融资融券机制下，股票定价效率提升，公司负面信息将导致股价下跌得更加严重。融资融券环境使得企业管理层有动机降低财务杠杆和减少投资需求，以防止企业陷入财务困境而被做空的投资者放大。融资融券制度还在做空者的压力下隐性地增加了企业的债务融资成本和股权融资成本（彭章等，2021）。

当客户管理层讨论与分析中负面语调较多时，意味着公司未来发展前景不佳，管理层对此持有悲观预期。而且当客户融资融券程度高时，管理层所传达出的负面信息将被进一步放大，股价下跌压力加大，股价波动性提高。这将同样对利益相关者产生风险溢出效应，供应商的股价便会受到波及。股价的大幅波动影响供应商的融资能力，面对客户的产品需求下降的前景，供应商利用外部融资加以缓解的能力降低，企业绩效将因此下滑。融资融券程度高的客户在出现负面预期时，外部融资成本上升，外源融资能力下降，这会对客户绩效产生负反馈效应。客户未来业绩下降意味着对供应商的产品需求下降，融资替代理论表明，银行贷款等渠道受阻时，客户将通过向供应商寻求更多商业信用的方式获得融资，这将占用供应商的现金流，从而使供应商绩效下滑。另外，从融资融券提升公开信息质量的角度而言，融资融券程度高的客户年报质量更高（陆瑶等，2018）。客户管理层透露的负面信息价值更高，真实性更强，客户悲观情绪在供应链上的传染效应更强。因此，客户融资融券程度高，管理层负面语调对供应商绩效的负面影响更强。

综上，本章按照客户融资融券程度将全样本划分为客户融资融券程度高和客户融资融券程度低两组进行进一步检验，通过分组回归比较分析客户管理层负面语调对供应商绩效的负向影响是否存在差异。其中，客户融资融券程度借鉴底璐璐等（2020）的方法，以同年度前五大客户销售额加权的融资融券额中位数为划分标准。表 5.12 的结果显示，无论是 $CUST\_MNT1$ 还是 $CUST\_MNT2$ 作为解释变量，在客户融资融券程度低的供应商中，回归系数 β_1 均不显著；而在客户融资融券程度高的供应商中，回归系数 β_1 均在 1% 的水平下显著为负。这说明客户管理层负面语调传递出的负面悲观预期对供应商绩效的负向影响仅存在于客户融资融券程度高的供应商中。与客户融资融券程度低的供应商相比，客户融资融券程度高的供应商的管理层负面语调传达出悲观预期时，在卖空参与者和融资的二级市场参与者的作用下，客户的股价波动性上升，负面信息的效果被放大。同时，融资融券使得客户披露的信息更加真实可靠，负面语调传达出的悲观预期在供应链上的传染效应更强。在这一影响下，客户外部融资的能力也将因此受到限制，应对悲观的发展前景的手段和工具受限。这将直接降低客户对供应商的产品需求，并向供应商索取更多的商业信用额度。而供应商也会因被放大的负面市场反应而在融资和投资等方面受到波及，进而降低供应商绩效。

表 5.12　异质特征检验：基于客户融资融券程度的视角

变量	融资融券程度低	融资融券程度高	融资融券程度低	融资融券程度高
	（1）	（2）	（3）	（4）
$CUST\_MNT1$	0.0214 （0.41）	-0.2070*** （-4.21）		
$CUST\_MNT2$			-0.2170 （-0.35）	-2.1325*** （-3.90）
$Size$	0.0114*** （3.73）	0.0149*** （3.66）	0.0112*** （3.65）	0.0146*** （3.58）

续表

变量	融资融券程度低	融资融券程度高	融资融券程度低	融资融券程度高
	（1）	（2）	（3）	（4）
LEV	-0.1229***	-0.1264***	-0.1226***	-0.1263***
	（-5.38）	（-6.33）	（-5.39）	（-6.33）
TobinQ	0.0050	0.0035	0.0052	0.0033
	（1.08）	（1.10）	（1.12）	（1.04）
Return	0.0311***	0.0221***	0.0312***	0.0222***
	（3.70）	（3.18）	（3.72）	（3.16）
Volatility	-0.1616*	-0.0385	-0.1650**	-0.0374
	（-1.95）	（-0.63）	（-1.99）	（-0.61）
*Top*1	-0.0785	0.0470	-0.0787	0.0461
	（-0.81）	（0.39）	（-0.81）	（0.38）
DUAL	-0.0084	-0.0116	-0.0090	-0.0117
	（-1.05）	（-1.57）	（-1.11）	（-1.58）
Board	0.0003	-0.0048*	0.0002	-0.0048*
	（0.28）	（-1.75）	（0.13）	（-1.75）
INDEP	-0.0533	-0.0109	-0.0547	-0.0111
	（-0.84）	（-0.17）	（-0.86）	（-0.17）
CUST_Size	0.0044	-0.0080	0.0033	-0.0073
	（0.94）	（-1.40）	（0.71）	（-1.29）
CUST_LEV	-0.2935	0.2973	-0.2978	0.3061
	（-1.58）	（1.60）	（-1.61）	（1.64）
CUST_TobinQ	-0.0117	-0.0635	-0.0144	-0.0713*
	（-0.19）	（-1.54）	（-0.24）	（-1.70）
CUST_CFO	0.0657	0.0065	0.0843	-0.0288
	（0.12）	（0.02）	（0.16）	（-0.07）
Cycle	0.0336	-0.0406	0.0353	-0.0414
	（0.95）	（-0.94）	（0.99）	（-0.94）
常数项	-0.1311*	-0.2489**	-0.1263*	-0.2428**
	（-1.76）	（-2.36）	（-1.69）	（-2.27）

变量	融资融券程度低	融资融券程度高	融资融券程度低	融资融券程度高
	（1）	（2）	（3）	（4）
Industry	YES	YES	YES	YES
Year	YES	YES	YES	YES
N	507	507	507	507
Adj. R²	0.2840	0.2694	0.2839	0.2652

注：＊＊＊、＊＊、＊分别表示在1%、5%、10%的水平下显著；括号内数字为经 White 异方差调整后的 t 值。

5.5.4　基于客户媒体负面报道程度的差异性检验

在信息经济时代，媒体报道是企业各利益相关者决策和判断的依据，影响着企业的经济后果，从而对利益相关者也将产生反作用力。而媒体对企业的负面报道往往是真实可信的（郑志刚，2007），且负面报道程度越高，企业本身的经营问题和违规问题越严重，这些坏消息的市场影响在媒体报道的作用下将被放大，企业利益相关者将重新审视与企业的关系，这将成为企业正常投资、融资和销售等方面的阻碍，导致企业绩效降低（黄辉，2013）。因此，客户媒体负面报道的程度不同，客户管理层负面语调对供应商绩效的影响则不同。

客户管理层负面语调传达出企业发展前景不佳的悲观预期，而媒体的负面报道将放大这一负面效应，对于消费者而言，将减少对客户的产品需求，客户未来的经营业绩经媒体负面报道的作用变得更差。客户未来业绩的加速下滑将对供应商产生影响，客户业绩下滑意味着对供应商产品的需求降低，进一步导致供应商的业绩下滑。同时，消费市场的萎缩降低了客户的偿债能力，供应商向客户提供的商业信用可能无法按时偿还甚至出现坏账，这将占据供应商正常运营的现金流，从而对供应商绩效产生负面影响。媒体负面报道还将对企业的声誉产生影响，负面影响企业的融资能力和融资成本，在管理层负面语调的悲观预期下，客户未来业绩改善的可能性降低，悲观预期同时外溢到供应商，其绩效将受到波及。

本章按照客户媒体负面报道程度将全样本划分为客户媒体负面报道程

度高和客户媒体负面报道程度低两组进行进一步检验，通过分组回归比较分析客户管理层负面语调对供应商绩效的负向影响是否存在差异。其中，客户媒体负面报道程度借鉴肖志超和张俊民（2016）的方法，以"中国重要报纸全文数据库"为基础，利用爬虫技术判断和筛选相关上市公司的负面新闻，并计算上市公司年度的负面报道数量，将前五大客户的年度负面新闻数量用销售份额加权计算得出客户媒体负面报道程度，最终以供应商的客户年度媒体负面报道数量中位数为划分依据。表 5.13 的结果显示，无论是 $CUST\_MNT1$ 还是 $CUST\_MNT2$ 作为解释变量，在客户媒体负面报道程度低的供应商中，回归系数 β_1 均不显著；而在客户媒体负面报道程度高的供应商中，回归系数 β_1 均在 1% 的水平下显著为负。这说明客户管理层负面语调传递出的负面悲观预期对供应商绩效的负向影响仅存在于客户媒体负面报道程度高的供应商中。与客户媒体负面报道程度低的供应商相比，客户媒体负面报道程度高的供应商的管理层负面语调传达出的悲观预期经媒体的负面报道产生了放大效应，市场反应过度，消费者的产品需求下降，导致客户对供应商的产品需求也下降，还将影响客户的还债能力，供应商的应收货款可能被延迟支付甚至产生坏账，进而降低供应商绩效。另外，客户的负面信息经媒体的放大作用，融资成本上升，通过外部融资缓解企业绩效下降的能力下降，由此形成恶性循环，从而外溢到供应商，供应商绩效也将受到波及。

表 5.13 异质特征检验：基于客户媒体负面报道程度的视角

变量	负面报道程度低	负面报道程度高	负面报道程度低	负面报道程度高
	（1）	（2）	（3）	（4）
$CUST\_MNT1$	− 0.0605 （− 0.72）	− 0.1367 *** （− 2.84）		
$CUST\_MNT2$			− 0.6254 （− 0.69）	− 1.4854 *** （− 2.84）
Size	0.0149 *** （4.42）	0.0096 *** （2.76）	0.0149 *** （4.41）	0.0098 *** （2.83）
LEV	− 0.1335 *** （− 6.74）	− 0.1213 *** （− 6.51）	− 0.1335 *** （− 6.74）	− 0.1224 *** （− 6.57）

变量	负面报道程度低	负面报道程度高	负面报道程度低	负面报道程度高
	（1）	（2）	（3）	（4）
TobinQ	0.0032	0.0038	0.0032	0.0036
	（0.93）	（1.06）	（0.93）	（1.02）
Return	0.0319 ***	0.0220 ***	0.0320 ***	0.0218 ***
	（4.14）	（3.04）	（4.15）	（3.01）
Volatility	− 0.1245 *	− 0.0712	− 0.1257 *	− 0.0722
	（ − 1.86）	（ − 0.97）	（ − 1.88）	（ − 0.98）
*Top*1	0.0952	− 0.0518	0.0952	− 0.0467
	（0.93）	（ − 0.41）	（0.93）	（ − 0.37）
DUAL	− 0.0066	− 0.0164 *	− 0.0066	− 0.0166 *
	（ − 0.90）	（ − 1.95）	（ − 0.90）	（ − 1.95）
Board	− 0.0034	0.0003	− 0.0033	0.0003
	（ − 1.63）	（0.19）	（ − 1.62）	（0.22）
INDEP	− 0.0852	0.0295	− 0.0854	0.0335
	（ − 1.24）	（0.46）	（ − 1.24）	（0.52）
CUST_ Size	− 0.0030	− 0.0076 **	− 0.0032	− 0.0069 *
	（ − 0.40）	（ − 2.08）	（ − 0.41）	（ − 1.89）
CUST_ LEV	− 0.0187	0.1357	− 0.0104	0.1299
	（ − 0.06）	（1.05）	（ − 0.04）	（1.00）
CUST_ TobinQ	− 0.0427	0.0072	− 0.0442	− 0.0026
	（ − 0.58）	（0.20）	（ − 0.59）	（ − 0.07）
CUST_ CFO	0.7100	− 0.1872	0.7309	− 0.1616
	（0.64）	（ − 0.51）	（0.66）	（ − 0.44）
Cycle	− 0.0474	0.0145	− 0.0477	0.0105
	（ − 1.23）	（0.30）	（ − 1.23）	（0.22）
常数项	− 0.3554 ***	− 0.1349 *	− 0.3548 ***	− 0.1400 *
	（ − 4.74）	（ − 1.69）	（ − 4.73）	（ − 1.75）
Industry	YES	YES	YES	YES
Year	YES	YES	YES	YES

续表

变量	负面报道程度低	负面报道程度高	负面报道程度低	负面报道程度高
	（1）	（2）	（3）	（4）
N	507	507	507	507
Adj. R^2	0.2388	0.2682	0.2387	0.2677

注：＊＊＊、＊＊、＊分别表示在1%、5%、10%的水平下显著；括号内数字为经 White 异方差调整后的 t 值。

5.6　小结

本章以 2009～2019 年中国沪深 A 股中剔除金融行业的上市供应商为研究对象，从理论到实证深入研究了客户管理层负面语调对供应商绩效的影响，并对供应商投资水平产生的中介效应进行了检验。进一步地，本章又从供应商的议价能力、客户融资融券程度和客户媒体负面报道程度三个方面对客户管理层负面语调影响供应商绩效进行了差异性检验。研究结果表明，客户管理层负面语调对供应商绩效存在负向影响。客户管理层负面语调预示着客户对企业和行业的未来发展形成悲观预期，客户未来业绩下滑将减少对供应商的产品需求，同时偿债能力也将下降，对供应商的应付货款将出现延迟支付甚至坏账的可能，占用供应商的现金流，给供应商绩效带来负面影响。管理层的负面语调也将引发股票市场的大幅波动，通过供应链对供应商产生传染效应，进而增大供应商的融资成本等经营成本，从而降低供应商绩效。此外，供应商投资水平在客户管理层负面语调负向影响供应商绩效的过程中产生部分中介效应。同时，二者的负向关系在议价能力低、客户融资融券程度高和客户媒体负面报道程度高的供应商中表现得更为明显。

第6章 客户股价波动性与供应商绩效

股价剧烈波动主要源自企业对于负面信息的隐藏和达到阈值后的集中释放，将对市场的资源配置效率产生影响。供应商作为利益共同体，也将承受客户股价波动性上升的后果，从而对供应商绩效产生影响。在理论分析的基础上，本章以2009~2019年中国沪深A股上市公司为研究样本，实证检验客户股价波动性对供应商绩效的影响与内在作用机制。研究结果表明，客户股价波动性与供应商绩效之间显著负相关，并且供应商投资者情绪在其中产生完全中介效应。异质性检验发现，客户股价波动性对供应商绩效的负向影响在议价能力低、发生内部人减持行为以及信息环境差的供应商中表现得更为显著。本章的研究拓展与深化了股价波动性以及公司绩效影响因素等领域的研究，有助于深入理解股价波动性传染效应的微观机理，并且对于从跨企业关系角度进行绩效改善具有理论参考价值。

6.1 引言

股价剧烈波动往往形成于企业的负面信息超过其承载能力上限后在短期内集中释放，在股价上体现为大幅下跌。Jin和Myers（2006）提出信息隐藏假说，从代理理论这一层面阐述了股价波动风险的形成机理。代理问题主要体现在管理者因其在职消费、个人薪酬、未来职业规划与避税等动机而隐藏负面信息（Chen et al.，2001；Xu et al.，2014；Kim et al.，2011）。企业信息不对称环境、外部分析师乐观偏差以及机构投资者泡沫骑乘行为所释放的干扰信息，恶化了企业的信息环境，负面信息更难被外部利益相关者所接受，从而放大了股价波动性（许年行等，2012；李晓龙等，2016）。而会计稳健性、分析师关注度、债务人约束、客户信息披露程度以及客户集中度等企业内外部治理能够约束管理者行为，从而有效缓解股价波动性（Kim and Zhang，2016；李小荣等，2014；谢盛纹、陶然，2017）。作为重要的利益相关者之一，客户与供应商的关系通常作为外部治理因素成为学者关于股价波动性的研究对象，认为客户发挥供应链整合等外部治理的积极效应（Itzkowitz，2013），从而影响供应商的股价波动性（彭旋、王雄元，2016）。而也有研究发现，客户在供应商股价波动性方面也会发挥负面作用（王雄元、高开娟，2017）。

客户与供应商是"一荣俱荣，一损俱损"的利益共同体，不良事件在这一关系范围内难以独善其身，一方的风险可能波及供应链上的另一方，不可避免地具有传染性（Garleanu and Pedersen，2013）。具体而言，客户的股价波动性可能不同程度地传染给供应商，从而在资本市场表现和实际绩效等方面均受到不同程度的负面冲击。现有文献多将股价波动性作为经济后果进行研究，而鲜有文献将客户股价波动性作为影响因素考虑跨企业的影响机制。

基于以上背景，本章利用供应商的前五大上市公司客户的财务数据，考察了跨企业关系情形下，客户股价波动性对供应商绩效的影响。研究发现，客户股价波动性将通过供应链对供应商绩效产生负面影响，即客户股价波动性越高，供应商绩效越差。客户股价波动性存在传染效应，将通过供应链传染给供应商，溢出的投资者情绪所带来的股票错误定价，影响供应商的资源配置效率，从而影响供应商绩效。因此，本章进一步考察供应商投资者情绪在客户股价波动性对供应商绩效的影响中的作用机制。与此同时，考虑到供应商议价能力、内部人减持行为和信息环境使得客户股价波动性在对供应商绩效的影响过程中有所不同，本章又进一步考察了上述因素在客户股价波动性对供应商绩效影响中的差异。研究发现，客户股价波动性上升能够抑制供应商的投资者情绪，导致股票的错误定价进而降低供应商的资源配置效率，最终恶化供应商绩效。此外，本章还发现客户股价波动性对供应商绩效的负向影响在议价能力低、发生内部人减持行为和信息环境差的供应商中表现得更为明显。

6.2　理论分析与研究假设

股价剧烈波动是股票被投资者大量抛售，从而导致价格持续大幅下跌的现象。股价急剧下跌不仅损害中小投资者的利益，在宏观层面还将引起股市动荡，影响资金的流向和资源的有效配置。股价波动性主要来源于公司的经营风险和管理层对负面信息的隐藏（Jin and Myers，2006）。公司绩效恶化所引发的经营风险，将加大股价的波动幅度和股价左偏风险（Konchitchki et al.，2016）。管理层与外部投资者之间的信息不对称为管理层隐藏负面信息提供了先天条件，管理层通过盈余管理等手段掩盖其不佳的经营绩效，有关经营绩效的负面信息逐渐累积，累积的负面信息超过一定水平后将被集中释放，加剧了股价剧烈波动风险（Hutton et al.，2009）。作为"一荣俱荣，一损俱损"的利益共同体，供应商的股价也会受客户股价波动性的影响。研究发现，供应商股价与客户股价的市场反应存在同向变动规律（王雄元、高曦，2017），客户面临较高的股价波动性时供应商的股价波动性也将上升，客户股价波动性对供应商具有传染效应（彭旋、王雄元，2018）。本章认为，客户股价波动性越高，供应商绩效越差，主要存在以下三个方面的原因。

首先，客户股价波动性上升，投资者情绪异常，风险暴露到一定程度时，投资者情绪低落，负面影响供应商绩效。管理层隐藏有关未来业绩的负面信息，对外披露更多的好消息，投资者情绪高涨，推高股价进而形成股价泡沫。坏消息并未及时融入股价中，当好消息被充分反映到股价中却没有业绩支撑时，投资者情绪将出现反转，表现为情绪低落（李梦雨、李志辉，2019）。投资者情绪下降，会降低公司股票的流动性，股价中所包含的信息不够充分。股价信息含量越高，包含越多外部投资者的私人信息，会扩大公司管理层决策的信息集，起到提高决策效率的作用，对企业的投资效率也具有正向影响。股价信息含量的下降，阻碍了管理层通过股价优化投资决策的渠道。供应商与客户同处于供应链的上下游，二者具有紧密的经济往来，在获利的同时也共同承担风险。客户股价波动性也将通过供应链关系传染给供应商，股价波动性会降低企业的投资效率，对绩效产生负面影响。

其次，客户股价波动性溢出，供应商为了规避风险，可能出现投资不足的情况，从而导致供应商绩效下滑。客户股价波动性上升将产生经营风险、财务风险甚至破产风险等连锁反应，对于供应商而言，其所面临的不仅是溢出的股价波动性，还将面临客户经营困境所带来的现金流问题。也就是说，供应商无法隔绝风险，还将承担多重风险，面临较大的不确定性。出于对职业生涯和在职消费等自身利益的考量，管理层将表现出较低的风险承担意愿，放弃一些净现值为正的投资，表现出投资不足（张瑞君等，2013），这将显著降低供应商绩效。

最后，就股价波动性的本质而言，客户股价波动性较高是因为管理层隐瞒了过多关于企业绩效的负面信息或者较差的公司治理能力，这也直接影响供应商绩效。在供应链中，供应商与客户存在紧密的业务往来，客户的经营状况会对供应商产生重大影响。客户未来业绩下滑意味着其对于供应商的需求减少，这将直接降低供应商绩效。客户股价波动性高源于企业与外部的信息不对称程度高，同时供应商也将承担部分代理成本，从而负面影响供应商绩效（Cen et al.，2015）。

基于此，本章提出研究假设 H6 - 1。

H6 - 1：客户股价波动性对供应商绩效存在负向影响，即客户股价波动性越高，供应商绩效越差。

6.3　客户股价波动性与供应商绩效关系的研究设计

6.3.1　样本选择与数据来源

本章以 2009 ~ 2019 年中国沪深 A 股中性质为供应商的上市公司为研究样本。考虑到客户当期的股价波动性对供应商绩效的影响存在时滞性，因此本章考察客户股价波动性对供应商下期绩效的影响，客户相关数据样本期间为 2009 ~ 2018 年，供应商相关数据样本期间为 2010 ~ 2019 年。基于数据的可得性，本章选取前五大上市公司客户进行考察。为了保证研究结果的有效性，本章依次剔除：①ST 和 *ST 的样本；②金融行业样本；③相关数据缺失的样本。为消除极端值的影响，本章进一步对所涉及的连续变量在 1% 和 99% 的分位数上进行 Winsorize 缩尾处理。经处理，本章共获得1009 个样本观测值。上市公司客户信息数据来源于国泰安数据库；相关财务数据来自国泰安数据库和万得数据库。本章采用 Stata 16.0 软件进行数据处理、描述性统计和实证分析。

6.3.2 模型设定

为了对假设 H6-1 进行实证检验，本章构建模型（6.1）检验客户股价波动性对供应商绩效的影响。考虑到客户当年的股价波动性通过一些直接和间接的影响机制作用到供应商的绩效具有过程性和时滞性，因此本章选取供应商下一年的绩效进行考察。

$$CROA_{t+1} = \beta_0 + \beta_1 CUST\_CRI_t + \sum \beta_i Controls_t + Industry + Year + \varepsilon \qquad (6.1)$$

其中，$CROA$ 为模型的被解释变量供应商绩效。$CUST\_CRI$ 为模型的主要解释变量客户股价波动性，出于稳健性考虑，本章同时选取两种解释变量的度量方法分别进行实证检验。$Controls$ 为控制变量，参照供应链研究的相关文献，选取供应商特征变量与客户特征变量作为控制变量（王雄元、高曦，2017；彭旋、王雄元，2018）。控制变量具体的选取与计算方式将在"变量定义"部分进行详细阐述。本章重点关注客户股价波动性（$CUST\_CRI$）的回归系数 β_1，若 β_1 为负向显著，则表明客户股价波动性越高，供应商绩效越差，则本章的假设 H6-1 将得到验证。

6.3.3 变量定义

（1）被解释变量

供应商绩效（$CROA$）的测量方法与第 4 章相同，借鉴高明华等（2012）的研究，利用"营业利润/总资产"进行衡量。资产收益率（ROA）是衡量财务绩效的传统指标，能够有效反映企业利用其资产产生收益的效率，即反映企业相对于其总资产的盈利能力（Strouhal et al.，2018）。然而，考虑到盈余管理行为可能破坏企业净利润的真实性，本章借鉴高明华等（2012）的研究，以营业利润指标替代税后净利润，采用"营业利润/总资产"的方式衡量供应商绩效。由于客户股价波动性对供应商绩效的影响存在滞后性，所以采用滞后一期的数据度量供应商绩效。

（2）解释变量

客户股价波动性（$CUST\_CRI1$/ $CUST\_CRI2$），为保证结果的科学性和稳健性，本部分采用两种方式度量客户股价波动性。借鉴许年行等（2013）、褚剑和方军雄（2016）的方法，分别使用经市场调整后的周收益率的负偏度（$CUST\_CRI1$）和股价上升与下降不同阶段的波动性差异（$CUST\_CRI2$）作为股价波动性的两种衡量方式。两种变量计算方式均需要计算股票经市场调整后的周收益率，具体通过式（6.2）计算：

$$r_{i,j} = \alpha + \beta_{1,i} \times r_{m,j-2} + \beta_{2,i} \times r_{m,j-1} + \beta_{3,i} \times r_{m,j} + \beta_{4,i} \times r_{m,j+1} + \beta_{5,i} \times r_{m,j+2} + \varepsilon_{i,j}$$

$$(6.2)$$

其中，$r_{i,j}$ 为股票 i 在一年中第 j 周的收益率，$r_{m,j}$ 为全市场经流通市值加权的第 j 周平均股票收益率。为控制股票非同步性交易的影响，式（6.2）中又加入市场平均收益率的滞后和超前二阶项。回归结果的残差项即为市场调整后的周收益率，本部分取对数处理，$W_{i,j} = \ln(1 + \varepsilon_{i,j})$。然后进一步计算市场调整后周收益率的负偏度（$CUST\_CRI1$），具体计算方法如式（6.3）所示：

$$CUST\_CRI1 = -[n(n-1)^{3/2} \sum W_{i,j}^3]/[(n-1)(n-2)(\sum W_{i,j}^2)^{3/2}] \quad (6.3)$$

其中，n 为股票 i 每年交易的周数。$CUST\_CRI1$ 的数值越大，周收益率的负偏度越大，企业股价波动性越高。

股价上升与下降不同阶段的波动性差异（$CUST\_CRI2$）的计算过程先需要将股票收益率划分为上升阶段和下降阶段，判断依据为股票 i 经市场调整后的周收益率（$W_{i,j}$）与年平均收益率比较，周收益率大于年平均收益率则为上升阶段，反之为下降阶段。随后分别计算两个阶段股票收益率的标准差，并进行如式（6.4）所示的计算：

$$CUST\_CRI2 = \ln\{[(n_u - 1) \sum_{down} W_{i,j}^2]/[(n_d - 1) \sum_{up} W_{i,j}^2]\} \quad (6.4)$$

其中，n_u 为股价上升阶段周数，n_d 为股价下降阶段周数，$CUST\_CRI2$ 的数值越大，周收益率的左偏程度越大，企业股价波动性越高。

具体到客户股价波动性，本部分选取供应商的前五大上市公司客户作为研究对象。因此需要对各个客户的股价波动性进行加权求和处理，具体方法如式（6.5）所示。其中以客户销售额占比作为权重进行计算，加权计算后的值越大，客户股价波动性越高。

$$CUST\_CRI_i = \sum_{j=1}^{5} \lambda_i CUST\_CRI_{i,j} \quad (6.5)$$

（3）控制变量

另外，模型控制了供应商和客户的部分特征变量，具体包括公司规模（*Size*）、财务杠杆（*LEV*）、供应商成长性（*TobinQ*）、股票收益率（*Return*）、股票波动率（*Volatility*）、第一大股东持股比例（*Top*1）、两职合一（*DUAL*）、董事会规模（*Board*）、独立董事比例（*INDEP*）、客户总资产（*CUST_Size*）、客户资产负债率（*CUST_LEV*）、客户成长性（*CUST_TobinQ*）、客户现金流（*CUST_CFO*）、宏观经济周期（*Cycle*）。

具体变量定义见表6.1。另外，本部分还控制了年度和行业的固定效应（*Year* 和 *Industry*）。

表6.1 变量定义

变量	变量名称	变量符号	变量定义
被解释变量	供应商绩效	*CROA*	营业利润/总资产
解释变量	客户股价波动性	*CUST_CRI*1	按照前五大客户销售额占比加权计算的股价波动性1
		*CUST_CRI*2	按照前五大客户销售额占比加权计算的股价波动性2
供应商方面的控制变量	公司规模	*Size*	总资产取自然对数
	财务杠杆	*LEV*	总负债/总资产
	供应商成长性	*TobinQ*	（权益市场价值＋负债账面价值）/资产账面价值
	股票收益率	*Return*	经市场调整的股票收益率
	股票波动率	*Volatility*	年度股票波动率
	第一大股东持股比例	*Top*1	第一大股东持股数/总股数
	两职合一	*DUAL*	董事长与总经理是否兼任
	董事会规模	*Board*	董事会人数
	独立董事比例	*INDEP*	独立董事人数/董事会总人数
客户方面的控制变量	客户总资产	*CUST_Size*	按照销售额占比加权计算的客户总资产
	客户资产负债率	*CUST_LEV*	按照销售额占比加权计算的客户资产负债率
	客户成长性	*CUST_TobinQ*	按照销售额占比加权计算的客户成长性
	客户现金流	*CUST_CFO*	按照销售额占比加权计算的客户现金流
	宏观经济周期	*Cycle*	当宏观经济处于扩张期时取值为1，否则为0

6.4 实证结果与分析

6.4.1 描述性统计

表 6.2 列示了全样本中变量的描述性统计结果。从被解释变量指标来看，供应商绩效（CROA）的均值为 0.0321，中位数为 0.0328，最小值为 −0.2678，最大值为 0.1739，说明中国 A 股非金融类上市公司整体盈利能力较强，但部分企业仍然处于亏损状态，而且企业间绩效差距相对明显。从解释变量指标来看，客户股价波动性 CUST_CRI1（CUST_CRI2）的均值为 −0.0800（−0.0601），标准差为 0.1686（0.1197），中位数为 −0.0495（−0.0457），均值与中位数均为负数，说明整体来说样本公司面临一定的股价波动性；而均值的绝对值显著小于标准差，说明不同企业的股价波动性具有一定的差异性。控制变量的描述性统计结果与现有研究相一致。

表 6.2 描述性统计

变量	样本量	均值	标准差	最小值	中位数	最大值
CROA	1009	0.0321	0.0644	− 0.2678	0.0328	0.1739
CUST_CRI1	1009	− 0.0800	0.1686	− 0.7045	− 0.0495	0.3686
CUST_CRI2	1009	− 0.0601	0.1197	− 0.5002	− 0.0457	0.2316
Size	1009	21.9963	1.2510	19.7131	21.8174	25.3323
LEV	1009	0.4396	0.2109	0.0535	0.4427	0.8910
TobinQ	1009	2.4161	1.7116	0.8165	1.8533	10.5526
Return	1009	0.1116	0.5098	− 0.5542	− 0.0260	2.5462
Volatility	1009	0.1272	0.0565	0.0475	0.1147	0.3589
Top1	1009	0.0231	0.0816	0.0009	0.0034	0.5025
DUAL	1009	0.1853	0.3888	0	0	1
Board	1009	9.0208	1.7947	5	9	17
INDEP	1009	0.3663	0.0498	0.3000	0.3333	0.5556
CUST_Size	1009	1.9376	2.4716	0.0881	1.0659	13.9214
CUST_LEV	1009	0.0458	0.0572	0.0015	0.0244	0.2926

变量	样本量	均值	标准差	最小值	中位数	最大值
$CUST\_TobinQ$	1009	0.1152	0.1310	0.0059	0.0688	0.7222
$CUST\_CFO$	1009	0.0049	0.0094	- 0.0061	0.0020	0.0583
$Cycle$	1009	0.4182	0.4935	0	0	1

6.4.2 对假设 H6 - 1 的实证检验

对客户股价波动性与供应商绩效关系的实证检验结果如表 6.3 所示。回归结果显示，以 $CUST\_CRI1$、$CUST\_CRI2$ 为解释变量，客户股价波动性的回归系数 β_1 分别为 - 0.0226 和 - 0.0288，且分别在 5% 和 10% 的水平下显著。上述结果说明，客户股价波动性越高，供应商绩效越差，假设 H6 - 1 得到验证。供应商与客户是紧密相连的利益共同体，客户的股价波动性将表现出传染效应，负向影响供应商绩效。首先，供应商股价与客户股价的市场反应存在同向变动规律，当客户股价波动性升高时，供应商受此影响其股价波动性也将上升。这直接导致供应商股票流动性减弱，而股票流动性减弱意味着融资成本上升，配置给供应商的外部资金减少，企业资源配置效率大幅降低。资金受限意味着供应商投资水平受限，进而阻碍其绩效的增长。其次，客户股价波动性高的本质是管理层隐藏了足够多的负面业绩信息，客户业绩下滑意味着对供应商的产品需求降低，这将直接影响供应商未来收入，从而负面影响供应商绩效。最后，对于供应商来说，如果被动接受股价波动性，则其股票流动性、融资成本与融资能力、投资额度以及订单需求量等均会受限；如果主动阻断股价波动性的传染，则将承担一定的客户转换成本，供应商短期的绩效不可避免地出现下滑。以上机制都将负向影响供应商绩效。

表 6.3 客户股价波动性与供应商绩效实证检验结果

变量	$CROA_{t+1}$	
	（1）	（2）
$CUST\_CRI1$	- 0.0226 ** （- 2.04）	

续表

变量	$CROA_{t+1}$	
	(1)	(2)
CUST_CRI2		−0.0288 * (−1.76)
Size	0.0139 *** (6.09)	0.0138 *** (6.04)
LEV	−0.1253 *** (−9.28)	−0.1252 *** (−9.30)
TobinQ	0.0038 (1.43)	0.0037 (1.40)
Return	0.0263 *** (5.01)	0.0263 *** (5.04)
Volatility	−0.0798 (−1.63)	−0.0808 * (−1.66)
Top1	0.0502 (0.66)	0.0520 (0.68)
DUAL	−0.0117 ** (−2.17)	−0.0116 ** (−2.13)
Board	−0.0019 * (−1.65)	−0.0018 (−1.60)
INDEP	−0.0171 (−0.39)	−0.0160 (−0.37)
CUST_Size	−0.0044 (−1.31)	−0.0042 (−1.25)
CUST_LEV	0.1446 (1.26)	0.1439 (1.24)
CUST_TobinQ	−0.0062 (−0.20)	−0.0077 (−0.25)
CUST_CFO	−0.2006 (−0.59)	−0.2095 (−0.62)

变量	$CROA_{t+1}$	
	（1）	（2）
Cycle	− 0. 0328 （− 1. 10）	− 0. 0335 （− 1. 13）
常数项	− 0. 2328 *** （− 3. 10）	− 0. 2343 *** （− 3. 13）
Industry	YES	YES
Year	YES	YES
N	1009	1009
Adj. R^2	0. 2388	0. 2378

注：***、**、* 分别表示在 1%、5%、10% 的水平下显著；括号内数字为经 White 异方差调整后的 t 值。

6.4.3 稳健性检验

稳健性是一个多维概念，基准模型需要经过不同维度的稳健性检验才能明确稳健性缺失的根源（Neumayer and Plümper，2017）。在计量经济学中，稳健性检验主要涵盖内生性问题、结果偶然性问题以及环境条件性问题等。为保证研究结论的准确性和可靠性，本章采用工具变量的两阶段最小二乘法（2SLS）、Heckman 两阶段法、替换被解释变量与解释变量、考虑客户盈余管理和会计稳健性的影响、剔除处于行业困境的样本等方法，对基准模型估计结果进行稳健性检验。

（1）工具变量的 2SLS 估计

理论上，本章研究结果可能受到遗漏变量的影响，存在内生性问题。解决内生性问题最常见的方法是使用工具变量进行检验，而工具变量常见的估计方法是两阶段最小二乘法（Bascle，2008；Semadeni et al.，2014）。借鉴相关研究，本章选取的工具变量为年度 – 行业客户股价波动性的均值（IN-DU_CRI）以及年度 – 地区客户股价波动性的均值（PRO_CRI）两个变量。INDU_CRI 与 PRO_CRI 符合工具变量的相关性与外生性要求，即 INDU_CRI 与 PRO_CRI 均与解释变量相关，而与被解释变量不相关，且通过了弱工具变量检验和 Hansen 检验。表 6.4 列示了两阶段最小二乘法的回归结果，结

果显示 Hansen 检验无法拒绝原假设，说明工具变量有效。在控制了内生性
问题后，客户股价波动性的回归系数均在 1% 的水平下显著为负，与初始回
归结果相一致，再次验证了假设 H6－1。

表 6.4　稳健性检验：工具变量的 2SLS 估计

变量	$CROA_{t+1}$			
	（1）	（2）	（3）	（4）
INDU_CRI1	0.6123 ***			
	（4.55）			
PRO_CRI1	0.4397 **			
	（2.47）			
INDU_CRI2			0.7533 ***	
			（5.73）	
PRO_CRI2			0.4453 **	
			（2.31）	
CUST_CRI1		－ 0.1501 ***		
		（－3.26）		
CUST_CRI2				－ 0.1715 ***
				（－3.03）
Size	0.0004	0.0138 ***	－ 0.0030	0.0132 ***
	（0.06）	（5.74）	（－0.68）	（5.28）
LEV	－ 0.0071	－ 0.1276 ***	－ 0.0023	－ 0.1268 ***
	（－0.28）	（－8.97）	（－0.13）	（－9.20）
TobinQ	－ 0.0032	0.0039	－ 0.0053 *	0.0033
	（－0.85）	（1.42）	（－1.68）	（1.19）
Return	0.0116	0.0275 ***	0.0108	0.0278 ***
	（1.03）	（4.97）	（1.27）	（5.06）
Volatility	－ 0.0529	－ 0.0899 *	－ 0.0766	－ 0.0963 *
	（－0.52）	（－1.79）	（－0.97）	（－1.96）
Top1	0.0656	0.0601	0.1245	0.0722
	（0.35）	（0.77）	（0.88）	（0.93）

续表

变量	$CROA_{t+1}$			
	（1）	（2）	（3）	（4）
DUAL	− 0.0100 （− 0.70）	− 0.0131 ** （− 2.26）	− 0.0013 （− 0.14）	− 0.0118 ** （− 2.10）
Board	− 0.0051 （− 1.52）	− 0.0028 ** （− 2.29）	− 0.0026 （− 1.19）	− 0.0025 ** （− 2.10）
INDEP	− 0.1280 （− 1.28）	− 0.0369 （− 0.81）	− 0.0766 （− 1.15）	− 0.0299 （− 0.67）
CUST_ Size	− 0.0205 （− 1.33）	− 0.0093 ** （− 2.34）	− 0.0147 （− 1.32）	− 0.0081 ** （− 2.12）
CUST_ LEV	0.2147 （0.33）	0.1655 （1.20）	0.2156 （0.47）	0.1610 （1.20）
CUST_ TobinQ	0.3115 ** （2.45）	0.0284 （0.83）	0.2158 ** （2.43）	0.0183 （0.56）
CUST_ CFO	0.1252 （0.11）	− 0.1513 （− 0.39）	− 0.0786 （− 0.10）	− 0.2103 （− 0.54）
Cycle	0.0425 （0.79）	− 0.0278 （− 0.91）	− 0.0033 （− 0.08）	− 0.0327 （− 1.09）
常数项	0.2169 （1.48）	− 0.2147 *** （− 2.64）	0.1195 （1.09）	− 0.2247 *** （− 2.83）
Industry	YES	YES	YES	YES
Year	YES	YES	YES	YES
N	1009	1009	1009	1009
Adj. R^2	0.2415	0.1457	0.2679	0.1770
Hansen 检验	0.9669		0.6230	

注：***、**、*分别表示在1%、5%、10%的水平下显著；括号内数字为经 White 异方差调整后的 t 值。

（2）Heckman 两阶段法估计

由于中国证监会未强制规定供应商对主要客户信息进行披露，因此，本章研究样本的选取可能存在非随机性。对于样本自选择偏差导致的内生性，应采取 Heckman 两阶段法予以检验。在第一阶段计算出逆米尔斯比率（IMR），在第二阶段将 IMR 作为控制变量进行回归分析。Heckman 第二阶段的回归结果如表 6.5 所示，结果表明在内生性问题得到控制之后，客户股价波动性的回归系数分别在 5% 和 10% 的水平下显著为负，与初始回归结果相一致，再次验证了假设 H6 - 1。

表 6.5　稳健性检验：Heckman 第二阶段的回归结果

变量	$CROA_{t+1}$	
	（1）	（2）
CUST_CRI1	- 0. 0225 ** （ - 2. 03）	
CUST_CRI2		- 0. 0287 * （ - 1. 75）
Size	0. 0135 *** （5. 33）	0. 0134 *** （5. 26）
LEV	- 0. 1242 *** （ - 9. 10）	- 0. 1241 *** （ - 9. 13）
TobinQ	0. 0037 （1. 41）	0. 0037 （1. 38）
Return	0. 0265 *** （5. 06）	0. 0265 *** （5. 08）
Volatility	- 0. 0801 （ - 1. 64）	- 0. 0810 * （ - 1. 67）
Top1	0. 0488 （0. 64）	0. 0505 （0. 66）
DUAL	- 0. 0127 ** （ - 2. 15）	- 0. 0126 ** （ - 2. 12）
Board	- 0. 0019 （ - 1. 64）	- 0. 0018 （ - 1. 60）
INDEP	- 0. 0204 （ - 0. 46）	- 0. 0194 （ - 0. 44）

续表

变量	$CROA_{t+1}$	
	（1）	（2）
$CUST\_Size$	-0.0044 （-1.30）	-0.0042 （-1.25）
$CUST\_LEV$	0.1438 （1.25）	0.1431 （1.23）
$CUST\_TobinQ$	-0.0063 （-0.21）	-0.0079 （-0.26）
$CUST\_CFO$	-0.2002 （-0.59）	-0.2090 （-0.61）
$Cycle$	-0.0353 （-1.16）	-0.0360 （-1.19）
IMR	-0.0627 （-0.45）	-0.0645 （-0.46）
常数项	-0.2219*** （-2.83）	-0.2230*** （-2.84）
$Industry$	YES	YES
$Year$	YES	YES
N	1009	1009
Adj. R^2	0.2381	0.2371

注：***、**、*分别表示在1%、5%、10%的水平下显著；括号内数字为经 White 异方差调整后的 t 值。

（3）替换被解释变量

考虑到变量选取导致的实证检验结果的偶然性问题，本章通过替换被解释变量的方法，改变供应商绩效的衡量方式，重新考察客户股价波动性与供应商绩效之间的关系。财务绩效的衡量指标有多种，现有研究使用较多的有 ROA、ROE、ROS 以及 TobinQ 等（Mollah and Talukdar，2007；Matar and Eneizan，2018）。本章利用资产收益率作为供应商绩效的替代指标（ROA_{t+1}）进行稳健性检验，结果见表 6.6。在替换被解释变量测量方式之后，客户股价波动性的回归系数均在 10% 的水平下显著为负，与前文无显著差异，结果稳健，再次验证了假设 H6 - 1。

表 6.6　稳健性检验：替换被解释变量

变量	ROA_{t+1}	
	（1）	（2）
$CUST\_CRI1$	- 0. 0194 * （ - 1. 89）	
$CUST\_CRI2$		- 0. 0237 * （ - 1. 66）
$Size$	0. 0117 *** （5. 65）	0. 0116 *** （5. 61）
LEV	- 0. 1073 *** （ - 7. 84）	- 0. 1072 *** （ - 7. 85）
$TobinQ$	0. 0024 （0. 87）	0. 0024 （0. 85）
$Return$	0. 0236 *** （4. 80）	0. 0236 *** （4. 82）
$Volatility$	- 0. 0683 （ - 1. 46）	- 0. 0691 （ - 1. 48）
$Top1$	0. 0640 （0. 89）	0. 0655 （0. 91）
$DUAL$	- 0. 0112 ** （ - 2. 21）	- 0. 0110 ** （ - 2. 18）
$Board$	- 0. 0017 （ - 1. 64）	- 0. 0017 （ - 1. 62）
$INDEP$	- 0. 0240 （ - 0. 58）	- 0. 0235 （ - 0. 57）
$CUST\_Size$	- 0. 0030 （ - 0. 94）	- 0. 0030 （ - 0. 92）
$CUST\_LEV$	0. 0880 （0. 81）	0. 0877 （0. 80）

变量	ROA_{t+1}	
	（1）	（2）
$CUST\_TobinQ$	-0.0053 （-0.17）	-0.0060 （-0.19）
$CUST\_CFO$	-0.1279 （-0.41）	-0.1337 （-0.43）
$Cycle$	-0.0383 （-1.35）	-0.0388 （-1.37）
常数项	-0.1914^{***} （-2.60）	-0.1923^{***} （-2.62）
$Industry$	YES	YES
$Year$	YES	YES
N	1009	1009
Adj. R^2	0.2009	0.2006

注：$***$、$**$、$*$分别表示在 1%、5%、10% 的水平下显著；括号内数字为经 White 异方差调整后的 t 值。

（4）替换解释变量

为进一步证实客户股价波动性影响供应商绩效的实证结果具有稳健性，本部分采取替换解释变量的衡量方式对模型（6.1）进行稳健性检验。借鉴底璐璐等（2020）的方法，选取前五大客户股价波动性中排名第一的上市公司客户的股价波动性作为客户股价波动性的替代指标（$CUST\_TCRI$）进行稳健性检验。表 6.7 的结果显示，在考虑了变量选取随机性的问题后，客户股价波动性的回归系数均在 10% 的水平下显著为负，说明初始回归结果具有稳健性，再次验证了假设 H6－1。

表 6.7　稳健性检验：替换解释变量

变量	$CROA_{t+1}$	
	（1）	（2）
$CUST\_TCRI1$	-0.0078^{*} （-1.95）	

续表

变量	$CROA_{t+1}$	
	（1）	（2）
CUST_TCRI2		−0.0101 * （−1.67）
Size	0.0139 *** （6.09）	0.0139 *** （6.08）
LEV	−0.1249 *** （−9.29）	−0.1248 *** （−9.30）
TobinQ	0.0038 （1.43）	0.0038 （1.43）
Return	0.0260 *** （4.96）	0.0260 *** （4.96）
Volatility	−0.0780 （−1.59）	−0.0776 （−1.57）
Top1	0.0484 （0.63）	0.0479 （0.63）
DUAL	−0.0115 ** （−2.11）	−0.0115 ** （−2.11）
Board	−0.0017 （−1.48）	−0.0017 （−1.48）
INDEP	−0.0134 （−0.30）	−0.0130 （−0.29）
CUST_Size	−0.0035 （−1.02）	−0.0035 （−1.01）
CUST_LEV	0.1406 （1.21）	0.1395 （1.20）
CUST_TobinQ	−0.0125 （−0.39）	−0.0133 （−0.42）
CUST_CFO	−0.2095 （−0.62）	−0.2095 （−0.62）

变量	$CROA_{t+1}$	
	（1）	（2）
$Cycle$	- 0. 0337 （ - 1. 13）	- 0. 0338 （ - 1. 13）
常数项	- 0. 2360 *** （ - 3. 16）	- 0. 2359 *** （ - 3. 16）
$Industry$	YES	YES
$Year$	YES	YES
N	1009	1009
Adj. R^2	0. 2358	0. 2359

注：***、**、* 分别表示在 1%、5%、10% 的水平下显著；括号内数字为经 White 异方差调整后的 t 值。

（5）考虑客户盈余管理和会计稳健性

客户股价波动性对供应商绩效的影响可能与其他诸多因素纠缠在一起，因此本部分进一步加入控制变量进行逐步回归分析。Dou 等（2013）的研究发现，客户盈余管理和会计稳健性也会对供应商产生一定程度的影响。其中，客户盈余管理（EM）参照 Dechow 等（1995）的计算方法，采用操控性应计利润进行衡量。会计稳健性（AC）参照 Khan 和 Watts（2009）的计算方法，采用条件稳健性指数进行衡量。实证结果见表 6.8，结果显示在逐步考虑客户盈余管理和会计稳健性后，客户股价波动性的回归系数均在 10% 的水平下显著为负，即客户股价波动性对供应商绩效具有显著的负向影响，与前文无显著差异，结果稳健，再次验证了假设 H6 - 1。

表 6.8 稳健性检验：考虑客户盈余管理和会计稳健性

变量	$CROA_{t+1}$	
	（1）	（2）
$CUST\_CRI1$	- 0. 0209 * （ - 1. 86）	
$CUST\_CRI2$		- 0. 0255 * （ - 1. 77）

续表

变量	$CROA_{t+1}$	
	（1）	（2）
Size	0.0141 ***	0.0141 ***
	（6.20）	（6.15）
LEV	−0.1257 ***	−0.1257 ***
	（−9.32）	（−9.34）
TobinQ	0.0038	0.0037
	（1.44）	（1.41）
Return	0.0262 ***	0.0262 ***
	（5.00）	（5.03）
Volatility	−0.0779	−0.0788
	（−1.59）	（−1.61）
Top1	0.0434	0.0448
	（0.58）	（0.60）
DUAL	−0.0120 **	−0.0119 **
	（−2.21）	（−2.18）
Board	−0.0018	−0.0018
	（−1.59）	（−1.55）
INDEP	−0.0156	−0.0146
	（−0.35）	（−0.33）
CUST_Size	−0.0048	−0.0047
	（−1.41）	（−1.37）
CUST_LEV	0.1569	0.1570
	（1.35）	（1.34）
CUST_TobinQ	−0.0020	−0.0031
	（−0.06）	（−0.10）
CUST_CFO	−0.2055	−0.2139
	（−0.61）	（−0.63）

续表

变量	$CROA_{t+1}$	
	（1）	（2）
Cycle	−0.0369	−0.0378
	（−1.22）	（−1.25）
EM	−0.0780	−0.0785
	（−0.41）	（−0.41）
AC	0.0622*	0.0655*
	（1.70）	（1.80）
常数项	−0.2407***	−0.2423***
	（−3.20）	（−3.24）
Industry	YES	YES
Year	YES	YES
N	1009	1009
Adj. R^2	0.2394	0.2386

注：***、**、*分别表示在1%、5%、10%的水平下显著；括号内数字为经 White 异方差调整后的 t 值。

（6）剔除处于行业困境的样本

公司的经营绩效同样受周期和行业等宏观因素的影响，本章在主回归分析中已经控制了周期因素，稳健性检验中将进一步控制行业因素。行业陷入困境很可能导致公司绩效难以避免地出现下滑，行业方面的外部因素在很大程度上也将导致供应商的绩效恶化。为了避免行业特征因素带来的实证结果偏差，本部分将进一步剔除处于行业困境的样本重新进行检验以保证结果的稳健性。本部分将股票收益率中位数低于 −30% 的行业定义为困境行业（Lemmon et al.，2008），稳健性检验的样本中不包含这部分行业困境样本。实证结果见表6.9，结果显示在考虑了行业特征因素带来的外生性影响问题后，客户股价波动性的回归系数均在10%的水平下显著为负，即客户股价波动性对供应商绩效具有显著的负向影响，与前文无显著差异，结果稳健，再次验证了假设 H6−1。

表 6.9　稳健性检验：剔除处于行业困境的样本

变量	$CROA_{t+1}$	
	（1）	（2）
CUST_CRI1	- 0. 0218 * （ - 1. 74）	
CUST_CRI2		- 0. 0284 * （ - 1. 66）
Size	0. 0158 *** （6. 20）	0. 0158 *** （6. 18）
LEV	- 0. 1269 *** （ - 8. 65）	- 0. 1267 *** （ - 8. 67）
TobinQ	0. 0030 （1. 05）	0. 0030 （1. 04）
Return	0. 0220 *** （4. 21）	0. 0220 *** （4. 23）
Volatility	- 0. 0289 （ - 0. 58）	- 0. 0295 （ - 0. 59）
Top1	0. 0445 （0. 58）	0. 0457 （0. 59）
DUAL	- 0. 0123 ** （ - 2. 19）	- 0. 0122 ** （ - 2. 16）
Board	- 0. 0020 （ - 1. 56）	- 0. 0020 （ - 1. 50）
INDEP	- 0. 0167 （ - 0. 34）	- 0. 0145 （ - 0. 30）
CUST_Size	- 0. 0047 （ - 1. 38）	- 0. 0044 （ - 1. 28）
CUST_LEV	0. 1799 （1. 50）	0. 1745 （1. 44）
CUST_TobinQ	0. 0013 （0. 04）	- 0. 0009 （ - 0. 03）

变量	$CROA_{t+1}$	
	(1)	(2)
CUST_CFO	-0.2657	-0.2659
	(-0.72)	(-0.71)
Cycle	-0.0334	-0.0341
	(-1.11)	(-1.14)
常数项	-0.3175***	-0.3198***
	(-3.73)	(-3.77)
Industry	YES	YES
Year	YES	YES
N	825	825
Adj. R^2	0.2520	0.2506

注：***、**、*分别表示在1%、5%、10%的水平下显著；括号内数字为经 White 异方差调整后的 t 值。

6.5 进一步研究

6.5.1 供应商投资者情绪的中介效应检验

投资者基于对资产未来现金流和风险的预期而形成的信念即为投资者情绪，受情绪感染和模仿学习等社会互动机制的影响，投资者情绪难以准确反映现实，而导致资产价格偏离真实价值（Baker and Wurgler，2007）。在中国资本市场机制尚不成熟的背景下，投资者情绪造成的资产定价错误将影响资本市场定价稳定性，从而严重影响资源配置效率。投资者情绪对于资源配置效率同时存在恶化和校正两种效应，但总体表现出降低资源配置效率的作用（花贵如等，2010）。而股价波动性的形成往往伴随着投资者情绪的变化，投资者情绪高涨容易形成价格泡沫，而股价暴跌时投资者情绪会放大股价下跌幅度。

客户股价波动性上升，投资者对于客户现金流和风险的信念产生负面预期，客户股票流动性下降，伴随着投资者情绪低迷。供应商通过贸易往来与客户形成利益共同体，供应商外部投资者的资金配置计划也会将客户信息考虑在内。由此投资者的负面情绪也将波及供应商，所谓"一荣俱荣，一损俱损"正是如此，供应商股票流动性下降，投资者情绪低落。投资者情绪不仅放大了股价暴跌的可能性，还降低了资源配置效率。具体表现为无论是股票二级市场的权益融资还是作为债务人的债权融资，融资成本均将上升，配置给供应商的外部资金减少。资源配置效率的降低直接影响供应商未来发展的资金需求，供应商绩效因此下降。另外，投资者情绪受模仿、学习等社会互动机制的影响，对于股价暴跌的风险具有放大作用。客户的股价波动性通过供应链关系传染给供应商，投资者情绪同样外溢到供应商，二者相互作用形成反馈机制，进一步放大供应商的股价波动性，从而降低供应商绩效。

投资者依据客户股价波动性而形成对未来现金流和风险的预期，基于预期形成的信念表现为投资者情绪，投资者情绪还将外溢到作为利益相关者的供应商，投资者情绪总体而言降低了资源配置效率，企业发展所需资金因此受限，从而使得供应商绩效下降。因此，本章从供应商投资者情绪的角度，探究客户股价波动性影响供应商绩效的路径，采用模型（6.6）和模型（6.7）进行中介效应检验。其中，IS 为中介变量供应商投资者情绪，借鉴 Huang 等（2016b）采用分解托宾 Q 的研究方法进行衡量。企业托宾 Q 的经济学意义包含了未来投资机会和股票的错误定价，其中错误定价就是由投资者情绪引起的。为了剥离投资机会与错误定价，本章选取股东权益净利率（ROE）、主营业务收入增长率（$GROW$）、财务杠杆（LEV）和公司规模（$Size$）四个基本面变量以及年度、行业控制变量衡量企业未来的投资机会，具体将上述六个变量作为解释变量与托宾 Q 进行回归，然后所得回归残差即为供应商投资者情绪（IS）的代理变量。IS 为负代表投资者情绪处于低迷期，IS 为正代表投资者情绪处于高涨期。

$$IS_t = \lambda_0 + \lambda_1 CUST\_CRI_t + \sum \lambda_i Controls_t + Industry + Year + \varepsilon \quad (6.6)$$

$$CROA_{t+1} = \eta_0 + \eta_1 CUST\_CRI_t + \eta_2 IS_t + \sum \eta_i Controls_t + Industry + Year + \varepsilon \quad (6.7)$$

表 6.10 中的列（1）和列（3）结果表明，客户股价波动性的回归系数 λ_1 显著为负，说明客户股价波动性越高，供应商的投资者情绪越低迷。列

（2）和列（4）结果显示，客户股价波动性的回归系数 η_1 不显著，同时供应商投资者情绪的回归系数 η_2 均在1%的水平下显著为正。这说明供应商投资者情绪在客户股价波动性影响供应商绩效的过程中产生完全中介效应。Sobel检验结果拒绝原假设，也表明供应商投资者情绪是客户股价波动性影响供应商绩效的中介因素。

表6.10 影响渠道分析：供应商投资者情绪的中介效应回归

变量	IS	$CROA_{t+1}$	IS	$CROA_{t+1}$
	（1）	（2）	（3）	（4）
$CUST\_CRI1$	-0.0623 *	-0.0161		
	（-1.76）	（-1.62）		
$CUST\_CRI2$			-0.1057 **	-0.0141
			（-2.01）	（-0.94）
IS		0.1391 ***		0.1392 ***
		（7.84）		（7.83）
$Size$	-0.6315 ***	0.1017 ***	-0.6319 ***	0.1018 ***
	（-90.87）	（8.75）	（-91.48）	（8.72）
LEV	-0.6978 ***	-0.0282 *	-0.6979 ***	-0.0280 *
	（-14.52）	（-1.72）	（-14.53）	（-1.70）
$TobinQ$	-0.0025	0.0041 *	-0.0028	0.0041 *
	（-0.45）	（1.68）	（-0.49）	（1.67）
$Return$	0.0781 ***	0.0154 ***	0.0784 ***	0.0154 ***
	（5.15）	（3.08）	（5.18）	（3.09）
$Volatility$	0.1072	-0.0947 **	0.1019	-0.0949 **
	（0.82）	（-2.06）	（0.78）	（-2.07）
$Top1$	0.0542	0.0427	0.0623	0.0434
	（0.44）	（0.59）	（0.50）	（0.60）
$DUAL$	-0.0103	-0.0103 **	-0.0100	-0.0102 **
	（-0.71）	（-2.02）	（-0.68）	（-1.99）
$Board$	-0.0034	-0.0014	-0.0034	-0.0013
	（-0.93）	（-1.45）	（-0.94）	（-1.38）

续表

变量	IS	$CROA_{t+1}$	IS	$CROA_{t+1}$
	（1）	（2）	（3）	（4）
INDEP	-0.1975	0.0104	-0.1983	0.0116
	（-1.24）	（0.25）	（-1.25）	（0.28）
CUST_Size	-0.0218	-0.0014	-0.0223	-0.0011
	（-1.27）	（-0.39）	（-1.29）	（-0.31）
CUST_LEV	0.8612*	0.0248	0.8634*	0.0237
	（1.73）	（0.21）	（1.73）	（0.20）
CUST_TobinQ	-0.1137	0.0096	-0.1113	0.0078
	（-0.73）	（0.31）	（-0.71）	（0.25）
CUST_CFO	0.2528	-0.2358	0.2343	-0.2421
	（0.30）	（-0.76）	（0.28）	（-0.78）
Cycle	-0.3802***	0.0201	-0.3815***	0.0196
	（-7.92）	（0.69）	（-7.92）	（0.68）
常数项	16.9310***	-2.5879***	16.9300***	-2.5916***
	（110.03）	（-8.39）	（109.63）	（-8.39）
Industry	YES	YES	YES	YES
Year	YES	YES	YES	YES
N	1009	1009	1009	1009
Adj. R^2	0.9785	0.3628	0.9785	0.3619
Sobel 检验	-2.114**		-1.714*	

注：***、**、*分别表示在1%、5%、10%的水平下显著；括号内数字为经 White 异方差调整后的 t 值。

6.5.2　基于供应商议价能力的差异性检验

企业的议价能力决定了其在客户－供应商关系中的地位，供应商议价能力越高，被客户侵占利润的可能性越低，应对风险的能力越强（Porter，1979）。供应商的议价能力不同，客户股价波动性对供应商绩效的影响则可能存在差别。客户股价急剧下跌将导致其经营恶化甚至破产，这将使与其存在密切关系的供应商的利益受到威胁（于博等，2019）。因此，当客户股价波动性上升时，供应商有强烈的动机降低客户的股价波动性，且在降低客户股价波动性的过程中，供应商的议价能力越高，供应商越有能力对客户施加影响。供应商议价能力代表其在客户面前的地位，议价能力越高，其对客户的财务决策、经营决策和财务报告质量等方面的影响力越大（Banerjee et al.，2008；张敏等，2012；Ak and Patatoukas，2016）。

一方面，供应商议价能力较高时，其在供应链整合方面的成本较低，供应链整合有助于改善公司的基本面情况，改善客户经营业绩降低经营风险，从而帮助客户降低股价波动性。另一方面，根据交易成本理论，随着供应商与客户长期关系的形成以及大量专用性资产的投入，客户有动机隐瞒经营不良的负面信息以控制成本，维持交易关系。客户隐藏负面消息提高了客户与利益相关者的信息不对称程度，在一定程度上是对利益相关者利益的侵害。而为避免自身利益被侵害，议价能力高的供应商在监督客户信息披露质量方面更有力度。议价能力高的供应商会督促客户及时确认损失并披露负面信息，降低负面信息不断积累最后集中释放的可能性，从而从源头上降低客户的股价波动性。

议价能力代表供应商在产品定价方面的能力，议价能力高的供应商在产品定价方面占据优势地位。当供应商意识到客户股价波动性上升的情况时，为降低或避免该风险的传染效应给本公司绩效带来的影响，供应商会提高供应产品价格，以保证企业未来收入水平（褚剑、方军雄，2016）。而客户议价能力低就需要继续维系供应链关系，因此不得不接受供应商提价的要挟。因此，客户股价波动性上升，议价能力高的供应商将通过多种渠道挤压客户的利润空间从而保证自身绩效的稳定。

综上，本章按照议价能力将全样本划分为高议价能力的供应商和低议价能力的供应商两组进行进一步检验，通过分组回归比较分析客户股价波动性对供应商绩效的负向影响是否存在差异。其中，供应商议价能力借鉴潘凌云和董竹（2021）的方法，采取前五大客户销售收入与总销售收入之比进行衡量。该值越大，说明供应商对大客户的依赖程度越高，议价能力越低。然后以供应商议价能力的年度-行业中位数为分组依据，大于中位数的供应商划分为低议价能力组，小于中位数的供应商划分为高议价能力组。表 6.11 的结果显示，无论是 *CUST_CRI*1 还是 *CUST_CRI*2 作为解释变量，在高议价能力的供应商中，回归系数 β_1 均不显著；而在低议价能力的供应商中，回归系数 β_1 均在 5% 的水平下显著为负。这说明客户股价波动性对供应商绩效的负向影响仅存在于低议价能力的供应商中。与高议价能力的供应商相比，低议价能力的供应商在上下游关系中处于劣势地位，监督作用有限导致与客户的信息不对称程度高。供应商无法及时知晓客户隐瞒并累积的负面信息，难以在控制客户股价波动性方面发挥作用，风险外溢到供应商从而影响其绩效。另外，低议价能力的供应商在应对客户股价波动性的传染效应时，反而被客户要挟压低产品价格，压缩利润空间，对供应商绩效产生直接的负面影响。

表 6.11　异质特征检验：基于供应商议价能力的视角

变量	低议价能力	高议价能力	低议价能力	高议价能力
	（1）	（2）	（3）	（4）
CUST_CRI1	− 0.0285 **	− 0.0173		
	（ − 2.05）	（ − 0.99）		
CUST_CRI2			− 0.0534 **	− 0.0059
			（ − 2.43）	（ − 0.24）
Size	0.0175 ***	0.0086 **	0.0170 ***	0.0085 **
	（5.60）	（2.30）	（5.40）	（2.28）
LEV	− 0.1337 ***	− 0.1089 ***	− 0.1335 ***	− 0.1091 ***
	（ − 7.06）	（ − 5.76）	（ − 7.15）	（ − 5.78）
TobinQ	0.0092 ***	− 0.0008	0.0088 ***	− 0.0008
	（2.79）	（ − 0.20）	（2.71）	（ − 0.21）
Return	0.0224 ***	0.0312 ***	0.0227 ***	0.0313 ***
	（3.19）	（3.93）	（3.25）	（3.94）
Volatility	− 0.1142 *	− 0.0971	− 0.1152 *	− 0.0952
	（ − 1.77）	（ − 1.38）	（ − 1.80）	（ − 1.36）
Top1	0.0575	0.0738	0.0570	0.0725
	（0.39）	（1.01）	（0.39）	（0.98）
DUAL	− 0.0165 **	− 0.0033	− 0.0160 **	− 0.0034
	（ − 2.31）	（ − 0.40）	（ − 2.25）	（ − 0.41）

续表

变量	低议价能力	高议价能力	低议价能力	高议价能力
	（1）	（2）	（3）	（4）
Board	0.0008	-0.0042**	0.0007	-0.0042**
	（0.54）	（-2.21）	（0.50）	（-2.17）
INDEP	0.0518	-0.1212*	0.0534	-0.1205*
	（0.92）	（-1.69）	（0.95）	（-1.68）
CUST_Size	-0.0030	-0.0054	-0.0038	-0.0049
	（-0.33）	（-1.30）	（-0.42）	（-1.17）
CUST_LEV	0.1356	0.2178	0.1457	0.2137
	（0.50）	（1.49）	（0.54）	（1.44）
CUST_TobinQ	-0.0208	-0.0061	-0.0236	-0.0089
	（-0.33）	（-0.17）	（-0.37）	（-0.23）
CUST_CFO	0.5237	-0.2524	0.6541	-0.2517
	（0.62）	（-0.62）	（0.76）	（-0.63）
Cycle	-0.0368	-0.0416	-0.0368	-0.0423
	（-0.72）	（-1.38）	（-0.73）	（-1.40）
常数项	-0.4847***	0.0141	-0.4796***	0.0139
	（-7.17）	（0.17）	（-7.11）	（0.17）
Industry	YES	YES	YES	YES
Year	YES	YES	YES	YES
N	505	504	505	504
Adj. R²	0.3222	0.2109	0.3246	0.2093

注：***、**、*分别表示在1%、5%、10%的水平下显著；括号内数字为经 White 异方差调整后的 t 值。

6.5.3 基于供应商内部人减持行为的差异性检验

内部人交易往往被视为破坏市场稳定加剧市场波动，从而引发公司股价波动的重要因素之一。客户股价波动性通过供应链波及供应商，而供应商的内部人减持行为可能对股价波动性具有放大效应。因而，供应商内部人减持行为存在差异，客户股价波动性对供应商绩效的影响可能存在差别。

以往研究指出，内部人交易存在机会主义行为，尤其是在内部人减持行为方面，内部人通常倾向于在减持前披露好消息或隐瞒坏消息以炒高股价，而在减持后集中披露坏消息，导致股价暴跌，从而提高股价波动性（吴战篪、李晓龙，2015）。股价急剧下跌往往与重大利空的相关性较低，而是由一个较小的利空冲击，触发了大量累积的坏消息的集中释放。内部人通常掌握着公司利益相关的内部信息，相对于外部人具有绝对的信息优势，其交易行为通常包含一定的信息含量，减持则意味着内部人基于负面的信息而对公司发展前景产生负面预期。因而，内部人减持行为往往被视为向外界传递利空消息的信号，正是这样一个利空冲击，降低了负面信息爆发释放的阈值，触发了集中释放坏消息的临界值，提高了股价波动性（艾永芳，2018）。客户股价波动性上升使得投资者重新审视作为重要利益相关者的供应商的未来发展前景，股价波动性将在一定程度上外溢到供应商股价中。而此时供应商发生了内部人减持行为，则充分验证了投资者先前的判断，投资者将表现出非理性的羊群行为，加剧供应商的股价波动性。

国外研究发现，内部人减持行为在一定程度上能够提高整体的资源配置效率，然而国内资本市场发展尚不成熟，内部人交易尤其是内部人减持行为多表现为对中小投资者利益的侵占，目前而言是降低资源配置效率的行为（徐昭，2014）。历史经验表明，国有股减持能够有效提升资源配置效率，而其他内部人减持行为尚未得到此结论。内部人减持行为伴随较低的资源配置效率，使得供应商在面对风险时捉襟见肘，风险承担能力下降，从而造成绩效下滑的局面。另外，无论内部人是大股东还是高管，他们的减持行为均使其与外部投资者的利益一致性降低，企业的代理成本上升。当内部人与投资者利益冲突时，内部人将产生机会主义行为等自利性动机，从而影响其经营行为，进而负面影响供应商绩效。

综上，本章按照当年是否发生内部人减持行为将全样本划分为发生内部人减持行为的供应商和未发生内部人减持行为的供应商两组进行进一步检验，通过分组回归比较分析客户股价波动性对供应商绩效的负面影响是否存在差异。本书关于内部人的划分采用广义的定义，即包括大股东和高管，以他们当年是否发生减持行为为划分依据。表 6.12 的结果显示，无论是 $CUST\_CRI1$ 还是 $CUST\_CRI2$ 作为解释变量，在未发生内部人减持行为的供应商中，回归系数 β_1 均不显著；而在发生内部人减持行为的供应商中，回归系数 β_1 分别在1%和10%的水平下显著为负。这说明客户股价波动性对供应商绩效的负向影响仅存在于发生内部人减持行为的供应商中。与未发生内部人减持行为的供应商相比，供应商内部人减持事件是企业大量累积的负面信息集中释放的关键触发机制，印证了投资者基于客户股价波动性而对供应商的担忧，从而放大了通过供应链传染而来的股价波动性。同时，内部人减持行为降低了资源配置效率，企业应对风险的能力随之下降，绩效受此影响出现下滑。另外，内部人减持行为增加了企业的代理成本，内部人的机会主义行为是对企业绩效的损害。

表 6.12　异质特征检验：基于内部人减持行为的视角

变量	发生内部人减持行为	未发生内部人减持行为	发生内部人减持行为	未发生内部人减持行为
	（1）	（2）	（3）	（4）
$CUST\_CRI1$	-0.0378 ***	-0.0003		
	(-2.67)	(-0.02)		
$CUST\_CRI2$			-0.0474 *	0.0059
			(-1.94)	(0.25)
$Size$	0.0136 ***	0.0130 ***	0.0134 ***	0.0130 ***
	(3.57)	(4.29)	(3.49)	(4.30)
LEV	-0.1127 ***	-0.1219 ***	-0.1131 ***	-0.1219 ***
	(-5.23)	(-7.08)	(-5.31)	(-7.07)
$TobinQ$	0.0079 ***	0.0015	0.0077 ***	0.0015
	(2.74)	(0.35)	(2.70)	(0.36)
$Return$	0.0217 ***	0.0302 ***	0.0215 ***	0.0303 ***
	(3.11)	(3.83)	(3.13)	(3.83)
$Volatility$	-0.0859	-0.1162	-0.0869	-0.1169
	(-1.40)	(-1.46)	(-1.43)	(-1.48)
$Top1$	0.1286	-0.0723	0.1304	-0.0734
	(0.98)	(-1.05)	(0.99)	(-1.06)

变量	发生内部人减持行为	未发生内部人减持行为	发生内部人减持行为	未发生内部人减持行为
	（1）	（2）	（3）	（4）
DUAL	－ 0.0126	－ 0.0092	－ 0.0128	－ 0.0092
	（－1.47）	（－1.23）	（－1.48）	（－1.23）
Board	0.0004	－ 0.0028 *	0.0005	－ 0.0028 *
	（0.30）	（－1.85）	（0.32）	（－1.83）
INDEP	0.0398	－ 0.0419	0.0425	－ 0.0414
	（0.68）	（－0.62）	（0.73）	（－0.62）
CUST_Size	－ 0.0049	－ 0.0012	－ 0.0049	－ 0.0010
	（－1.12）	（－0.22）	（－1.10）	（－0.18）
CUST_LEV	0.1717	－ 0.0193	0.1806	－ 0.0231
	（1.09）	（－0.10）	（1.11）	（－0.12）
CUST_TobinQ	－ 0.0023	0.0027	－ 0.0064	0.0010
	（－0.07）	（0.04）	（－0.20）	（0.02）
CUST_CFO	－ 0.5074	－ 0.0440	－ 0.5275	－ 0.0338
	（－0.89）	（－0.10）	（－0.90）	（－0.08）
Cycle	－ 0.0553	0.0116	－ 0.0556	0.0117
	（－1.10）	（0.41）	（－1.11）	（0.42）
常数项	－ 0.2490 ***	－ 0.2156 **	－ 0.2512 ***	－ 0.2157 **
	（－3.09）	（－2.08）	（－3.11）	（－2.09）
Industry	YES	YES	YES	YES
Year	YES	YES	YES	YES
N	489	520	489	520
Adj. R^2	0.2554	0.2434	0.2530	0.2435

注：＊＊＊、＊＊、＊分别表示在1%、5%、10%的水平下显著；括号内数字为经 White 异方差调整后的 t 值。

6.5.4　基于供应商信息环境的差异性检验

客户股价波动性通过与供应商的紧密业务往来关系传染给供应商，供应商的股价波动性上升，资源配置效率下降。而企业的信息环境在企业的股价波动性中扮演着十分重要的角色，信息环境的差异决定了企业与市场的信息不对称程度、信息披露质量和速度（Callen and Fang，2013）。因此，供应商的信息环境不同，客户股价波动性对供应商绩效的影响则可能存在差异。

企业的信息环境具体可分为内部信息环境和外部信息环境，内部信息环境主要体现在公司的代理问题方面，外部信息环境主要包括审计师、分析师和机构投资者等的监督力量。企业内部信息环境较差，管理层掩盖负面信息甚至造假的成本较低。当该成本小于隐藏负面信息所带来的收益时，管理层的自利性动机更强（Hong and Stein，2003）。所掩盖的负面信息逐渐积累，客户股价波动性上升传染给供应商，促使投资者重新审视供应商所公开披露的信息。若供应商的信息环境差，则管理者所掩盖的负面信息将被发现并爆出，从而加剧供应商的股价波动性。

而外部信息环境在公司经营过程中起到公司治理的作用，审计师、分析师和机构投资者等作为市场理性投资者的代表，是降低企业与市场信息不对称程度的重要力量。市场理性投资者的参与能够降低信息不对称程度，从而提高市场的信息效率和定价效率（王亚平等，2009）。分析师关注度越高，越能够抑制内部人隐藏负面信息的动机，降低信息不对称程度，从而减小股价波动性（潘越等，2011）。信息不对称带来信息摩擦问题，这将阻碍资源的高效配置（逯东等，2012）。而分析师关注度等因素提高了外部信息环境质量，在提高资源配置效率方面扮演了重要角色（陈俊、陈汉文，2010）。因此，供应商信息环境质量较高时，管理层自利动机被约束，加之外部监督力量促使供应商及时披露负面信息，受客户股价波动性影响时，外部投资者拥有一定的判断能力，能够理性地进行合理的资源配置，从而缓解客户股价波动性对供应商绩效的负面影响。

综上，本章按照信息环境质量将全样本划分为信息环境好的供应商和信息环境差的供应商两组进行进一步检验，通过分组回归比较分析客户股价波动性对供应商绩效的负向影响是否存在差异。企业信息环境分为内部信息环境和外部信息环境，上节提到的内部人减持行为在一定程度上反映了企业的内部信息环境，因而本部分将着重考察企业的外部信息环境。针对外部信息环境的衡量,考虑到机构投资者的行为并非完全理性,可能形成羊群效应,进而无法确定机构投资者是增加还是降低了资本市场信息透明度(许年行等,2013)。因此,本部分采用分析师关注度作为供应商外部信息环境的代理变量,具体通过当年对供应商进行盈利预测的分析师人数进行衡量,以年度分析师人数中位数为划分依据。表 6.13 的结果显示,无论是 $CUST\_CRI1$ 还是 $CUST\_CRI2$ 作为解释变量,在信息环境好的供应商中,回归系数 β_1 均不显著;而在信息环境差的供应商中,回归系数 β_1 分别在 5% 和 10% 的水平下显著为负。这说明客户股价波动性对供应商绩效的负向影响仅存在于信息环境差的供应商中。与信息环境好的供应商相比,信息环境差的供应商管理层的自利动机更强,它们往往会隐藏负面信息以获得信息优势的超额收益,同时信息环境差的供应商外部监管力度较弱,资源配置效率较低。面临客户股价波动性的上升,这一风险将传染给供应商,成为企业累积的负面信息集中释放的契机,加剧供应商股价波动性,降低供应商的资源配置效率,从而负面影响供应商绩效。

表 6.13 异质特征检验:基于供应商信息环境的视角

变量	信息环境好	信息环境差	信息环境好	信息环境差
	(1)	(2)	(3)	(4)
$CUST\_CRI1$	0.0015	− 0.0357 **		
	(0.09)	(− 2.39)		
$CUST\_CRI2$			0.0081	− 0.0455 *
			(0.34)	(− 1.90)
$Size$	0.0118 ***	0.0166 ***	0.0119 ***	0.0164 ***
	(3.79)	(4.18)	(3.80)	(4.10)
LEV	− 0.1211 ***	− 0.1216 ***	− 0.1209 ***	− 0.1217 ***
	(− 5.43)	(− 5.80)	(− 5.42)	(− 5.86)
$TobinQ$	0.0053	0.0037	0.0053	0.0036
	(1.02)	(1.10)	(1.03)	(1.08)
$Return$	0.0295 ***	0.0244 ***	0.0295 ***	0.0246 ***
	(3.57)	(3.38)	(3.57)	(3.47)

续表

变量	信息环境好	信息环境差	信息环境好	信息环境差
	（1）	（2）	（3）	（4）
Volatility	− 0. 1545 *	− 0. 0422	− 0. 1550 *	− 0. 0464
	（ − 1. 79）	（ − 0. 68）	（ − 1. 80）	（ − 0. 77）
Top1	− 0. 0714	0. 0504	− 0. 0709	0. 0550
	（ − 0. 76）	（0. 43）	（ − 0. 76）	（0. 47）
DUAL	− 0. 0077	− 0. 0129 *	− 0. 0078	− 0. 0131 *
	（ − 0. 95）	（ − 1. 72）	（ − 0. 97）	（ − 1. 73）
Board	− 0. 0001	− 0. 0046	− 0. 0001	− 0. 0046
	（ − 0. 08）	（ − 1. 59）	（ − 0. 06）	（ − 1. 59）
INDEP	− 0. 0628	− 0. 0293	− 0. 0625	− 0. 0306
	（ − 0. 96）	（ − 0. 43）	（ − 0. 96）	（ − 0. 45）
CUST_ Size	0. 0039	− 0. 0070	0. 0041	− 0. 0068
	（0. 88）	（ − 1. 17）	（0. 93）	（ − 1. 14）
CUST_ LEV	− 0. 2896	0. 4008 **	− 0. 2925	0. 3972 **
	（ − 1. 56）	（2. 06）	（ − 1. 57）	（2. 02）
CUST_ TobinQ	− 0. 0121	− 0. 0331	− 0. 0138	− 0. 0339
	（ − 0. 19）	（ − 0. 81）	（ − 0. 22）	（ − 0. 83）
CUST_ CFO	0. 0206	− 0. 1209	0. 0247	− 0. 1476
	（0. 04）	（ − 0. 27）	（0. 05）	（ − 0. 32）
Cycle	0. 0312	− 0. 0470	0. 0304	− 0. 0483
	（0. 88）	（ − 1. 13）	（0. 86）	（ − 1. 17）
常数项	− 0. 1369 *	− 0. 2583 **	− 0. 1372 *	− 0. 2587 **
	（ − 1. 78）	（ − 2. 42）	（ − 1. 79）	（ − 2. 43）
Industry	YES	YES	YES	YES
Year	YES	YES	YES	YES
N	504	505	504	505
Adj. R^2	0. 2666	0. 2451	0. 2668	0. 2439

注：***、**、*分别表示在1%、5%、10%的水平下显著；括号内数字为经 White 异方差调整后的 t 值。

6.6　小结

本章以 2009～2019 年中国沪深 A 股中剔除金融行业的上市供应商为研究对象，从理论到实证深入研究了客户股价波动性对供应商绩效的影响，并对供应商投资者情绪产生的中介效应进行了检验。进一步地，本章又从供应商的议价能力、内部人减持行为和信息环境三个方面对客户股价波动性影响供应商绩效进行了差异性检验。研究结果表明，客户股价波动性对供应商绩效存在负向影响。客户股价波动性上升传染给供应商导致供应商的股价波动性随之上升，这降低了市场的资源配置效率，提高了供应商的融资成本，供应商利用外部资金应对风险的能力降低和手段减少，绩效下滑。出于规避风险的动机，供应商可能选择终止交易，而客户转换成本决定了一定时间内供应商绩效必然受到负面影响。另外，股价波动性的本质是企业隐藏了与业绩等相关的负面信息，客户股价波动性上升意味着未来业绩的负面预期，这直接减少了客户对供应商的产品需求，从而降低了供应商绩效。此外，供应商的投资者情绪在客户股价波动性负向影响供应商绩效的过程中产生完全中介效应。同时，二者的负向关系在议价能力低、发生内部人减持行为和信息环境差的供应商中表现得更为明显。

第7章 结论与政策建议

本书基于利益相关者理论、风险传染理论、信号传递理论以及有限理性理论，从公司治理的产权性质、议价能力、生命周期特征、客户融资融券程度、客户媒体负面报道程度、内部人减持行为和信息环境等方面，全面考察了不同维度客户经营风险对供应商绩效的影响，深入分析了影响背后的作用机制，丰富了相关领域的研究成果。根据前文的研究工作，本章将系统阐述及总结前述已得到的主要研究结论，并据此提出本书的政策建议。

7.1 研究结论

第一，本书以 2009～2019 年中国沪深 A 股中剔除金融行业的上市供应商为研究对象，从理论到实证深入研究了客户财务困境对供应商绩效的影响，并对应收账款坏账产生的中介效应进行了检验。进一步地，本章又从供应商的产权性质、议价能力和生命周期三个方面对客户财务困境影响供应商绩效进行了差异性检验。研究结果表明，客户财务困境对供应商绩效存在负向影响。客户财务困境使得供应商主观上减少与客户的交易行为，同时客观上客户对供应商的产品需求也将减少。客户陷入财务困境将拖欠货款甚至产生坏账，严重影响供应商的现金流。客户财务困境还将产生风险溢出效应，供应商被迫承担经营风险和财务风险，这都将对供应商绩效产生负面影响。此外，应收账款坏账在客户财务困境负向影响供应商绩效的过程中产生部分中介效应。同时，二者的负向关系在非国有性质、议价能力低和处于成长期的供应商中表现得更为明显。

第二，本书通过文本分析方法获取管理层负面语调，从理论到实证深入研究了客户管理层负面语调对供应商绩效的影响，并对供应商投资水平产生的中介效应进行了检验。进一步地，本章又从供应商的议价能力、客户融资融券程度和客户媒体负面报道程度三个方面，对客户管理层负面语调影响供应商绩效进行了差异性检验。研究结果表明，客户管理层负面语调对供应商绩效存在负向影响。客户管理层负面语调预示着客户对企业和行业的未来发展形成悲观预期，客户绩效下滑将减少对供应商的产品需求，同时偿债能力也将下降，对供应商的应付货款将出现延迟支付甚至坏账的可能，占用供应商的现金流，给供应商绩效带来负面影响。管理层的负面语调也将引发股票市场的大幅波动，通过供应链对供应商产生传染效应，进而增大供应商的融资成本等经营成本，从而降低供应商绩效。此外，供应商投资水平在客户管理层负面语调负向影响供应商绩效的过程中产生部分中介效应。同时，二者的负向关系在议价能力低、客户融资融券程度高和客户媒体负面报道程度高的供应商中表现得更为明显。

第三，本书通过上市公司股票市场表现提取了股价波动性的风险因素，从理论到实证深入研究了客户股价波动性对供应商绩效的影响，并对供应商投资者情绪产生的中介效应进行了检验。进一步地，本章又从供应商的议价能力、内部人减持行为和信息环境三个方面对客户股价波动性影响供应商绩效进行了差异性检验。研究结果表明，客户股价波动性对供应商绩效存在负向影响。客户股价波动性上升传染给供应商导致供应商的股价波动性随之上升，降低了市场的资源配置效率，提高了供应商的融资成本，供应商利用外部资金应对风险的能力降低和手段减少，绩效下滑。出于规避风险的动机，供应商可能选择终止交易，而客户转换成本决定了一定时间内供应商绩效必然受到负面影响。另外，股价波动性的本质是企业隐藏了与业绩等相关的负面信息，客户股价波动性上升意味着未来业绩的负面预期，这直接减少了客户对供应商的产品需求，从而降低了供应商绩效。此外，供应商的投资者情绪在客户股价波动性负向影响供应商绩效的过程中产生完全中介效应。同时，二者的负向关系在议价能力低、发生内部人减持行为和信息环境差的供应商中表现得更为明显。

7.2　政策建议

本书重点分析不同维度客户经营风险对供应商绩效的影响，剖析客户的财务困境、管理层负面语调以及股价波动性对供应商绩效的影响，以期为供应商管理者、市场监管者以及外部投资者提供一定的建议。本书的政策建议如下。

7.2.1 针对供应商管理者的建议

（1）正确认识客户的利与弊

供应商管理者应当意识到客户是一把双刃剑，一方面，客户构成供应商绩效的主要来源；另一方面，客户经营风险将通过供应链传导机制波及供应商，损害供应商绩效。首先，客户是供应链风险的内在风险源，客户经营风险能够加剧供应链脆弱性（Christopher and Peck，2004；Neureuther and Kenyon，2009）。客户的财务困境、管理层负面语调以及股价波动性等可能导致客户拖欠或拒付货款、降低采购价格甚至取消订单，造成供应链交易中断，加剧供应链脆弱性。其次，客户经营风险具有传染效应，使上游供应商"感染"财务风险和资本市场风险。最后，客户经营风险将对供应商绩效产生负向影响。基于以上论述，供应商管理者应科学主动地管理客户风险，建立完善的风险监控系统，对客户经营风险进行实时监控与评估，及时捕捉风险预警信号并制定有效的风险应对策略，缓解或避免客户经营风险波及供应商（White，1995；Waters，2011）。

（2）保持合理的客户集中度

企业应适当分散客户群，积极发展新客户，将客户集中度控制在合理水平从而实现更好的绩效。这是因为客户集中度决定着供应商议价能力，而供应商议价能力决定着供应商对客户经营风险的抵御能力（Wagner and Bode，2006；Dhaliwal et al.，2016）。当客户陷入财务困境、披露负面语调、面临股价下跌时，可能会对供应商提出拖欠或拒付货款、降低材料售价、提升商业信用额度等要求，一旦客户集中度提高，供应商议价能力将变低，供应商在客户–供应商关系中处于劣势地位而被迫妥协，继而"感染"财务风险，影响自身绩效（Piercy and Lane，2006）。因此，供应商应制定动态的供应链管理策略，主动控制和调整客户集中度，保持自身议价能力，防止企业资源被侵占。尽管如此，供应商管理者也不应过度分散客户群。因为适度集中的客户关系便于供应商与客户的沟通与信息共享，有助于供应商有效地获取信息资源，合理配置供应链资源，并制定合理的财务决策，有助于充分发挥供应链的积极作用，尽可能控制与化解客户经营风险对供应商的不利影响，确保供应链的稳定性和竞争力，实现企业的可持续发展。

（3）加强对客户文本信息的负面语调的关注

本书研究结果显示，客户管理层负面语调传递出企业的悲观预期，将导致供应商绩效显著下滑。所以供应商应当加强对客户信息披露的文本特征尤其是负面语调的关注，从而降低供应商与客户之间的信息不对称程度，避免坏消息传染效应所带来的负面影响。落实到实践上，供应商应当建立或者组织相关部门人员监控客户的公告信息，并通过文本分析技术及时捕捉公告信息中的乐观语调或者负面语调信息，从而在财务信息基础上，获取客户经营过程中的非财务信息特征，全面分析客户的经营情况，避免在信息不对称情况下，客户风险对自身经营产生无法控制的冲击。

（4）关注客户股价波动性信号

客户股价波动性并非仅影响客户自身，而是一个整体性风险，能够通过供应链表现出传染效应，致使供应商"感染"股价波动性，甚至引发资本市场大面积崩盘（彭旋、王雄元，2018）。客户股价波动性的根源在于客户管理层隐藏负面信息而导致的企业与外部投资者间的信息不对称。因此，供应商管理者首先应试图在风险源头降低客户股价波动性，即要求客户确保其股票价格信息质量，提升其信息透明度。一旦供应商发现客户股价波动性已经危及本企业，管理者应及时适度地降低交易量或终止交易，以阻断客户股价波动性的传染效应（彭旋、王雄元，2018）。此外，供应商管理者应着手治理自身股价波动性，例如，采取稳健的会计原则（Kim and Zhang，2016）；及时发布信息公告、风险预警公告以及澄清公司股票价格的异常波动以降低供应链运行管理过程中存在的不确定性；建立良好的客户 - 供应商关系以确保供应链整合，进而降低公司经营风险，减少自身股价波动性（Patatoukas，2012）。

7.2.2　针对市场监管者的建议

（1）改善资本市场信息环境

目前，我国上市公司的信息披露质量较低，导致市场参与者搜寻信息的成本较高以及信息含量不足。为了改善供应链信息环境，监管部门应当鼓励供应链中上市公司披露相关客户与供应商的信息，制定合理的信息规范，同时避免在披露信息的过程中泄露公司机密。因此，这要求监管部门仔细斟酌客户信息的披露范围，结合会计信息质量原则与有用性，要求上市公司披露更多的客户非财务信息，帮助供应商更加精准地识别供应链风险。

（2）加强对内部人减持行为的监管

当客户的股价波动性通过供应链传染给供应商时，供应商的内部人减持行为对股价波动性具有放大效应，有损企业资源配置效率，最终降低企业绩效。因此，监管部门应对企业内部人减持行为加强监管，这要求政府、证监会以及沪深证券交易所三方协同共治，不断完善现行上市公司股份减持制度和内部减持股份实施细则，防范"断崖式减持"与"过桥式减持"等不良减持行为（高榴，2019）；健全内部人交易披露制度，强化大股东减持行为的诚信义务，要求企业提高其内部人减持行为的信息披露质量，及时披露内部人持股信息，预先披露内部人减持行为计划并阐明减持原因与减持规模，以使外部投资者及时准确地掌握企业内部股票减持动态，为投资者决策提供依据。

（3）重视供应链风险的传染效应

系统性金融风险是风险传染的进一步表现，重视供应链风险传染的后果是保证经济健康稳定发展的前提。监管部门应当评估单个经济主体可能引发的风险，同时考察供应链中客户与供应商之间的关联关系，检查供应链中是否存在风险敞口，预防供应链中风险溢出效应引发的系统性金融风险。

7.2.3 针对外部投资者的建议

（1）从供应链整体视角评价与预测企业绩效

投资者应意识到在经济全球化和信息技术飞速发展的今天，企业已经打破独立运营模式而形成供应链合作机制，通过供应链上下游企业间的配合实现协同运转。因此，潜在的外部投资者对企业发展前景进行评估与预测时，应将其利益相关者信息纳入考虑范围，从供应链整体视角系统地分析企业运营状况与发展前景。其中，对供应链下游客户方面的风险因素应予以重视，客户经营风险通过供应链传导机制将表现出传染效应，使供应商"感染"风险，危害供应商绩效。如果投资者将企业视为独立个体，在评估企业绩效表现时仅考虑企业自身因素，将导致投资者对企业现状与前景形成误判，甚至造成错误决策。

（2）树立投资学习意识，提升投资知识水平

投资者应认识到财务信息与非财务信息对企业运营状况与发展前景均具有信息价值。非财务信息对财务信息起到补充作用，非财务信息所披露的文本内容与文本语调等能够提供超出财务数据的增量内容。因此，外部投资者应有意识地、系统地学习投资知识，提高投资技能，将自身塑造成高素质的金融投资者以避免投资失利。首先，投资者应学习如何正确解读与分析财务报告，并对其中的客户信息予以重视，例如，客户财务困境、客户股价波动性等信息是影响企业绩效的重要因素。其次，投资者应具备处理文本信息特征的相关知识，学会有效捕捉和正确理解管理层语调，充分挖掘文本披露语调所携带的信息增量价值。

参考文献

艾永芳，2018，《管理层任期异质性对股价崩盘风险影响的实证分析》，博士学位论文，东北财经大学。

巴曙松、朱虹，2016，《融资融券、投资者情绪与市场波动》，《国际金融研究》第 8 期。

白俊等，2021，《客户前瞻性信息质量与供应商投资效率——基于年报文本分析的经验证据》，《金融经济学研究》第 2 期。

白昊、王仁祥，2018，《股价崩盘风险、信息环境与企业现金调整》，《审计与经济研究》第 5 期。

包晓岚、赵瑞，2019，《客户集中度与分析师盈余预测准确性》，《财会月刊》第 22 期。

鲍群、毛亚男，2020，《客户风险的供应链溢出效应研究》，《安徽农业大学学报》（社会科学版）第 4 期。

边海容等，2013，《考虑 Web 金融信息的上市企业财务危机预测模型研究》，《计算机科学》第 11 期。

曹越等，2016，《市场化进程、自愿性审计师变更与所得税避税程度》，《财会月刊》第 11 期。

陈爱早，2009，《供应链中企业财务风险传导要素分析》，《武汉理工大学学报》（社会科学版）第 5 期。

陈长彬、缪立新，2009，《供应链风险类别、脆弱性因素及管理方法解析》，《商业经济》第 5 期。

陈宏辉，2003，《企业的利益相关者理论与实证研究》，博士学位论文，浙江大学。

陈佳怡、葛玉辉，2020，《混改背景下国企股权制衡对企业绩效影响的研究》，

《技术与创新管理》第 1 期。

陈建林，2015，《家族所有权与非控股国有股权对企业绩效的交互效应研究——互补效应还是替代效应》，《中国工业经济》第 12 期。

陈婧等，2018，《公司债务违约风险影响审计收费吗》，《财贸经济》第 5 期。

陈俊、陈汉文，2010，《IPO 价格上限管制的激励效应与中介机构的声誉价值——来自我国新股发行市场化改革初期的经验证据（2001 – 2004）》，《会计研究》第 12 期。

陈俊等，2010，《不确定性风险、治理冲突与审计师选择——来自 1998—2004 年中国 A 股 IPO 市场的经验证据》，《浙江大学学报》（人文社会科学版）第 5 期。

陈峻、张志宏，2016，《客户集中度对企业资本结构动态调整的影响——财政政策调节效应的实证分析》，《财政研究》第 5 期。

陈艳利等，2014，《资源配置效率视角下企业集团内部交易的经济后果——来自中国资本市场的经验证据》，《会计研究》第 10 期。

陈艺云，2019，《基于信息披露文本的上市公司财务困境预测：以中文年报管理层讨论与分析为样本的研究》，《中国管理科学》第 7 期。

程宏伟等，2006，《公司 R&D 投入与业绩相关性的实证研究》，《科学管理研究》第 3 期。

褚剑、方军雄，2017，《公司股价崩盘风险性影响审计费用吗?》，《外国经济与管理》第 9 期。

褚剑、方军雄，2016，《中国式融资融券制度安排与股价崩盘风险的恶化》，《经济研究》第 5 期。

狄灵瑜、步丹璐，2019，《债务违约、社会责任与政府支持》，《南方经济》第 11 期。

底璐璐等，2020，《客户年报语调具有供应链传染效应吗? ——企业现金持有的视角》，《管理世界》第 8 期。

董永琦等，2017，《股价崩盘风险：众人厄难还是几人欢喜几人愁?》，《系统工程》第 11 期。

窦瑜彤，2019，《我国上市公司企业绩效影响因素综述》，《纳税》第 28 期。

方红星、张勇，2016，《供应商/客户关系型交易、盈余管理与审计师决策》，

《会计研究》第 1 期。

方明月，2014，《市场竞争、财务约束和商业信用——基于中国制造业企业的实证分析》，《金融研究》第 2 期。

冯华、魏娇娇，2019，《社会控制与供应链整合之间的相互作用关系探讨——以依赖和信息共享能力为中介》，《珞珈管理评论》第 3 期。

冯天楚、谢广霞，2019，《财务困境、产品市场竞争与企业创新》，《财会通讯》第 9 期。

高榴，2019，《上市公司内部人股份减持监管的主要问题及对策建议》，《南方金融》第 2 期。

高明华等，2012，《财务治理、投资效率与企业经营绩效》，《财经研究》第 4 期。

高明华、郭传孜，2019，《混合所有制发展、董事会有效性与企业绩效》，《经济与管理研究》第 9 期。

谷祺、刘淑莲，1999，《财务危机企业投资行为分析与对策》，《会计研究》第 10 期。

顾瑞兰，2013，《促进我国新能源汽车产业发展的财税政策研究》，博士学位论文，财政部财政科学研究所。

韩超等，2017，《产业政策如何影响企业绩效：不同政策与作用路径是否存在影响差异？》，《财经研究》第 1 期。

胡浩然、聂燕锋，2018，《产业集聚、产业结构优化与企业生产率——基于国家级开发区的经验研究》，《当代经济科学》第 4 期。

胡泽等，2013，《金融发展、流动性与商业信用：基于全球金融危机的实证研究》，《南开管理评论》第 3 期。

花贵如等，2010，《投资者情绪、企业投资行为与资源配置效率》，《会计研究》第 11 期。

黄灿、李善民，2019，《股东关系网络、信息优势与企业绩效》，《南开管理评论》第 2 期。

黄宏斌等，2016，《企业生命周期、融资方式与融资约束——基于投资者情绪调节效应的研究》，《金融研究》第 7 期。

黄辉，2013，《媒体负面报道、市场反应与企业绩效》，《中国软科学》第

8 期。

黄俊等，2013，《公司经营绩效传染效应的研究》，《管理世界》第 3 期。

黄晓波等，2015，《上市公司客户集中度的财务效应与市场反应》，《审计与经济研究》第 2 期。

贾德奎、卞世博，2019，《招股说明书负面语调能预测 IPO 后业绩表现吗?》，《金融论坛》第 10 期。

江三良、张晨，2020，《企业家精神、产业政策与企业绩效——来自沪深 A 股制造业上市公司的证据》，《南京审计大学学报》第 4 期。

江伟等，2017，《客户集中度影响银行长期贷款吗——来自中国上市公司的经验证据》，《南开管理评论》第 2 期。

蒋艳辉、冯楚建，2014，《MD&A 语言特征、管理层预期与未来财务业绩——来自中国创业板上市公司的经验证据》，《中国软科学》第 11 期。

焦小静，2021，《供应链关系嵌入的创新溢出效应——基于主要客户的视角》，《企业经济》第 7 期。

焦小静、张鹏伟，2017，《客户集中度影响公司股利政策吗：治理效应抑或风险效应》，《广东财经大学学报》第 4 期。

康路平，2020，《基于核心竞争力的企业财务战略管理研究》，《财会学习》第 36 期。

寇蔻，2019，《产业政策能否提高企业绩效？——基于德国高科技战略的实证分析》，《欧洲研究》第 4 期。

况学文等，2019，《企业"恩威并施"对待其客户吗——基于财务杠杆策略性使用的经验证据》，《南开管理评论》第 4 期。

李昊洋等，2017，《投资者情绪对股价崩盘风险的影响研究》，《软科学》第 7 期。

李欢等，2018，《客户效应与上市公司债务融资能力——来自我国供应链客户关系的证据》，《金融研究》第 6 期。

李兰，2015，《创新人才缺乏是制约企业创新的最主要因素》，《中国经济时报》10 月 21 日。

李梦雨、李志辉，2019，《市场操纵与股价崩盘风险——基于投资者情绪的路径分析》，《国际金融研究》第 4 期。

李强，2016，《产业政策、技术创新与企业出口绩效——基于不同产业集聚程度的分析》，《世界经济研究》第 5 期。

李任斯、刘红霞，2016，《供应链关系与商业信用融资——竞争抑或合作》，《当代财经》第 4 期。

李诗瑶等，2020，《债权人监督与上市公司盈余管理——基于债务违约风险视角》，《当代财经》第 2 期。

李诗瑶，2019，《上市公司债务违约风险与股价崩盘风险》，《江西社会科学》第 7 期。

李世刚、蒋尧明，2020，《上市公司年报文本信息语调影响审计意见吗?》，《会计研究》第 5 期。

李姝等，2021，《同行 MD&A 语调对企业创新投资的溢出效应》，《中国工业经济》第 3 期。

李万福等，2012，《内部控制能有效规避财务困境吗?》，《财经研究》第 1 期。

李小荣等，2017，《同行公司股价崩盘风险影响公司投资行为吗?》，《投资研究》第 12 期。

李小荣等，2014，《债务诉讼与股价崩盘风险》，《中国会计评论》第 2 期。

李晓龙等，2016，《融资超募、机构投资者持股与股价崩盘——来自我国中小板、创业板市场的经验证据》，《会计与经济研究》第 1 期。

李歆、孟晓雪，2020，《客户集中度、审计质量与盈余管理》，《重庆理工大学学报》（社会科学）第 10 期。

李烨、严由亮，2017，《高管薪酬激励、产权性质与企业绩效——基于股权集中度的调节效应》，《工业技术经济》第 9 期。

厉国威等，2010，《持续经营不确定性审计意见的增量决策有用性研究——来自财务困境公司的经验证据》，《中国工业经济》第 2 期。

廖冠民、陈燕，2007，《国有产权、公司特征与困境公司绩效》，《会计研究》第 3 期。

林乐、谢德仁，2016，《投资者会听话听音吗? ——基于管理层语调视角的实证研究》，《财经研究》第 7 期。

林钟高等，2014，《关系型交易、盈余管理与盈余反应——基于主要供应商和客户视角的经验证据》,《审计与经济研究》第 2 期。

林钟高、赵孝颖,2020,《供应商集中度影响管理层业绩预告行为吗? ——基于业绩预告精确性及其预告态度的视角》,《财经理论与实践》第 4 期。

刘红霞、张心林,2004,《以主成分分析法构建企业财务危机预警模型》,《中央财经大学学报》第 4 期。

刘建梅、王存峰,2021,《投资者能解读文本信息语调吗?》,《南开管理评论》第 5 期。

刘婷婷等,2019,《产业政策与企业绩效关系研究》,《中国科技论坛》第 5 期。

刘怡林,2019,《浅谈企业应收账款管理——以制造业为例》,《现代商业》第 26 期。

刘银国等,2010,《股权结构与公司绩效相关性研究》,《管理世界》第 9 期。

陆瑶等,2018,《沪港通实施、资本流动与 A－H 股溢价》,《经济学报》第 1 期。

陆瑶等,2012,《机构投资者持股与上市公司违规行为的实证研究》,《南开管理评论》第 1 期。

陆正飞等,2015,《谁更过度负债:国有还是非国有企业?》,《经济研究》第 12 期。

逯东等,2012,《会计信息与资源配置效率研究述评》,《会计研究》第 6 期。

吕新军,2015,《股权结构、高管激励与上市公司治理效率——基于异质性随机边界模型的研究》,《管理评论》第 6 期。

罗党论、刘晓龙,2009,《政治关系、进入壁垒与企业绩效——来自中国民营上市公司的经验证据》,《管理世界》第 5 期。

马黎珺等,2016,《供应商—客户关系会影响企业的商业信用吗——基于中国上市公司的实证检验》,《经济理论与经济管理》第 2 期。

孟庆玺等,2018,《客户集中度与企业技术创新:助力抑或阻碍——基于客户个体特征的研究》,《南开管理评论》第 4 期。

潘凌云、董竹,2021,《税收激励与企业劳动雇佣——来自薪酬抵税政策的"准自然实验"》,《统计研究》第 7 期。

潘越等，2011，《信息不透明、分析师关注与个股暴跌风险》，《金融研究》第 9 期。

彭旋、王雄元，2018，《客户股价崩盘风险对供应商具有传染效应吗？》，《财经研究》第 2 期。

彭旋、王雄元，2016，《客户信息披露降低了企业股价崩盘风险吗》，《山西财经大学学报》第 5 期。

彭旋、王雄元，2018，《支持抑或掠夺？客户盈余信息与供应商股价崩盘风险》，《经济管理》第 8 期。

彭章等，2021，《融资融券与公司财务杠杆》，《南开管理评论》第 5 期。

戚拥军、彭必源，2007，《利益相关者对企业资本结构的影响》，《商场现代化》第 4 期。

秦璇、方军雄，2019，《债务违约曝光前后企业盈余管理行为研究——基于债务风险管理视角的实证检验》，《中国经济问题》第 6 期。

邱洋冬，2020，《产学研合作的创新激励效应研究——基于不同调节机制的分析》，《经济体制改革》第 5 期。

邱映贵等，2010，《供应链视角下企业财务风险传导机理与模式研究》，《财会通讯》第 2 期。

曲亮等，2014，《独立董事如何提升企业绩效——立足四层委托—代理嵌入模型的机理解读》，《中国工业经济》第 7 期。

石友蓉，2006，《风险传导机理与风险能量理论》，《武汉理工大学学报》第 9 期。

史金艳等，2018，《客户集中度影响现金股利的机制——信号传递、代理冲突还是融资约束？》，《投资研究》第 10 期。

史先诚，2002，《供应链企业网络关系》，《现代管理科学》第 6 期。

史燕丽等，2017，《基于商业银行绩效视角的流动性风险信息披露研究》，《管理评论》第 5 期。

孙建国、胡朝霞，2012，《中小企业板上市公司股权结构、公司治理与企业绩效：基于随机前沿生产函数的分析》，《投资研究》第 1 期。

谭庆美等，2019，《客户依赖会影响税收筹划程度么？——基于中国上市企业的实证检验》，《审计与经济研究》第 5 期。

唐跃军，2009，《供应商、经销商议价能力与公司业绩——来自2005—2007年中国制造业上市公司的经验证据》，《中国工业经济》第10期。

田利辉、张伟，2013，《政治关联影响我国上市公司长期绩效的三大效应》，《经济研究》第11期。

王海林、张爱玲，2019，《客户集中度、信息披露质量与股价同步性》，《财会通讯》第30期。

王洪盾等，2019，《公司治理结构与公司绩效关系研究——基于企业全要素生产率的视角》，《上海经济研究》第4期。

王洪盾，2020，《公司治理、企业研发与企业绩效》，博士学位论文，华东师范大学。

王剑，2013，《我国战略性新兴产业的融资模式研究》，博士学位论文，苏州大学。

王克明，2004，《企业财务困境与金融脆弱性》，《东北财经大学学报》第2期。

王立荣等，2017，《供应商、客户集中度对企业绩效的影响——基于高端制造业上市公司的实证研究》，《南京财经大学学报》第1期。

王丽艳，2019，《会计稳健性、真实盈余管理与审计定价》，《财会通讯》第6期。

王宁，2020，《管理者过度自信、投资行为与公司财务困境》，博士学位论文，吉林大学。

王晓艳、温东子，2020，《机构投资者异质性、创新投入与企业绩效——基于创业板的经验数据》，《审计与经济研究》第2期。

王雄元等，2014，《客户集中度与审计费用：客户风险抑或供应链整合》，《审计研究》第6期。

王雄元、高开娟，2017，《客户集中度与公司债二级市场信用利差》，《金融研究》第1期。

王雄元、高曦，2017，《客户盈余公告对供应商具有传染效应吗?》，《中南财经政法大学学报》第3期。

王雄元、刘芳，2014，《客户议价能力与供应商会计稳健性》，《中国会计评论》第C1期。

王亚平等，2009，《信息透明度、机构投资者与股价同步性》，《金融研究》第 12 期。

王宜峰等，2018，《股价崩盘风险、融资约束与企业投资》，《投资研究》第 10 期。

王跃堂等，2006，《董事会的独立性是否影响公司绩效？》，《经济研究》第 5 期。

魏明海等，2018，《中国情境下供应链中客户盈余信息传递效应影响因素研究》，《会计研究》第 6 期。

吴国通、李延喜，2019，《管理层过度乐观与企业债务融资决策》，《工业技术经济》第 11 期。

吴育辉等，2018，《股价崩盘风险与公司债融资——基于中国 A 股上市公司的经验证据》，《财务研究》第 3 期。

吴战篪、李晓龙，2015，《内部人抛售、信息环境与股价崩盘》，《会计研究》第 6 期。

武亚军等，2010，《战略理论的隐喻、范式及整合意义》，《浙江大学学报》（人文社会科学版）第 2 期。

夏喆等，2007，《企业风险传导进程中的耦合性态分析》，《上海管理科学》第 1 期。

向锐、洪镜淳，2020，《供应商—客户关系与会计稳健性》，《投资研究》第 4 期。

肖浩等，2016，《国外会计文本信息实证研究述评与展望》，《外国经济与管理》第 9 期。

肖志超、张俊民，2016，《媒体负面报道与审计收费：基于事务所组织形式变更的视角》，《财经理论与实践》第 6 期。

谢德仁、林乐，2015，《管理层语调能预示公司未来业绩吗？——基于我国上市公司年度业绩说明会的文本分析》，《会计研究》第 2 期。

谢德仁、林乐，2014，《市场对管理层语调有反应吗？——基于业绩说明会的文本分析》，中国会计学会 2014 年学术年会论文集（会计与资本市场专题）。

谢科范、袁明鹏、彭华涛编著，2014，《企业风险管理》，武汉理工大学出版社。

谢盛纹、陶然，2017，《年报预约披露推迟、分析师关注与股价崩盘风险》，《会计与经济研究》第 1 期。

熊家财、叶颖玫，2016，《股票流动性、企业投资与资本配置效率——来自我国上市公司的经验证据》，《江西财经大学学报》第 1 期。

徐晨阳、王满，2017，《客户集中度改变了公司债务期限结构选择吗——基于供应链风险溢出效应的研究》，《山西财经大学学报》第 11 期。

徐淳厚等，2006，《我国零——供商积怨关系的探讨与解决之道》，《北京工商大学学报》（社会科学版）第 5 期。

徐倩，2010，《基于不确定条件的供应商和制造商合作 R&D 投资策略研究》，硕士学位论文，重庆师范大学。

徐细雄、谭瑾，2014，《高管薪酬契约、参照点效应及其治理效果：基于行为经济学的理论解释与经验证据》，《南开管理评论》第 4 期。

徐晓燕、孙燕红，2008，《供应链企业财务困境的传递过程研究》，《中国管理科学》第 4 期。

徐昭，2014，《上市公司内部人减持行为的内在机制综述》，《经济理论与经济管理》第 3 期。

许江波、卿小权，2019，《僵尸企业对供应商的溢出效应及其影响因素》，《经济管理》第 3 期。

许年行等，2012，《分析师利益冲突、乐观偏差与股价崩盘风险》，《经济研究》第 7 期。

许年行等，2013，《机构投资者羊群行为与股价崩盘风险》，《管理世界》第 7 期。

薛宏刚等，2017，《企业股价崩盘风险与股票预期收益率——来自中国 A 股上市企业的经验证据》，《现代财经（天津财经大学学报）》第 4 期。

薛爽等，2018，《供应链集中度与审计意见购买》，《会计研究》第 8 期。

杨婵、贺小刚，2021，《关系投入对企业经营绩效的影响研究》，《管理学报》第 7 期。

杨道箭、白寅，2015，《基于 Hotelling 模型的供应链间核心企业竞争与分散式》，《系统工程理论与实践》第 12 期。

杨典，2013，《公司治理与企业绩效——基于中国经验的社会学分析》，《中国社会科学》第 1 期。

杨棉之等，2015，《股价崩盘风险与公司资本成本——基于中国 A 股上市公司的经验证据》，《现代财经（天津财经大学学报）》第 12 期。

杨森，2013，《财务困境及其应对策略——以三一重工为例》，《会计之友》第 23 期。

杨萱，2019，《混合所有制改革提升了国有企业绩效吗？》，《经济体制改革》第 6 期。

杨扬，2011，《基于赊销行为的供应链企业信用风险》，《系统工程》第 12 期。

杨宜、程京京，2019，《银行介入、金融资产配置与民营企业创新——基于企业债务违约分析》，《北京联合大学学报》（人文社会科学版）第 4 期。

杨勇，2017，《我国商业银行信贷资产证券化风险防控分析》，《时代金融》第 7 期。

杨志强等，2020，《资本市场信息披露、关系型合约与供需长鞭效应——基于供应链信息外溢的经验证据》，《管理世界》第 7 期。

叶厚元、洪菲，2010，《不同生命周期阶段的企业风险传导强度模型》，《武汉理工大学学报》（信息与管理工程版）第 3 期。

易伟明，2018，《供应链网络节点企业风险传播能力评估研究》，博士学位论文，北京理工大学。

殷枫、贾竞岳，2017，《大客户盈余管理对供应商企业投资的影响研究》，《审计与经济研究》第 6 期。

游家兴等，2010，《政治关联、职位壕沟与高管变更：来自中国财务困境上市公司的经验证据》，《金融研究》第 4 期。

于博等，2019，《客户集中度、融资约束与股价崩盘风险》，《广东财经大学学报》第 5 期。

于传荣等，2017，《上市公司高管因股价崩盘风险受到惩罚了吗？》，《经济管理》第 12 期。

余明桂、潘红波，2010，《金融发展、商业信用与产品市场竞争》，《管理世界》第 8 期。

喻灵，2017，《股价崩盘风险与权益资本成本——来自中国上市公司的经验证据》，《会计研究》第 10 期。

原东良等，2021，《积极型还是防御型：期望绩效反馈与年报印象管理策略——来自管理层语调向上操纵的证据》，《财贸研究》第 7 期。

曾庆生等，2018，《年报语调与内部人交易："表里如一"还是"口是心非"？》，《管理世界》第 9 期。

翟运开，2007，《基于知识转移的合作创新风险传导研究》，《武汉理工大学学报》第 12 期。

张驰，2013，《机构投资者与代理成本——基于高管薪酬的实证分析》，《现代管理科学》第 1 期。

张荷观，2013，《存在遗漏变量时的内生性研究》，《数量经济技术经济研究》第 10 期。

张剑光，2011，《供应链风险传导的要素及过程研究》，《物流工程与管理》第 11 期。

张静，2017，《会计信息质量、投资者有限理性与资产误定价》，博士学位论文，石河子大学。

张敏等，2012，《供应商－客户关系与审计师选择》，《会计研究》第 12 期。

张瑞君等，2013，《货币薪酬能激励高管承担风险吗？》，《经济理论与经济管理》第 8 期。

张天舒等，2015，《政治关联、风险资本投资与企业绩效》，《南开管理评论》第 5 期。

张玮倩、方军雄，2017，《债务违约会抑制公司创新投资吗？》，《产业经济研究》第 5 期。

张玮倩、方军雄，2019，《债务违约溢出效应对企业创新投资的影响研究》，《证券市场导报》第 9 期。

张先敏，2013，《供应链管理与经营性营运资金管理绩效：影响机理与实证检验》，博士学位论文，中国海洋大学。

张志宏、陈峻，2015，《客户集中度对企业现金持有水平的影响——基于 A 股制造业上市公司的实证分析》，《财贸研究》第 5 期。

章铁生等，2012，《证券发行管制下的地方"护租"与上市公司财务困境风险化解》，《会计研究》第 8 期。

章之旺，2008，《中国上市公司的财务困境成本理论与实证研究》，博士学位论文，厦门大学。

赵洁，2013，《所有权结构对组织冗余与企业绩效的影响研究——基于委托人—委托人冲突视角》，《西安交通大学学报》（社会科学版）第 3 期。

赵秀云、鲍群，2014，《供应商与客户关系是否影响企业现金持有水平——基于制造业上市公司面板数据的实证分析》，《江西财经大学学报》第 5 期。

赵妍妍等，2010，《文本情感分析》，《软件学报》第 8 期。

赵宇亮，2020，《年报净语调对企业债权融资的影响研究》，《经济管理》第 7 期。

甄丽明，2020，《管理层注意力转移与创新决策机制研究》，《技术经济与管理研究》第 8 期。

郑志刚，2007，《法律外制度的公司治理角色——一个文献综述》，《管理世界》第 9 期。

钟凯等，2020，《业绩说明会语调与分析师预测准确性》，《经济管理》第 8 期。

周方召等，2018，《机构投资者异质性与公司绩效——基于中国上市公司的经验研究》，《商业研究》第 3 期。

周剑南，2012，《企业财务危机对宏观金融风险的传导机制研究》，硕士学位论文，吉林财经大学。

周泽将等，2021，《本地任职与独立董事异议行为：监督效应 vs. 关系效应》，《南开管理评论》第 2 期。

朱朝晖等，2018，《管理层语调离差策略及其对分析师预测乐观度影响——基于 A 股制造业上市公司 MD&A 文本分析》，《财经论丛》第 2 期。

朱朝晖、许文瀚，2018，《上市公司年报语调操纵、非效率投资与盈余管理》，《审计与经济研究》第 3 期。

朱新球，2009，《供应链风险传导的载体研究》，《长江大学学报》（社会科学版）第 1 期。

邹萍，2013，《股价崩盘风险与资本结构动态调整——来自我国上市公司的经验证据》，《投资研究》第 12 期。

Aghion, P. , Cai, J. , 2015, "Industrial Policy and Competition", *American Economic Journal: Macroeconomics* 7 (4), pp. 1 – 32.

Ak, B. K. , Patatoukas, P. N. , 2016, "Customer-base Concentration and Inventory Efficiencies: Evidence from the Manufacturing Sector", *Production and Operations Management* 25 (2), pp. 258 – 272.

Akerlof, G. , 1970, "The Market for 'Lemons': Quality Uncertainty and the Market Mechanism", *Quarterly Journal of Economics* 84 (3), pp. 488 – 500.

Allen, F. , Gale, D. , 2000, "Financial Contagion", *Journal of Political Economy* 108 (1), pp. 1 – 33.

Allen, F. , Qian, J. , Qian, M. , 2005, "Law, Finance, and Economic Growth in China", *Journal of Financial Economics* 77 (1), pp. 57 – 116.

Altman, E. I. , 1968, "Financial Ratios, Discriminant Analysis and the Prediction of Corporate Bankruptcy", *Journal of Finance* 23 (4), pp. 589 – 609.

Amran, N. A. , Yusof, M. A. M. , Ishak, R. , Aripin, N. , 2014, "Do Characteristics of CEO and Chairman Influence Government-linked Companies Performance?", *Procedia Social and Behavioral Sciences* 109 (1), pp. 799 – 803.

Andrade, G. , Kaplan, S. N. , 1998, "How Costly Is Financial (Not Economic) Distress? Evidence from Highly Leveraged Transactions that Became Distressed", *The Journal of Finance* 53 (5), pp. 1443 – 1493.

An, Z. , Li, D. , Yu, J. , 2015, "Firm Crash Risk, Information Environment, and Speed of Leverage Adjustment", *Journal of Corporate Finance* 31, pp. 132 – 151.

Argenti, J. , 1976, "Corporate Planning and Corporate Collapse", *Long Range Planning* 9 (6), pp. 12 – 17.

Arora, A. , Sharma, C. , 2016, "Corporate Governance and Firm Performance in Developing Countries: Evidence from India", *Corporate Governance International Journal of Business in Society* 16 (2), pp. 420 – 436.

Arrow, K. J. , 1951, *Social Choice and Individual Values* (New York, NY, US: John Wiley & Sons), p. 99.

Ataseven, C. , Nair, A. , 2017, "Assessment of Supply Chain Integration and

Performance Relationships: A Meta-analytic Investigation of the Literature", *International Journal of Production Economics* 185 (3), pp. 252 – 265.

Aven, T., 2008, *Risk Analysis: Assessing Uncertainties beyond Expected Values and Probabilities* (New York, NY, US: John Wiley & Sons), p. 60.

Bae, K. H., Wang, J., 2015, "Why Do Firms in Customer-supplier Relationships Hold More Cash?", *International Review of Finance* 15 (4), pp. 489 – 520.

Baker, M., Wurgler, J., 2007, "Investor Sentiment in the Stock Market", *Journal of Economic Perspectives* 21 (2), pp. 129 – 151.

Baker, M., Wurgler, J., 2002, "Market Timing and Capital Structure", *The Journal of Finance* 57 (1), pp. 1 – 32.

Banerjee, S., Dasgupta, S., Kim, Y., 2008, "Buyer-supplier Relationships and the Stakeholder Theory of Capital Structure", *The Journal of Finance* 63 (5), pp. 2507 – 2552.

Bascle, G., 2008, "Controlling for Endogeneity with Instrumental Variables in Strategic Management Research", *Strategic Organization* 6 (3), pp. 285 – 327.

Basole, R. C., Bellamy, M. A., 2014, "Supply Network Structure, Visibility, and Risk Diffusion: A Computational Approach", *Decision Sciences* 45 (4), pp. 753 – 789.

Batjargal, B., Hitt, M. A., Tsui, A. S., Arregle, J. L., Webb, J. W., Miller, T. L., 2013, "Institutional Polycentrism, Entrepreneurs' Social Networks, and New Venture Growth", *Academy of Management Journal* 56 (4), pp. 1024 – 1049.

Battiston, S., Gatti, D. D., Gallegati, M., Greenwald, B., Stiglitz, J. E., 2007, "Credit Chains and Bankruptcy Propagation in Production Networks", *Journal of Economic Dynamics and Control* 31 (6), pp. 2061 – 2084.

Baxter, N., 1967, "Leverage, Risk of Ruin and the Cost of Capital", *The Journal of Finance* 22, pp. 395 – 403.

Beason, R., Weinstein, D. E., 1996, "Growth, Economies of Scale, and Targeting in Japan (1955 – 1990)", *The Review of Economics and Statistics* 78 (2), pp. 286 – 295.

Beaver, W. H. , 1966, "Financial Ratios as Predictors of Failure", *Journal of Accounting Research* 4, pp. 71 – 111.

Beneish, M. D. , Press, E. , 1993, "Costs of Technical Violation of Accounting-based Debt Covenants", *Accounting Review* 68 (2), pp. 233 – 257.

Berle, A. A. , Means, G. G. C. , 1932, *The Modern Corporation and Private Property* (New Jersey, NJ, US: Transaction Publishers), p. 58.

Bhaskar, L. S. , Krishnan, G. V. , Yu, W. , 2017, "Debt Covenant Violations, Firm Financial Distress, and Auditor Actions", *Contemporary Accounting Research* 34 (1), pp. 186 – 215.

Bhunia, A. , Sarkar, R. , 2011, "A Study of Financial Distress Based on MDA", *Journal of Management Research* 3 (2), pp. 1 – 11.

Black, F. , 1976, "Studies of Stock Price Volatility Changes", *Proceedings of the 1976 Meeting of Business and Economic Statistics Section* (Washington, DC: American Statistical Association).

Blanchard, O. J. , Watson, M. W. , 1982, "Bubbles, Rational Expectations and Financial Markets", *Crises in the Economic and Financial Structure: Bubbles, Bursts and Shocks*, ed. , Wachtel Paul (Lexington, MA: D. C. Heath and Company).

Blome, C. , Schoenherr, T. , 2011, "Supply Chain Risk Management in Financial Crises—A Multiple Case-study Approach", *International Journal of Production Economics* 134 (1), pp. 43 – 57.

Boardman, A. E. , Vining, A. R. , 1989, "Ownership and Performance in Competitive Environments: A Comparison of the Performance of Private, Mixed, and State-owned Enterprises", *The Journal of Law and Economics* 32 (1), pp. 1 – 33.

Bode, C. , Wagner, S. M. , 2015, "Structural Drivers of Upstream Supply Chain Complexity and the Frequency of Supply Chain Disruptions", *Journal of Operations Management* 36, pp. 215 – 228.

Bryan, S. H. , 1997, "Incremental Information Content of Required Disclosures Contained in Management Discussion and Analysis", *Accounting Review* 72

(2), pp. 285 – 301.

Buck, T., Liu, X., Skovoroda, R., 2008, "Top Executive Pay and Firm Performance in China", *Journal of International Business Studies* 39 (5), pp. 833 – 850.

Callen, J. L., Fang, X., 2013, "Institutional Investor Stability and Crash Risk: Monitoring Versus Short-termism?", *Journal of Banking and Finance* 37 (8), pp. 3047 – 3063.

Campello, M., Gao, J., 2017, "Customer Concentration and Loan Contract Terms", *Journal of Financial Economics* 123 (1), pp. 108 – 136.

Cao, J., Hsieh, H. S., Kohlbeck, M. J., 2013, *Do Major Customers Influence Voluntary Corporate Disclosure* (Florida, FL, US: Florida Atlantic University Working Paper), p. 4.

Carmichael, D. R., 1972, *The Auditor's Reporting Obligation: The Meaning and Implementation of the Fourth Standard of Reporting* (New York, NY, US: American Institute of Certified Public Accountants), p. 34.

Cen, L., Chen, F., Hou, Y., Richardson, G. D., 2018, "Strategic Disclosures of Litigation Loss Contingencies When Customer-supplier Relationships Are at Risk", *The Accounting Review* 93 (2), pp. 137 – 159.

Cen, L., Danesh, E., Ornthanalai, C., Zhao, X., 2015, "The Power of Economic Network: Investor Recognition through Supply-Chain Relationships", *SSRN Electronic Journal* 1, pp. 1 – 48.

Cen, L., Dasgupta, S., Elkamhi, R., Pungaliya, R. S., 2016, "Reputation and Loan Contract Terms: The Role of Principal Customers", *Review of Finance*, 20 (2), pp. 501 – 533.

Certo, S. T., 2003, "Influencing Initial Public Offering Investors with Prestige: Signaling with Board Structures", *Academy of Management Review*, 28 (3), pp. 432 – 446.

Chang, E. C., Wong, S., 2009, "Governance with Multiple Objectives: Evidence from Top Executive Turnover in China", *Journal of Corporate Finance* 15 (2), pp. 230 – 244.

Chang, H. , Hall, C. M. , Paz, M. , 2017, *Customer Concentration, Cost Structure, and Performance* (Ithaca, NY, US: Cornell University Working Paper), p. 6.

Chang, J. H. , Hung, M. W. , Tsai, F. T. , 2015, "Credit Contagion and Competitive Effects of Bond Rating Downgrades along the Supply Chain", *Finance Research Letters* 15, pp. 232 – 238.

Chang, W. , Ellinger, A. E. , Kim, K. K. , Franke, G. R. , 2016, "Supply Chain Integration and Firm Financial Performance: A Meta-analysis of Positional Advantage Mediation and Moderating Factors", *European Management Journal* 34 (3), pp. 282 – 295.

Charkhan, J. , 1992, "Corporate Governance: Lessons from Abroad", *European Business Journal* 4 (2), pp. 8 – 16.

Chava, S. , Roberts, M. R. , 2008, "How Does Financing Impact Investment? The Role of Debt Covenants", *The Journal of Finance* 63 (5), pp. 2085 – 2121.

Che, J. , Qian, Y. , 1998, "Insecure Property Rights and Government Ownership of Firms", *The Quarterly Journal of Economics* 113 (2), pp. 467 – 496.

Chen, C. , Kim, J. B. , Wei, M. , Zhang, H. , 2019, "Linguistic Information Quality in Customers' Forward-looking Disclosures and Suppliers' Investment Decisions", *Contemporary Accounting Research* 36 (3), pp. 1751 – 1783.

Chen, H. , Jia, S. , 2004, "Empirical Research on Stakeholders 3 – Dimension Classification in Chinese Enterprises", *Economic Research* 4, pp. 80 – 89.

Chen, J. , Chang, H. , Chen, H. C. , Kim, S. , 2014, "The Effect of Supply Chain Knowledge Spillovers on Audit Pricing", *Journal of Management Accounting Research* 26 (1), pp. 83 – 100.

Chen, J. , Hong, H. , Stein, J. C. , 2001, "Forecasting Crashes: Trading Volume, Past Returns and Conditional Skewness in Stock Prices", *Journal of Financial Economics* 61 (3), pp. 345 – 381.

Chiu, W. C. , Peña, J. I. , Wang, C. W. , 2015, "Industry Characteristics and Financial Risk Contagion", *Journal of Banking and Finance* 50, pp. 411 – 427.

Christensen, B. E., Glover, S. M., Wolfe, C. J., 2014, "Do Critical Audit Matter Paragraphs in the Audit Report Change Nonprofessional Investors' Decision to Invest?", *Auditing: A Journal of Practice and Theory* 33 (4), pp. 71 – 93.

Christopher, M., Lee, H., 2004, "Mitigating Supply Chain Risk Through Improved Confidence", *International Journal of Physical Distribution and Logistics Management* 34 (5), pp. 388 – 396.

Christopher, M., Peck, H., 2004, "Building the Resilient Supply Chains", *International Journal of Logistics Management* 15 (2), pp. 1 – 13.

Claessens, S., Djankov, S., Nenova, T., Lang, T., 2000, *Exploration of Minority Shareholders in East Asia* (Kunitachi-shi, JP: Hitotsubashi University), p. 2.

Clarkson, M. B. E., 1995, "A Stakeholder Framework for Analyzing and Evaluating Corporate Social Performance", *Academy of Management Review* 20 (1), pp. 92 – 117.

Co, H. C., Barro, F., 2009, "Stakeholder Theory and Dynamics in Supply Chain Collaboration", *International Journal of Operations and Production Management* 29 (6), pp. 591 – 611.

Cole, C. J., Jones, C. L., 2004, "The Usefulness of MD&A Disclosures in the Retail Industry", *Journal of Accounting, Auditing and Finance* 19 (4), pp. 361 – 388.

Connelly, B. L., Certo, S. T., Ireland, R. D., Reutzel, C. R., 2011, "Signaling Theory: A Review and Assessment", *Journal of Management* 37 (1), pp. 39 – 67.

Cool, K., Henderson, J., 1998, "Power and Firm Profitability in Supply Chains: French Manufacturing Industry in 1993", *Strategic Management Journal* 19 (10), pp. 909 – 926.

Cunat, V., 2007, "Trade Credit: Suppliers as Debt Collectors and Insurance Providers", *Review of Financial Studies* 20 (2), pp. 491 – 527.

Daley, B. , Green, B. , 2014, "Market Signaling with Grades", *Journal of Economic Theory* 151, pp. 114 – 145.

Dalton, D. R. , Daily, C. M. , Johnson, J. L. , Ellstrand, A. E. , 1999, "Number of Directors and Financial Performance: A Meta-analysis", *Academy of Management Journal* 42 (6), pp. 674 – 686.

Dass, N. , Kale, J. R. , Nanda, V. , 2015, "Trade Credit, Relationship-specific Investment, and Product Market Power", *Review of Finance* 19 (5), pp. 1867 – 1923.

Davis, A. K. , Tama-Sweet, I. , 2012, "Managers' Use of Language Across Alternative Disclosure Outlets: Earnings Press Releases Versus MD&A", *Contemporary Accounting Research* 29 (3), pp. 804 – 837.

Dechow, P. M. , Sloan, R. G. , Hutton, A. P. , 1995, "Detecting Earnings Management", *Accounting Review* 70 (2), pp. 193 – 225.

Defond, M. L. , Jiambalvo, J. , 1994, "Debt Covenant Violation and Manipulation of Accruals", *Journal of Accounting and Economics* 17 (2), pp. 145 – 176.

De Franco, G. , Hope, O. K. , Vyas, D. , Zhou, Y. , 2015, "Analyst Report Readability", *Contemporary Accounting Research* 32 (1), pp. 76 – 104.

Demers, E. , Vega, C. , 2011, "Linguistic Tone in Earnings Announcements: News or Noise?", *Social Science Research Network Electronic Journal* 1, pp. 1 – 67.

Demsetz, H. , 1983. "The Structure of Ownership and the Theory of the Firm", *Journal of Law and Economics* 26, pp. 375 – 390.

Desai, K. J. , Desai, M. S. , Ojode, L. , 2015, "Supply Chain Risk Management Framework: A Fishbone Analysis Approach", *SAM Advanced Management Journal* 80 (3), pp. 34 – 56.

Dhaliwal, D. , Judd, J. S. , Serfling, M. , Shaikh, S. , 2016, "Customer Concentration Risk and the Cost of Equity Capital", *Journal of Accounting and Economics* 61 (1), pp. 23 – 48.

Dickinson, V. , 2011, "Cash Flow Patterns as a Proxy for Firm Life Cycle", *The Accounting Review* 86 (6), pp. 1969 – 1994.

Donaldson, T. , Preston, L. E. , 1995, "The Stakeholder Theory of the Corpo-
ration: Concepts, Evidence, and Implications", *Academy of Management
Review* 20, pp. 65 – 91.

Dou, Y. , Hope, O. K. , Thomas, W. B. , 2013, " Relationship-specificity,
Contract Enforceability, and Income Smoothing", *The Accounting Review* 88
(5), pp. 1629 – 1656.

Dutta, D. K. , Hora, M. , 2017, "From Invention Success to Commercializa-
tion Success: Technology Ventures and the Benefits of Upstream and Down-
stream Supply-chain Alliances", *Journal of Small Business Management* 55
(2), pp. 216 – 235.

Dwyer, F. R. , Schurr, P. H. , Oh, S. , 1987, "Developing Buyer-seller Re-
lationships", *Journal of Marketing* 51 (2), pp. 11 – 27.

Dyer, J. H. , Singh, H. , 1998, "The Relational View: Cooperative Strategy and
Sources of Interorganizational Competitive Advantage", *Academy of Management
Review* 23 (4), pp. 660 – 679.

Dyreng, S. D. , 2009, *The Cost of Private Debt Covenant Violation* (Chapel Hill,
NC, US: University of North Carolina at Chapel Hill), p. 23.

Edmans, A. , Manso, G. , 2011, "Governance Through Trading and Interven-
tion: A Theory of Multiple Blockholders", *The Review of Financial Studies*
24 (7), pp. 2395 – 2428.

Eesley, C. E. , Eberhart, R. N. , Skousen, B. R. , Cheng, J. L. , 2018, " In-
stitutions and Entrepreneurial Activity: The Interactive Influence of Misaligned
Formal and Informal Institutions", *Strategy Science* 3 (2), pp. 393 – 407.

Ersahin, N. , Irani, R. M. , Le, H. , 2021, "Creditor Control Rights and Re-
source Allocation within Firms", *Journal of Financial Economics* 139 (1),
pp. 186 – 208.

Evrensel, A. Y. , 2008, "Banking Crisis and Financial Structure: A Survival-
time Analysis", *International Review of Economics and Finance* 17 (4),
pp. 589 – 602.

Fabbri, D. , Menichini, A. , 2010, "Trade Credit, Collateral Liquidation, and

Borrowing Constraints", *Journal of Financial Economics* 96 (3), pp. 413 –
432.

Faccio, M., Lasfer, M. A., 2000, "Do Occupational Pension Funds Monitor
Companies in Which They Hold Large Stakes?", *Journal of Corporate Fi-
nance* 6 (1), pp. 71 –110.

Falato, A., Liang, N., 2016, "Do Creditor Rights Increase Employment Risk? Ev-
idence from Loan Covenants", *The Journal of Finance* 71 (6), pp. 2545 –
2590.

Fama, E. F., Jensen, M. C., 1983, "Separation of Ownership and Control",
The Journal of Law and Economics 26 (2), pp. 301 –325.

Fang, V. W., Huang, A. H., Karpoff, J. M., 2016, "Short Selling and Earn-
ings Management: A Controlled Experiment", *The Journal of Finance* 71
(3), pp. 1251 –1294.

Fargher, N. L., Wilkins, M. S., Holder-Webb, L. M., 2001, "Initial Tech-
nical Violations of Debt Covenants and Changes in Firm Risk", *Journal of
Business Finance and Accounting* 28 (3), pp. 465 –480.

Feldman, R., Govindaraj, S., Livnat, J., Segal, B., 2010, "Management's
Tone Change, Post Earnings Announcement Drift and Accruals", *Review of
Accounting Studies* 15 (4), pp. 915 –953.

Fern, M. J., Cardinal, L. B., O'Neill, H. M., 2012, "The Genesis of Strat-
egy in New Ventures: Escaping the Constraints of Founder and Team
Knowledge", *Strategic Management Journal* 33 (4), pp. 427 –447.

Firth, M., Fung, P. M. Y., Rui, O. M., 2006, "Corporate Performance and
CEO Compensation in China", *Journal of Corporate Finance* 12 (4),
pp. 693 –714.

Fisher, M. L., 1997, "What Is the Right Supply Chain for Your Product", *Har-
vard Business Review* 75 (2), pp. 105 –116.

Fisman, R., Love, I., 2003, "Trade Credit, Financial Intermediary Develop-
ment, and Industry Growth", *The Journal of Finance* 58 (1), pp. 353 –374.

Fisman, R., Wang, Y., 2010, "Trading Favors within Chinese Business Groups",

American Economic Review 100 （2）, pp. 429 – 433.

Frankel, R., Li, X., 2004, "Characteristics of a Firm's Information Environ-ment and the Information Asymmetry between Insiders and Outsiders", *Jour-nal of Accounting and Economics* 37 （2）, pp. 229 – 259.

Frederick, W. C., Post, J. E., Davis, K., 1988, *Business and Society: Cor-porate Strategy, Public Policy, Ethics* （New York, NY, US: McGraw-Hill）, p. 544.

Freeman, R. E., 1984, *Strategic Management: A Stakeholder Approach* （Boston, MA, US: Pitman Publishing）, p. 81.

Fujiwara, Y., 2008, "Chain of Firms' Bankruptcy: A Macroscopic Study of Link Effect in a Production Network", *Advances in Complex Systems* 11 （5）, pp. 703 – 717.

Galbraith, C. S., Stiles, C. H., 1983, "Firm Profitability and Relative Firm Power", *Strategic Management Journal* 4 （3）, pp. 237 – 249.

Gao, Y., Khan, M., Tan, L., 2017, "Further Evidence on Consequences of Debt Covenant Violations", *Contemporary Accounting Research* 34 （3）, pp. 1489 – 1521.

Garleanu, N., Pedersen, L. H., 2013, "Dynamic Trading with Predictable Re-turns and Transaction Costs", *The Journal of Finance* 68 （6）, pp. 2309 – 2340.

Gatti, D. D., Gallegati, M., Greenwald, B. C., Russo, A., Stiglitz, J. E., 2009, "Business Fluctuations and Bankruptcy Avalanches in an Evolving Network Economy", *Journal of Economic Interaction and Coordination* 4 （2）, pp. 195 – 212.

Gatti, D. D., Gallegati, M., Greenwald, B. C., Russo, A., Stiglitz, J. E., 2010, "The Financial Accelerator in an Evolving Credit Network", *Journal of Economic Dynamics and Control* 34 （9）, pp. 1627 – 1650.

Geng, D., Zhu, H., Chen, S., 2022, "Research Review of Supply Chain Risk Management", *Financial Engineering and Risk Management* 5 （2）, pp. 32 – 38.

Geppert, J. M. , Ivanov, S. I. , Karels, G. V. , 2010, "Analysis of the Probability of Deletion of S&P 500 Companies: Survival Analysis and Neural Networks Approach", *The Quarterly Review of Economics and Finance* 50 (2), pp. 191 – 201.

Gordon, M. J. , 1971, "Towards a Theory of Financial Distress", *The Journal of Finance* 26 (2), pp. 347 – 356.

Gosman, M. , Kelly, T. , Olsson, P. , Warfield, T. , 2004, "The Profitability and Pricing of Major Customers", *Review of Accounting Studies* 9 (1), pp. 117 – 139.

Griffin, J. J. , 2017, "Tracing Stakeholder Terminology Then and Now: Convergence and New Pathways", *Business Ethics: A European Review* 26 (4), pp. 326 – 346.

Griffin, P. A. , 2014, "The Market for Credit Default Swaps: New Insights into Investors' Use of Accounting Information?", *Accounting and Finance* 54 (3), pp. 847 – 883.

Grosman, A. , Okhmatovskiy, I. , Wright, M. , 2016, "State Control and Corporate Governance in Transition Economies: 25 Years on from 1989", *Corporate Governance* 24 (3), pp. 200 – 221.

Guan, Y. , Wong, M. , Yue, Z. , 2015, "Analyst following along the Supply Chain", *Review of Accounting Studies* 20 (1), pp. 210 – 241.

Guldiken, O. ,Tupper, C. ,Nair, A. ,Yu, H. ,2017, "The Impact of Media Coverage on IPO Stock Performance", *Journal of Business Research* 72, pp. 24 – 32.

Gu, M. , 2020, "Distress Risk, Investor Sophistication, and Accrual Anomaly", *Journal of Accounting Auditing and Finance* 35 (1), pp. 79 – 105.

Guo, J. , Huang, P. , Zhang, Y. , 2019, "Do Debt Covenant Violations Serve as a Risk Factor of Ineffective Internal Control?", *Review of Quantitative Finance and Accounting* 52 (1), pp. 231 – 251.

Habib, A. , Hasan, M. M. , Jiang, H. , 2018, "Stock Price Crash Risk: Review of the Empirical Literature", *Accounting and Finance* 58, pp. 211 – 251.

Hackenbrack, K. E. , Jenkins, N. T. , Pevzner, M. , 2014, "Relevant But

Delayed Information in Negotiated Audit Fees", *Auditing: A Journal of Practice & Theory* 33 (4), pp. 95 – 117.

Hadani, M., Goranova, M., Khan, R., 2011, "Institutional Investors, Shareholder Activism, and Earnings Management", *Journal of Business Research* 64 (12), pp. 1352 – 1360.

Hansen, G. S., Wernerfelt, B., 1989, "Determinants of Firm Performance: The Relative Importance of Economic and Organizational Factors", *Strategic Management Journal* 10 (5), pp. 399 – 411.

Harper, J., Johnson, G., Sun, L., 2020, "Stock Price Crash Risk and CEO Power: Firm-level Analysis", *Research in International and Finance* 51, pp. 1 – 16.

Hartzell, J. C., Starks, L. T., 2003, "Institutional Investors and Executive Compensation", *The Journal of Finance* 58 (6), pp. 2351 – 2374.

Healy, P. M., Palepu, K. G., 2001, "Information Asymmetry, Corporate Disclosure, and the Capital Markets: A Review of the Empirical Disclosure Literature", *Journal of Accounting and Economics* 31 (1), pp. 405 – 440.

Heckmann, I., Comes, T., Nickel, S., 2015, "A Critical Review on Supply Chain Risk: Definition, Measure and Modeling", *Omega* 52 (6), pp. 119 – 132.

Helwege, J., 2010, "Financial Firm Bankruptcy and Systemic Risk", *Journal of International Financial Markets, Institutions and Money* 20 (1), pp. 1 – 12.

Henry, E., Leone, A. J., 2016, "Measuring Qualitative Information in Capital Markets Research: Comparison of Alternative Methodologies to Measure Disclosure Tone", *The Accounting Review* 91 (1), pp. 153 – 178.

Hertzel, M. G., Li, Z., Officer, M. S., Rodgers, K. J., 2008, "Inter-firm Linkages and the Wealth Effects of Financial Distress along the Supply Chain", *Journal of Financial Economics* 87 (2), pp. 374 – 387.

Hiatt, S. R., Sine, W. D., 2014, "Clear and Present Danger: Planning and New Venture Survival Amid Political and Civil Violence", *Strategic Management Journal* 35 (5), pp. 773 – 785.

Hong, H. , Stein, J. C. , 2003, "Differences of Opinion, Short-sales Constraints, and Market Crashes", *The Review of Financial Studies* 16 (2), pp. 487 – 525.

Huang, H. H. , Lobo, G. J. , Wang, C. , Xie, H. , 2016a, "Customer Concentration and Corporate Tax Avoidance", *Journal of Banking and Finance* 72, pp. 184 – 200.

Huang, H. , Jin, G. , Chen, J. , 2016b, "Investor Sentiment, Property Nature and Corporate Investment Efficiency: Based on the Mediation Mechanism in Credit Financing", *China Finance Review International* 6 (1), pp. 56 – 76.

Huang, X. , Teoh, S. H. , Zhang, Y. , 2014, "Tone Management", *The Accounting Review* 89 (3), pp. 1083 – 1113.

Hudnurkar, M. , Deshpande, S. , Rathod, U. , Jakhar, S. K. , 2017, "Supply Chain Risk Classification Schemes: A Literature Review", *Operations and Supply Chain Management* 10 (4), pp. 182 – 199.

Hui, K. W. , Klasa, S. , Yeung, P. E. , 2012, "Corporate Suppliers and Customers and Accounting Conservatism", *Journal of Accounting and Economics* 53 (1 – 2), pp. 115 – 135.

Hutton, A. P. , Marcus, A. J. , Tehranian, H. , 2009, "Opaque Financial Reports, R^2, and Crash Risk", *Journal of Financial Economics* 94 (1), pp. 67 – 86.

Hutton, A. P. , Miller, G. S. , Skinner, D. J. , 2003, "The Role of Supplementary Statements with Management Earnings Forecasts", *Journal of Accounting Research* 41 (5), pp. 867 – 890.

Imam, M. O. , Malik, M. , 2007, "Firm Performance and Corporate Governance through Ownership Structure: Evidence from Bangladesh Stock Market", *International Review of Business Research Papers* 3 (4), pp. 88 – 110.

Irina, I. , Nadezhda, Z. , 2009, "The Relationship between Corporate Governance and Company Performance in Concentrated Ownership Systems: The Case of Germany", *Journal of Corporate Finance* 4 (12), pp. 34 – 56.

Irvine, P. J. , Park, S. S. , Yıldızhan, Ç. , 2016, "Customer-base Concentration, Profitability and the Relationship Life Cycle", *The Accounting Review* 91 (3), pp. 883 – 906.

Itzkowitz, J. , 2013, "Customers and Cash: How Relationships Affect Suppliers' Cash Holdings", *Journal of Corporate Finance* 19, pp. 159 – 180.

Jacobson, T. , Von Schedvin, E. , 2015, "Trade Credit and the Propagation of Corporate Failure: An Empirical Analysis", *Econometrica* 83 (4), pp. 1315 – 1371.

Jegadeesh, N. , Wu, D. , 2013, "Word Power: A New Approach for Content Analysis", *Journal of Financial Economics* 110 (3), pp. 712 – 729.

Jensen, M. C. , 1993, "The Modern Industrial Revolution, Exit, and the Failure of Internal Control Systems", *The Journal of Finance* 48 (3), pp. 831 – 880.

Jiang, J. , Ping, Z. , 2012, "Structure Types and Characteristics of Single Rings", *The Guide of Science and Education* 5, pp. 15 – 82.

Jin, L. , Myers, S. , 2006, "R-Squared around the World: New Theory and New Tests", *Journal of Financial Economics* 79 (2), pp. 257 – 292.

Johnson, W. C. , Kang, J. K. , Masulis, R. W. , 2013, "Supply-chain Spillover Effects and the Interdependence of Firm Financing Decisions", *Social Science Research Network Electronic Journal* 1, pp. 1 – 84.

Johnstone, K. M. , Li, C. , Luo, S. , 2014, "Client-auditor Supply Chain Relationships, Audit Quality, and Audit Pricing", *Auditing: A Journal of Practice and Theory* 33 (4), pp. 119 – 166.

Kahneman, D. , 1973, *Attention and Effort* (Upper Saddle River, NJ, US: Prentice-Hall), p. 10.

Kale, J. R. , Shahrur, H. , 2007, "Corporate Capital Structure and the Characteristics of Suppliers and Customers", *Journal of Financial Economics* 83 (2), pp. 321 – 365.

Kao, M. F. , Hodgkinson, L. , Jaafar, A. , 2019, "Ownership Structure, Board of Directors and Firm Performance: Evidence from Taiwan", *Corporate Governance* 19 (1), pp. 189 – 216.

Khan, M., Watts, R. L., 2009, "Estimation and Empirical Properties of a Firm-year Measure of Accounting Conservatism", *Journal of Accounting and Economics* 48 (2), pp. 132 – 150.

Kim, J. B., Li, Y., Zhang, L., 2011, "Corporate Tax Avoidance and Stock Price Crash Risk: Firm-level Analysis", *Journal of Financial Economics* 100 (3), pp. 639 – 662.

Kim, J. B., Zhang, L., 2016, "Accounting Conservatism and Stock Price Crash Risk: Firm-level Evidence", *Contemporary Accounting Research* 33 (1), pp. 412 – 441.

Kim, Y. H., Henderson, D., 2015, "Financial Benefits and Risks of Dependency in Triadic Supply Chain Relationships", *Journal of Operations Management* 36, pp. 115 – 129.

Kim, Y. H., Wemmerlöv, U., 2015, "Does a Supplier's Operational Competence Translate into Financial Performance? An Empirical Analysis of Supplier-Customer Relationships", *Decision Sciences* 46 (1), pp. 101 – 134.

Kiss, A. N., Barr, P. S., 2015, "New Venture Strategic Adaptation: The Interplay of Belief Structures and Industry Context", *Strategic Management Journal* 36 (8), pp. 1245 – 1263.

Kiyotaki, N., Moore, J., 2002, "Balance-sheet Contagion", *American Economic Review* 92 (2), pp. 46 – 50.

Kolay, M., Lemmon, M. L., Tashjian, E., 2016, "Spreading the Misery? Sources of Bankruptcy Spillover in the Supply Chain", *Journal of Financial and Quantitative Analysis* 51 (6), pp. 1955 – 1990.

Kole, S. R., Mulherin, J. H., 1997, "The Government as a Shareholder: A Case from the United States", *The Journal of Law and Economics* 40 (1), pp. 1 – 22.

Konchitchki, Y., Luo, Y., Ma, M. L. Z., Wu, F., 2016, "Accounting-based Downside Risk, Cost of Capital, and the Macroeconomy", *Review of Accounting Studies* 21 (1), pp. 1 – 36.

Kothari, S. P., Shu, S., Wysocki, P. D., 2009, "Do Managers Withhold Bad

News?", *Journal of Accounting Research* 47 (1), pp. 241 – 276.

Krishnan, G. V., Patatoukas, P. N., Wang, A. Y., 2019, "Customer-base Concentration: Implications for Audit Pricing and Quality", *Journal of Management Accounting Research* 31 (1), pp. 129 – 152.

Lanier Jr, D., Wempe, W. F., Zacharia, Z. G., 2010, "Concentrated Supply Chain Membership and Financial Performance: Chain-and Firm-level Perspectives", *Journal of Operations Management* 28 (1), pp. 1 – 16.

Lawrence, A., 2013, "Individual Investors and Financial Disclosure", *Journal of Accounting and Economics* 56 (1), pp. 130 – 147.

Lazzarini, S. G., 2015, "Strategizing by the Government: Can Industrial Policy Create Firm-level Competitive Advantage?", *Strategic Management Journal* 36 (1), pp. 97 – 112.

Lemmon, M. L., Roberts, M. R., Zender, J. F., 2008, "Back to the Beginning: Persistence and the Cross-section of Corporate Capital Structure", *The Journal of Finance* 63 (4), pp. 1575 – 1608.

Li, F., 2008, "Annual Report Readability, Current Earnings, and Earnings Persistence", *Journal of Accounting and Economics* 45 (2), pp. 221 – 247.

Li, F., 2010, "The Information Content of Forward-looking Statements in Corporate Filings—A Naïve Bayesian Machine Learning Approach", *Journal of Accounting Research* 48 (5), pp. 1049 – 1102.

Lins, S., Sunyaev, A., 2017, "Unblackboxing IT Certifications: A Theoretical Model Explaining IT Certification Effectiveness", *Proceedings of the 38th International Conference on Information Systems* (South Korea, KR: ICIS).

Liu, K., Ren, M., 2019, "Stock Price Crash Risk and Cost of Equity Capital", *IOP Conference Series: Earth and Environmental Science* 332 (2), pp. 1 – 6.

Loughran, T., McDonald, B., 2020, "Textual Analysis in Finance", *Annual Review of Financial Economics* 12, pp. 357 – 375.

Loughran, T., McDonald, B., 2011, "When Is a Liability Not a Liability? Textual Analysis, Dictionaries, and 10 – Ks", *The Journal of Finance* 66 (1), pp. 35 – 65.

Louis, P. , VanLaere, E. , Baesens, B. , 2013, "Understanding and Predicting Bank Rating Transitions Using Optimal Survival Analysis Models", *Economics Letters* 119 (3), pp. 280 – 283.

Love, I. , Preve, L. A. , Sarria-Allende, V. , 2007, "Trade Credit and Bank Credit: Evidence from Recent Financial Crises", *Journal of Financial Economics* 83 (2), pp. 453 – 469.

MacKie-Mason, J. K. , 1990, "Do Taxes Affect Corporate Financing Decisions?", *The Journal of Finance* 45 (5), pp. 1471 – 1493.

Madsen, J. , 2017, "Anticipated Earnings Announcements and the Customer-supplier Anomaly", *Journal of Accounting Research* 55 (3), pp. 709 – 741.

Mak, Y. T. , Li, Y. , 2001, "Determinants of Corporate Ownership and Board Structure: Evidence from Singapore", *Journal of Corporate Finance* 7 (3), pp. 235 – 256.

Maloni, M. J. , Benton, W. C. , 1997, "Supply Chain Partnerships: Opportunities for Operations Research", *European Journal of Operational Research* 101 (3), pp. 419 – 429.

March, J. G. , Shapira, Z. , 1987, "Managerial Perspectives on Risk and Risk Taking", *Management Science* 33 (11), pp. 1404 – 1418.

Martin, D. , 1977, "Early Warning of Bank Failure: A Logit Regression Approach", *Journal of Banking and Finance* 1 (3), pp. 249 – 276.

Maruchek, A. ,Greis, N. ,Mena, C. ,Cai, L. ,2011, "Product Safety and Security in the Global Supply Chain: Issues, Challenges, and Research Opportunities" ,*Journal of Operations Management* 29, pp. 707 – 720.

Masa'deh, R. , Tayeh, M. , AI-Jarrah, I. M. , Tarhini, A. , 2015, "Accounting vs. Market-based Measures of Firm Performance Related to Information Technology Investments", *International Review of Social Sciences and Humanities* 9 (1), pp. 129 – 145.

Matar, A. , Eneizan, B. M. , 2018, "Determinants of Financial Performance in the Industrial Firms: Evidence from Jordan", *Asian Journal of Agricultural*

Extension, *Economics and Sociology* 22 (1), pp. 1 – 10.

Mayew, W. J. , Sethuraman, M. , Venkatachalam, M. , 2015, "MD&A Disclosure and the Firm's Ability to Continue as a Going Concern", *The Accounting Review* 90 (4), pp. 1621 – 1651.

Metlzer, A. H. , 1960, "Mercantile Credit, Monetary Policy, and Size of Firms", *The Review of Economic and Statistics* 42, pp. 429 – 437.

Miles, J. A. , 2012, *Management and Organization Theory: A Jossey-Bass Reader* (New York, NY: John Wiley & Sons), p. 67.

Miles, S. , 2017, "Stakeholder Theory Classification: A Theoretical and Empirical Evaluation of Definitions", *Journal of Business Ethics* 142, pp. 437 – 459.

Miller, E. M. , 1977, "Risk, Uncertainty, and Divergence of Opinion", *The Journal of Finance* 32 (4), pp. 1151 – 1168.

Miller, G. A. , 1956, "The Magical Number Seven, Plus or Minus Two: Some Limits on Our Capacity for Processing Information", *Psychological Review* 63 (2), pp. 81 – 97.

Min, S. , Roath, A. S. , Daugherty, P. J. , Genchev, S. E. , Chen, H. , Arndt, A. D. , 2005, "Supply Chain Collaboration: What's Happening?", *The International Journal of Logistics Management* 16 (2), pp. 237 – 256.

Mitchell, R. K. , Agle, B. R. , Wood, D. J. ,1997, "Towards a Theory of Stakeholder Identification and Salience: Defining the Principle of Who and What Really Counts", *Academy of Management Review* 22 (4), pp. 853 – 886.

Mizuno, M. , 2010, "Institutional Investors, Corporate Governance and Firm Performance in Japan", *Pacific Economic Review* 15 (5), pp. 653 – 665.

Mollah, A. S. , Talukdar, M. B. U. , 2007, "Ownership Structure Corporate Governance and Firm's Performance in Emerging Markets: Evidence from Bangladesh", *The International Journal of Finance* 19 (1), pp. 4315 – 4333.

Myers, S. C. , Majluf, N. S. , 1984, "Corporate Financing and Investment Decisions When Firms Have Information That Investors Do Not Have", *Journal of Financial Economics* 13 (2), pp. 187 – 221.

Neumayer, E. , Plümper, T. , 2017, *Robustness Tests for Quantitative Research*

(Cambridge, UK: Cambridge University Press), p. 33.

Neureuther, B. D. , Kenyon, G. , 2009, "Mitigating Supply Chain Vulnerability", *Journal of Marketing Channels* 16 (3), pp. 245 – 263.

Nguyen, T. , Locke, S. , Reddy, K. , 2015, "Ownership Concentration and Corporate Performance from a Dynamic Perspective: Does National Governance Quality Matter?", *International Review of Financial Analysis* 41, pp. 148 – 161.

Nini, G. , Smith, D. C. , Sufi, A. , 2012, "Creditor Control Rights, Corporate Governance, and Firm Value", *Review of Financial Studies* 25 (6), pp. 1713 – 1761.

O'Cinneide, D. , 2007, "Adverse Selection", *Student Economic Review* 21, pp. 23 – 29.

Ojha, R. , Ghadge, A. , Tiwari, M. K. , Bititci, U. S. , 2018, "Bayesian Network Modelling for Supply Chain Risk Propagation", *International Journal of Production Research* 56 (17), pp. 5795 – 5819.

Olsen, C. , Dietrich, J. R. , 1985, "Vertical Information Transfers: The Association between Retailers' Sales Announcements and Suppliers' Security Returns", *Journal of Accounting Research* 23, pp. 144 – 166.

Opler, T. , Pinkowitz, L. , Stulz, R. , Williamson, R. , 1999, "The Determinants and Implications of Corporate Cash Holdings", *Journal of Financial Economics* 52 (1), pp. 3 – 46.

Pahnke, E. C. , Katila, R. , Eisenhardt, K. M. , 2015, "Who Takes You to the Dance? How Partners' Institutional Logics Influence Innovation in Young Firms", *Administrative Science Quarterly* 60 (4), pp. 596 – 633.

Pandit, S. , Wasley, C. E. , Zach, T. , 2011, "Information Externalities along the Supply Chain: The Economic Determinants of Suppliers' Stock Price Reaction to Their Customers' Earnings Announcements", *Contemporary Accounting Research* 28 (4), pp. 1304 – 1343.

Parrino, R. , Sias, R. W. , Starks, L. T. , 2003, "Voting with Their Feet: Institutional Ownership Changes around Forced CEO Turnover", *Journal of*

Financial Economics 68（1），pp. 3 – 46.

Patatoukas, P. N., 2012, "Customer-base Concentration: Implications for Firm Performance and Capital Markets: 2011 American Accounting Association Competitive Manuscript Award Winner", *The Accounting Review* 87（2）, pp. 363 – 392.

Pennebaker, J. W., Mehl, M. R., Niederhoffer, K. G., 2003, "Psychological Aspects of Natural Language Use: Our Words, Our Selves", *Annual Review of Psychology* 54（1）, pp. 547 – 577.

Piercy, N., Lane, N., 2006, "The Underlying Vulnerabilities in Key Account Management Strategies", *European Management Journal* 24（2 – 3）, pp. 151 – 162.

Porter, M. E., 1980, *Competitive Strategy: Techniques for Analyzing Industries and Competitors*（Macmillan, NY, US: Free Press）, p. 56.

Porter, M. E., 1979, "How Competitive Forces Shape Strategy", *Harvard Business Review* 57（2）, pp. 137 – 145.

Price, S. M. K., Doran, J. S., Peterson, D. R., Bliss, B. A., 2012, "Earnings Conference Calls and Stock Returns: The Incremental Informativeness of Textual Tone", *Journal of Banking and Finance* 36（4）, pp. 992 – 1011.

Pulford, B. D., Colman, A. M., 1996, "Overconfidence, Base Rates and Outcome Positivity/ Negativity of Predicted Events", *British Journal of Psychology* 87, pp. 431 – 445.

Puni, A., Anlesinya, A., 2020, "Corporate Governance Mechanisms and Firm Performance in a Developing Country", *International Journal of Law and Management* 62（2）, pp. 147 – 169.

Raman, K., Shahrur, H., 2008, "Relationship-specific Investments and Earnings Management: Evidence on Corporate Suppliers and Customers", *The Accounting Review* 83（4）, pp. 1041 – 1081.

Reynolds, S. J., Schultz, F. C., Hekman, D. R., 2006, "Stakeholder Theory and Managerial Decision-making: Constraints and Implications of Balancing

Stakeholder Interests", *Journal of Business Ethics* 64 (3), pp. 285 – 301.

Rogers, J. L., Stocken, P. C., 2005, "Credibility of Management Forecasts", *Accounting Review* 80 (4), pp. 1233 – 1260.

Ross, S. A., 1977, "The Determination of Financial Structure: The Incentive-signaling Approach", *The Bell Journal of Economics* 8 (1), pp. 23 – 40.

Rowe, W., Morrow, J., 1999, "A Note on the Dimensionality of Firm Financial Performance Using Accounting, Market, and Subjective Measures", *Canadian Journal of Administrative Sciences* 16 (10), pp. 58 – 70.

Rowley, T. I., 1997, "Moving beyond Dyadic Ties: A Network Theory of Stakeholder Influences", *Academy of Management Review* 22 (4), pp. 887 – 910.

Rubinstein, A., 1986, "Finite Automata Play the Repeated Prisoner's Dilemma", *Journal of Economic Theory* 39 (1), pp. 83 – 96.

Samvedi, A., Jain, V., Chan, F. T., 2013, "Quantifying Risks in a Supply Chain through Integration of Fuzzy AHP and Fuzzy TOPSIS", *International Journal of Production Research* 51 (8), pp. 2433 – 2442.

Savage, G. T., Nix, T. W., Whitehead, C. J., Blair, J. D., 1991, "Strategies for Assessing and Managing Organizational Stakeholders", *Academy of Management Perspectives* 5 (2), pp. 61 – 75.

Schminke, A., Van Biesebroeck, J., 2013, "Using Export Market Performance to Evaluate Regional Preferential Policies in China", *Review of World Economics* 149 (2), pp. 343 – 367.

Schnatterly, K., Shaw, K. W., Jennings, W. W., 2008, "Information Advantages of Large Institutional Owners", *Strategic Management Journal* 29, pp. 219 – 227.

Scott, J., 1997, *Corporate Business and Capitalist Classes* (New York, NY, US: Oxford University Press), p. 87.

Semadeni, M., Withers, M. C., Certo, S. T., 2014, "The Perils of Endogeneity and Instrumental Variables in Strategic Research: Understanding through Simulations", *Strategic Management Journal* 35 (7), pp. 1070 – 1079.

Senchack, A. J., Starks, L. T., 1993, "Short-sale Restrictions and Market

Reaction to Short-interest Announcements", *Journal of Financial and Quantitative Analysis* 28 (2), pp. 177 – 194.

Shenoy, J., Williams, R., 2011, *Customer-supplier Relationships and Liquidity Management: The Joint Effects of Trade Credit and Bank Lines of Credit* (New Orleans, LA, US: Midwest Finance Association 2012 Annual Meetings Paper), p. 4.

Shleifer, A., Vishny, R. W., 1997, "A Survey of Corporate Governance", *The Journal of Finance* 52 (2), pp. 737 – 783.

Shleifer, A., Vishny, R. W., 1986, "Large Shareholders and Corporate Control", *Journal of Political Economy* 94 (3), pp. 461 – 488.

Simon, H. A., 1990, "Bounded Rationality", *Utility and Probability*, pp. 15 – 18.

Sirgy, M. J., 2002, "Measuring Corporate Performance by Building on the Stakeholder Model of Business Ethics", *Journal of Business Ethics* 35, pp. 143 – 162.

Skjoett-Larsen, T., Thernøe, C., Andresen, C., 2003, "Supply Chain Collaboration: Theoretical Perspectives and Empirical Evidence", *International Journal of Physical Distribution and Logistics Management* 33 (6), pp. 531 – 549.

Spence, M., 1976, "Informational Aspects of Market Structure: An Introduction", *Quarterly Journal of Economics* 90 (4), pp. 591 – 597.

Spence, M., 1973, "Job Market Signaling", *The Quarterly Journal of Economics* 87 (3), pp. 355 – 374.

Spitzeck, H., Hansen, E. G., 2010, "Stakeholder Governance: How Stakeholders Influence Corporate Decision Making", *Corporate Governance* 10 (4), pp. 378 – 391.

Steigenberger, N., Wilhelm, H., 2018, "Extending Signaling Theory to Rhetorical Signals: Evidence from Crowdfunding", *Organization Science* 29 (3), pp. 529 – 546.

Stein, J. C., 1996, "Rational Capital Budgeting in an Irrational World", *Journal of Business* 69, pp. 429 – 455.

Stiglitz, J. E., Weiss, A., 1990, "Sorting out the Differences between Signaling and Screening Models", *Mathematical Models in Economics* 1, pp. 1 – 34.

Strouhal, J., Štamfestová, P., Kljucnikov, A., Vincúrová, Z., 2018, "Different Approaches to the EBIT Construction and Their Impact on Corporate Financial Performance Based on the Return on Assets: Some Evidence from Czech Top 100 Companies", *Journal of Competitiveness* 10 (1), pp. 144 – 154.

Sun, Y., 2010, "Do MD&A Disclosures Help Users Interpret Disproportionate Inventory Increases?", *The Accounting Review* 85 (4), pp. 1411 – 1440.

Taj, S. A., 2016, "Application of Signaling Theory in Management Research: Addressing Major Gaps in Theory", *European Management Journal* 34 (4), pp. 338 – 348.

Tan, L., 2013, "Creditor Control Rights, State of Nature Verification, and Financial Reporting Conservatism", *Journal of Accounting and Economics* 55 (1), pp. 1 – 22.

Tayeh, M., AI-Jarrah, I. M., Tarhini, A., 2015, "Accounting vs. Market-based Measures of Firm Performance Related to Information Technology Investments", *International Review of Social Sciences and Humanities* 9 (1), pp. 129 – 145.

Tetlock, P. C., 2007, "Giving Content to Investor Sentiment: The Role of Media in the Stock Market", *The Journal of Finance* 62 (3), pp. 1139 – 1168.

Tzelepis, D., Skuras, D., 2004, "The Effects of Regional Capital Subsidies on Firm Performance: An Empirical Study", *Journal of Small Business and Enterprise Development* 11 (1), pp. 121 – 129.

Ullah, S., Zaefarian, G., Ullah, F., 2020, "How to Use Instrumental Variables in Addressing Endogeneity? A Step-by-step Procedure for Non-specialists", *Industrial Marketing Management* 96, pp. 1 – 6.

Venkatraman, N., Ramanujam, V., 1986, "Measurement of Business Performance in Strategy Research: A Comparison of Approaches", *Academy of Management Review* 11, pp. 801 – 814.

Vernon, R., 1966, "International Investment and International Trade in the Product Cycle", *The Quarterly Journal of Economics* 80 (2), pp. 190 – 207.

Vieira, E. F. S., Pereira, M. S. V., 2015, "Herding Behavior and Sentiment: Evidence in a Small European Market", *Spanish Accounting Review* 18 (1), pp. 78 – 86.

Von Neumann, J., Morgenstern, O., 1944, *The Theory of Games and Economic Behavior* (Princeton, NJ, US: Princeton University Press), p. 100.

Wagner, S. M., Bode, C., 2006, "An Empirical Investigation into Supply Chain Vulnerability", *Journal of Purchasing and Supply Management* 12 (6), pp. 301 – 312.

Wang, J., 2012, "Do Firms' Relationships with Principal Customers/Suppliers Affect Shareholders' Income?", *Journal of Corporate Finance* 18 (4), pp. 860 – 878.

Wang, Y. C., Tsai, J. J., Lin, H. W. W., 2013, "The Influence of Board Structure on Firm Performance", *Journal of Global Business Management* 9 (2), pp. 7 – 14.

Warner, J. B., 1977, "Bankruptcy Costs: Some Evidence", *The Journal of Finance* 32 (2), pp. 337 – 347.

Waters, D., 2011, *Supply Chain Risk Management: Vulnerability and Resilience in Logistics* (London, UK: Kogan Page Publishers), p. 67.

Webb, R., Beck, M., McKinnon, R., 2003, "Problems and Limitations of Institutional Investor Participation in Corporate Governance, Corporate Governance", *Corporate Governance: An International Review* 11 (1), pp. 65 – 73.

White, D., 1995, "Application of Systems Thinking to Risk Management: A Review of the Literature", *Management Decision* 33 (10), pp. 35 – 45.

Wu, I., Chuang, C., Hsu, C., 2014, "Information Sharing and Collaborative Behaviors in Enabling Supply Chain Performance: A Social Exchange Perspective", *International Journal of Production Economics* 148, pp. 122 – 132.

Xia, C., Zhang, X., Cao, C., Xu, N., 2019, "Independent Director Connectedness in China: An Examination of the Trade Credit Financing Hypothesis", *International Review of Economics and Finance* 63, pp. 209 – 225.

Xu, N. , Li, X. , Yuan, Q. , 2014, "Excess Perks and Stock Price Crash Risk: Evidence from China", *Journal of Corporate Finance* 25, pp. 419 – 434.

Zaefarian, G. , Kadile, V. , Henneberg, S. C. , Leischnig, A. , 2017, "Endogeneity Bias in Marketing Research: Problem, Causes and Remedies", *Industrial Marketing Management* 65, pp. 39 – 46.

图书在版编目（CIP）数据

客户经营风险对供应商绩效的影响研究／于莹著
. -- 北京：社会科学文献出版社，2024.4
ISBN 978 - 7 - 5228 - 3555 - 6

Ⅰ.①客…　Ⅱ.①于…　Ⅲ.①企业管理 - 风险管理 -
研究　Ⅳ.①F272.35

中国国家版本馆 CIP 数据核字（2024）第 080050 号

客户经营风险对供应商绩效的影响研究

著　　者／于　莹

出 版 人／冀祥德
组稿编辑／高　雁
责任编辑／颜林柯
文稿编辑／王红平
责任印制／王京美

出　　版／社会科学文献出版社·经济与管理分社（010）59367226
　　　　　　地址：北京市北三环中路甲 29 号院华龙大厦　邮编：100029
　　　　　　网址：www. ssap. com. cn
发　　行／社会科学文献出版社（010）59367028
印　　装／三河市龙林印务有限公司

规　　格／开本：787mm × 1092mm　1/16
　　　　　　印张：15.25　字数：241 千字
版　　次／2024 年 4 月第 1 版　2024 年 4 月第 1 次印刷
书　　号／ISBN 978 - 7 - 5228 - 3555 - 6
定　　价／138.00 元

读者服务电话：4008918866